HOW
MONEY
WORKS

"万物的运转"百科丛书
精品书目

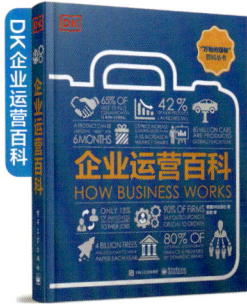

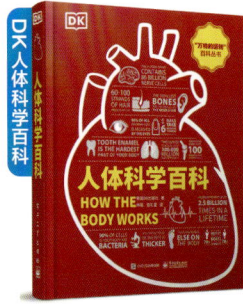

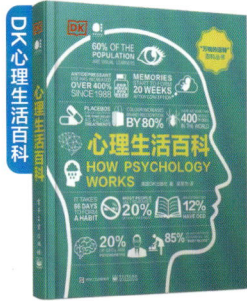

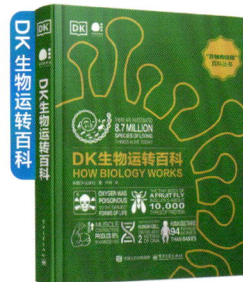

DK 企业运营百科 — 企业运营百科 HOW BUSINESS WORKS

DK 人体科学百科 — 人体科学百科 HOW THE BODY WORKS

DK 人类食物百科 — 人类食物百科 HOW FOOD WORKS

DK 科学知识百科 — 科学知识百科 HOW SCIENCE WORKS

DK 心理生活百科 — 心理生活百科 HOW PSYCHOLOGY WORKS

DK 货币金融百科 — 货币金融百科 HOW MONEY WORKS

DK 哲学思想百科 — 哲学思想百科 HOW PHILOSOPHY WORKS

DK 大脑探索百科 — 大脑探索百科 HOW THE BRAIN WORKS

DK 科学技术百科 — DK科学技术百科 HOW TECHNOLOGY WORKS

DK 企业管理百科 — DK企业管理百科 HOW MANAGEMENT WORKS

DK 创业经营百科 — DK创业经营百科 HOW TO START YOUR OWN BUSINESS

DK 宇宙发现百科 — DK宇宙发现百科 HOW SPACE WORKS

DK 艺术设计百科 — DK艺术设计百科 HOW ART WORKS

DK 生物运转百科 — DK生物运转百科 HOW BIOLOGY WORKS

更多精品图书陆续出版，
敬请期待！

DK

"万物的运转"百科丛书

货币金融百科

HOW MONEY WORKS

英国DK出版社 著

彭 哲 杨亚慧 译

电子工业出版社

Publishing House of Electronics Industry

北京 · BEIJING

版权贸易合同登记号　图字：01-2018-3252

图书在版编目（CIP）数据

货币金融百科 / 英国DK出版社著；彭哲，杨亚慧译. —北京：电子工业出版社，2020.12（2025.10重印）

（"万物的运转"百科丛书）

书名原文：How Money Works

ISBN 978-7-121-39678-6

Ⅰ.①货…　Ⅱ.①英…　②彭…　③杨…　Ⅲ.①货币和银行经济学—通俗读物　Ⅳ.①F820-49

中国版本图书馆CIP数据核字（2020）第183523号

策划编辑：郭景瑶
责任编辑：郭景瑶
印　　刷：鸿博昊天科技有限公司
装　　订：鸿博昊天科技有限公司
出版发行：电子工业出版社
　　　　　北京市海淀区万寿路173信箱　邮编：100036
开　　本：850×1168　1/16　印张：16　字数：512千字
版　　次：2020年12月第1版
印　　次：2025年10月第4次印刷
定　　价：128.00元

凡所购买电子工业出版社图书有缺损问题，请向购买书店调换。若书店售缺，请与本社发行部联系，联系及邮购电话：（010）88254888，88258888。

质量投诉请发邮件至zlts@phei.com.cn，盗版侵权举报请发邮件至dbqq@phei.com.cn。

本书咨询联系方式：（010）88254210，influence@phei.com.cn，微信号：yingxianglibook。

www.dk.com

目录

主要贡献者

朱利安·西姆斯博士（Julian Sims，顾问编辑）曾在英美业界取得骄人业绩，后投身学术圈，现为英国伦敦大学伯贝克学院管理学系讲师，拥有澳大利亚注册会计师（CPA Aus）和注册信息技术专家（CITP）认证，研究成果曾在多种学术刊物上发表。

玛丽安·柯菲（Marianne Curphey）是一名屡获殊荣的财经撰稿人、博主和专栏作家，在《卫报》《泰晤士报》《每日电讯报》及多家财经网站和杂志社担任撰稿人和编辑。

艾玛·伦（Emma Lunn）是一名屡获殊荣的私人财务记者，其文章定期刊载于《卫报》《独立报》《每日电讯报》等知名报纸，也见于一些专业出版物及网站。

詹姆斯·米德韦（James Meadway）是一名经济学家和政策顾问，曾在新经济基金会（英国的一个独立智库）、英国财政部和英国皇家学会任职，并曾为影子财政大臣工作。

菲利普·帕克（Philip Parker）是一名历史学家、英国前外交官和出版商，曾在约翰·霍普金斯国际高等研究学院学习。他还是一位备受赞誉的作家，撰写了一些世界贸易史方面的书籍。

亚历山德拉·布莱克（Alexandra Black）曾攻读商业交流专业，后供职于日本财经报业集团经济新闻社（Nikkei Inc.），曾在投资银行摩根大通担任编辑，并曾撰写多篇文章和多本书籍，涉足的领域包括商业、科技和时尚。

前言

　　如果世界是一台机器，那么货币就是维持机器运转的燃料。货币使商品和服务具有一个易于度量的价值，进而促成每天数以亿计的交易。如果没有货币，作为现代经济基础的工业和贸易就会停滞不前，全球的财富流动也会停止。

　　货币履行这一重要职能已有上千年历史。在货币被发明之前，人们用自己生产的物品与他人进行交换，从而得到所需的物品。对于简单的交易，易货交易足矣，但如果交换的物品具有不同的交易价值，或两种物品不能同时获得，易货交易便不够用了。相比之下，货币具有统一的价值，且被人们广泛接受。虽然货币的核心概念十分简单，但历经数千年的货币，的确变得十分复杂了。

　　在现代社会初期，个人和政府开始设立银行，其他金融机构也纷纷成立。最终，普通百姓可以把钱存入银行账户赚取利息，也可以借入资金购买房产，或用工资来投资企业，或自行创业。银行还可以抵御令家庭或商人受损的各种灾祸，鼓励人们为了逐利而承担风险。

　　如今，一国的政府和中央银行控制着一国的经济命脉。中央银行负责发行货币，决定有多少货币进入流通领域，以及决定向商业银行放款应收取多少利息。在当今世界，虽然政府仍然印制货币并为货币担保，但货币不需要只以实体铸币或纸钞的形式存在，还可以以数字形式出现。

　　本书侧重介绍了货币运作的方方面面，包括货币的历史、金融市场及制度、政府财政、赚取利润、个人理财、财富、股票和养老金等。本书通过精美的信息图和清晰的实例，让复杂的金融概念变得简单易懂，并对货币是什么、货币如何塑造现代社会提供了清晰的解释。

货币基础知识

> 货币的演变

货币的演变

最初，人们通过所谓的易货交易（bartering）来交换彼此的剩余物品。每种交易的物品，其价值都有商讨的余地。然而，要在几百种物品之间进行易货交易，就十分复杂了。为了解决这个实际问题，货币应运而生。几个世纪以来，货币的表现形式五花八门。无论货币具有怎样的形状，无论是实体铸币和纸钞，还是数字货币，货币都会提供一个固定的价值，从而能与任何物品进行比较。

货币地位的上升

随着时间的推移，货币变得越来越复杂了。最初，货币是记录贸易交易的一种手段。之后，货币以铸币和纸钞的形式出现，现在又出现了数字形式的货币。

易货交易

（公元前10000年—公元前3000年）
在早期的各种交易形式下，人们用特定的物品与其他物品进行交换，议价的各方认同这些物品拥有相似的价值。

贸易记录的证据

（公元前7000年起）
人们用物品的图案来记录贸易交换，随着价值被确定并记录下来，图案也变得越来越复杂。

铸币

（公元前600年—公元1100年）
一些商人使用的规定重量的贵金属后来被正规化为铸币，通常由国家发行。

供给与需求

供需法则解释了物品的可得性（供给的数量）和物品的需求对其价格的影响。若供给较少、需求较高，物品的价格会趋于上涨；若物品充裕（供给较多）但需求较低，物品的价格往往趋于下降。在自由市场上，只有当需求的数量等于供给的数量，市场达到均衡时，物品的价格才能稳定下来。

80.9万亿美元
当前货币量的估计值

宏观经济学与微观经济学

宏观经济学研究整体经济变化的影响；微观经济学考察小群体的行为。

宏观经济学

度量某些指标的变化，这些变化会影响整体经济。

▶货币供给　经济体中流通的货币量。

▶失业　无法找到工作的人口数。

▶通货膨胀　每年价格上涨的量。

微观经济学

考察企业和个人的决策对经济体的影响。

▶产业组织　垄断和卡特尔对经济的影响。

▶工资　薪资水平对消费支出的影响，而薪资水平受劳动成本和生产成本的影响。

银行票据
（1100年—2000年）
国家开始使用纸币，发行以货币形式交易的纸币借据，并可随时兑换硬币。

数字货币
（2000年起）
现在货币可以"虚拟地"存在于计算机中，大量的交易可以在没有任何实物的现金兑换的情况下进行。

易货交易、借据与货币

易货交易即直接交换物品，它是千百年来贸易的基础。有人认为，易货交易是货币交易的前身。18世纪撰写《国富论》的亚当·斯密就持这一观点。

实践中的易货交易

本质上，易货交易是一件物品（如1头奶牛）与另一件或多件物品（如1蒲式耳小麦）的交换，二者被认为具有相同的"价值"。在大多数情况下，双方携带货物，并在交易时移交对方。有时，其中一方会接受使用借据（IOU）或凭证（token），双方同意未来交换相同的物品或其他物品。

直接交易

简单交换
一方用自己的物品（1头奶牛）直接交换对方的物品（小麦）

易货交易的优缺点

优点

▶ **交易关系** 增进贸易伙伴之间的联系。

▶ **实物交换** 不依赖于货币能够保值的信念。

缺点

▶ **需求市场** 双方提供的物品必须是对方想要的。

▶ **难以确定物品的既定价值** 对一方而言，1头山羊在某天具有一定的价值，但一星期后，山羊的价值会降低。

▶ **商品可能不易分割** 例如，活体动物不易分割。

▶ **大规模交易较为困难** 运输1头山羊很容易，但运输1000头山羊并不容易。

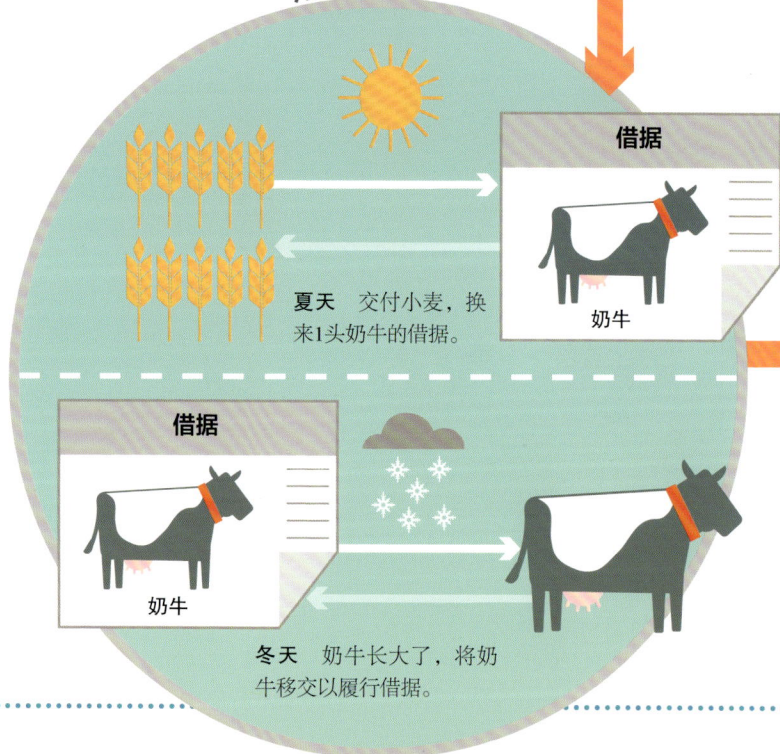

用借据交易

借据
奶牛

夏天 交付小麦，换来1头奶牛的借据。

借据
奶牛

冬天 奶牛长大了，将奶牛移交以履行借据。

如何运作

易货交易最简单的形式是，交易双方就价格达成一致，并在约定的时间交割实体的货物（例如用小麦换奶牛）。然而，情况并不总是这样的，例如小麦可能还不能收割，于是一方会接受借据，未来再换取实物。最终，这些借据自身获得了价值，借据的持有人可以用借据换取某种物品（可能是苹果，而不是小麦），这种物品与最初的物品具有同等的价值。由此，借据履行了与实际货币相同的职能。

用借据进行的复杂交易

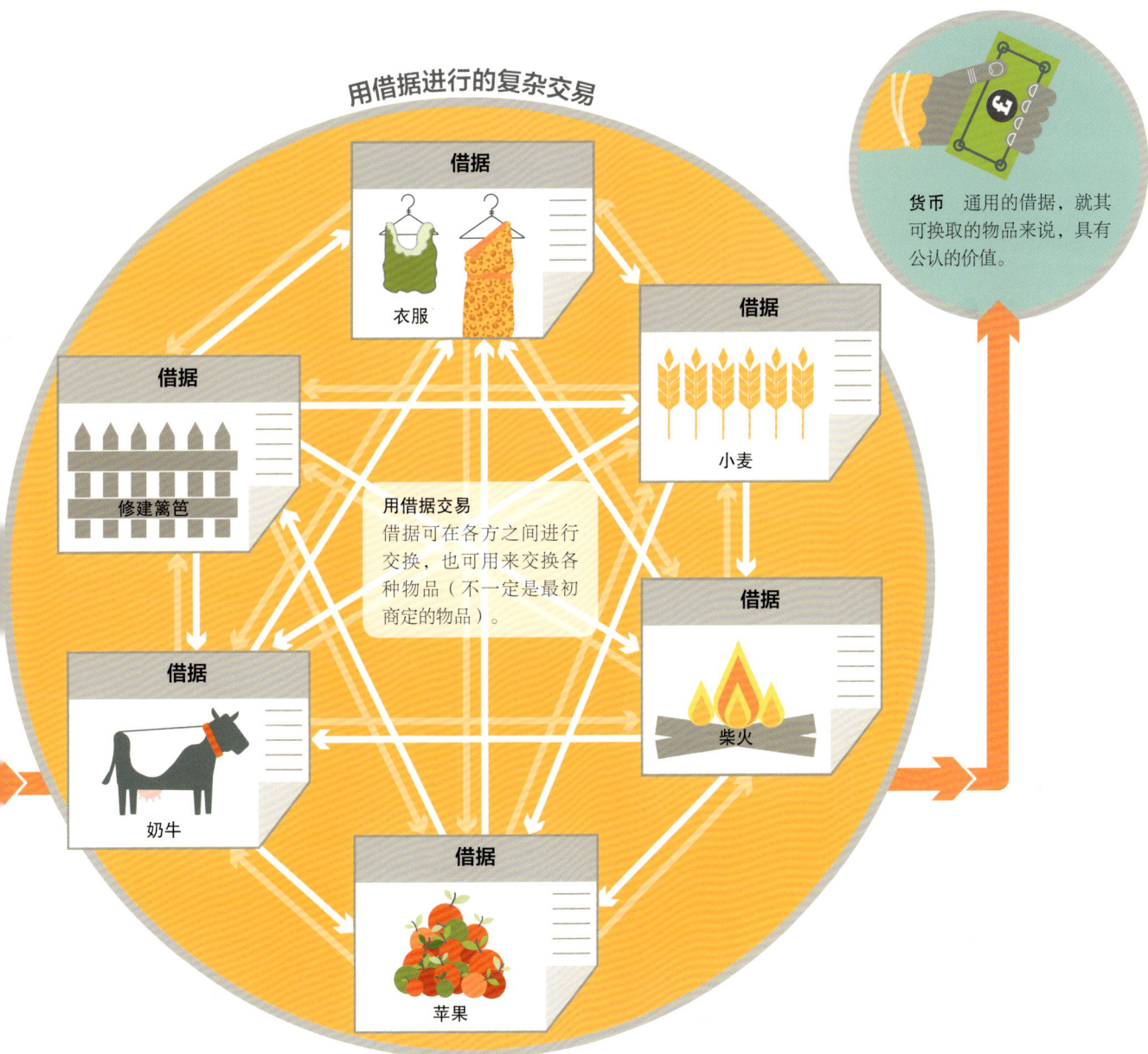

借据
衣服

借据
小麦

借据
修建篱笆

借据
奶牛

借据
柴火

借据
苹果

用借据交易
借据可在各方之间进行交换，也可用来交换各种物品（不一定是最初商定的物品）。

货币　通用的借据，就其可换取的物品来说，具有公认的价值。

货币形式

早年，人们尝试给易货交易的货物设定价值。自此，从借据到凭证，货币出现了各种各样的形式。奶牛、贝壳和贵重金属都充当过货币。

如何运作

易货交易是一种直接的交易方式。文字出现后，详细记载货物价值的记录和借据就能够被保存下来。最终，珠子、彩色的玛瑙贝壳、大块的金子这样的象征物被赋予了特殊的价值。这意味着，可以用它们直接交换货物。从这些形式到以金属圆片的形式明确地用象征物来代表价值，只是很小的一步。而金属圆片，即最早的铸币，出现在公元前650年前后小亚细亚的吕底亚（Lydia）。两千多年来，由金、银和（用于小规模交易的）铜等贵金属制成的铸币，构成了主要的货币交换媒介。

货币的特点

货币要成为货币，必须具备如下的全部特征：它必须具有价值，必须耐久、便携、均一、可分割、供给有限，并且可用作交换手段。信任是这些所有特征的基础——人们必须相信，如果接受货币的存在，就可以用货币来购买商品。

内在价值

大多数货币最初都具有内在价值，比如用来制作铸币的贵金属。内在价值是确保铸币被人们所接受的保证。

时间表

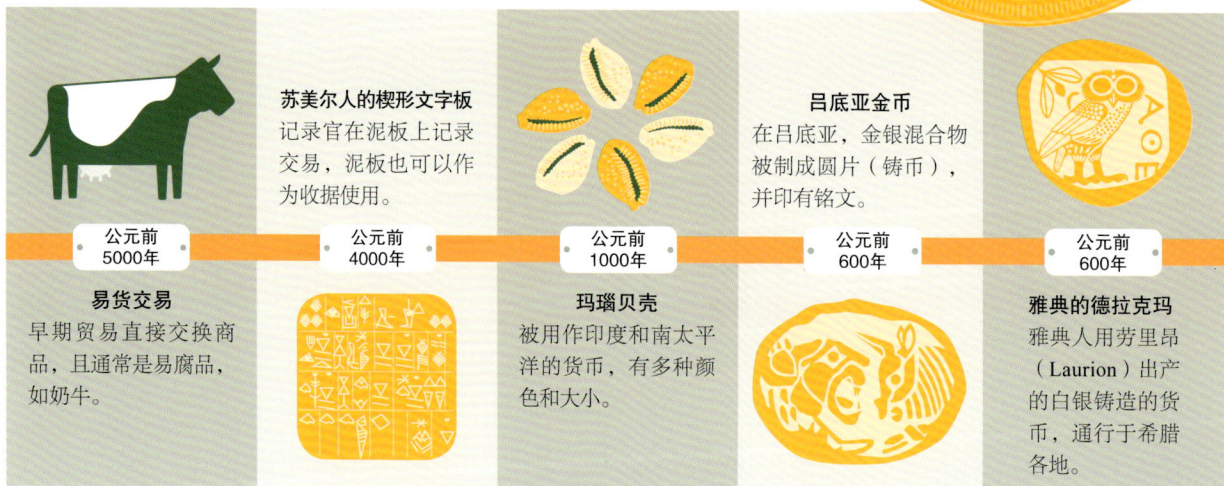

苏美尔人的楔形文字板
记录官在泥板上记录交易，泥板也可以作为收据使用。

吕底亚金币
在吕底亚，金银混合物被制成圆片（铸币），并印有铭文。

| 公元前5000年 | 公元前4000年 | 公元前1000年 | 公元前600年 | 公元前600年 |

易货交易
早期贸易直接交换商品，且通常是易腐品，如奶牛。

玛瑙贝壳
被用作印度和南太平洋的货币，有多种颜色和大小。

雅典的德拉克玛
雅典人用劳里昂（Laurion）出产的白银铸造的货币，通行于希腊各地。

格奥尔格·西梅尔与《货币哲学》

1900年，德国社会学家格奥尔格·西梅尔（Georg Simmel）出版了《货币哲学》（*The Philosophy of Money*）一书，该书审视了与货币相关的价值的意义。西梅尔发现：在前现代社会，人们虽然创造了物品，但赋予每件物品的价值并不是固定的，因为物品的价值由互不相干的因素来决定。货币使人们赋予物品的价值更容易达成一致。对此，西梅尔认为，货币使人与人之间的互动更加理性，因为货币使人们摆脱了私人关系的束缚，提供了更多的选择自由。

价值贮藏

货币是人们贮藏财富以备未来使用的一种手段。因此，货币不能易腐，最好具有适中的尺寸，便于储存和运输。

交换手段

货币必须与货物自由、广泛地进行交换，并且其价值应尽可能保持稳定。货币的价值应易于分割，并且面值的种类足够多。

记账单位

货币可以用来记录个人或国家拥有的、交易的或支出的财富。只让一家公权机构来发行货币是有好处的，因为如果人人都可以发行货币，那么人们对货币价值的信心将荡然无存。

汉朝铸币

通常由青铜或黄铜制成，是中国早期的铸币，正中有压制的孔。

公元前200年

公元前27年

罗马铸币

印有罗马帝国帝王头像，通行于整个罗马帝国。

拜占庭铸币

早期的拜占庭铸币由纯金铸造，之后的铸币也含有铜等金属。

公元700年

盎格鲁–撒克逊铸币

10世纪的银便士，其上的铭文为：奥法是麦西亚的国王。

公元900年

阿拉伯迪拉姆

伊斯兰帝国的很多银币被维京人运送到了斯堪的纳维亚。

公元900年

货币经济学

16世纪以来，对货币本质的理解变得越来越复杂了。当时，欧洲从新发现的美洲大陆进口了大量白银，引发了通货膨胀。那时，经济学作为一门学科兴起，部分原因是它促进了对这一事件的解释。17世纪晚期，国家银行纷纷成立，其职责是管控各国的货币供给。到20世纪初，货币与贵金属之间的直接关系不复存在。20世纪30年代，金本位（Gold Standard）彻底崩溃。到20世纪中叶，出现了信用卡、数字交易等货币交易的新方式，甚至出现了加密货币、金融衍生品等形式的货币。结果，货币存量和流通中的货币量大大增加。

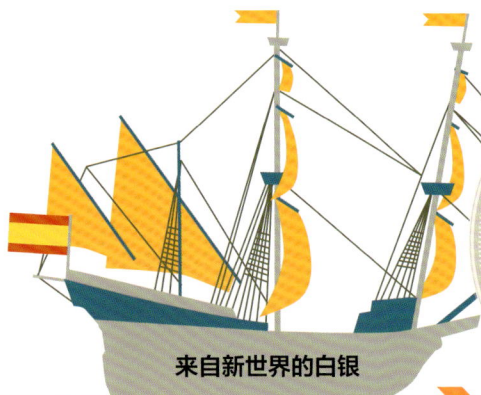

来自新世界的白银

1540—1640年
波托西的通货膨胀
西班牙人在玻利维亚的波托西发现了银矿，并将350吨白银运回欧洲，导致通货膨胀持续了一个世纪。

铜

1542—1551年
大贬值
英格兰的亨利八世降低了银便士的成色，把四分之三的贵金属换成了铜。随着人们对经济的信心的下降，通货膨胀加剧。

20世纪70年代早期
通货膨胀率高
石油价格上涨和劳动力成本增加导致通货膨胀率提高，特别是在英国，1975年达到25%。

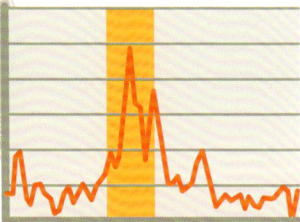

1844年起
金本位
在英国，英镑与一定数量的黄金相联系。其他国家也采用类似的"黄金标准"。

20世纪70年代
信用卡
信用卡的发明使消费者能够获得短期信贷，进行小额购买。这致使个人债务增长。

20世纪90年代
数字货币
随着互联网的普及，轻松的在线转账和便利的电子支付越来越受人们青睐。

格雷欣法则（Gresham's Law）

英国金融家托马斯·格雷欣爵士（1519—1571年）提出了"劣币驱逐良币"的货币原理。他注意到，如果一国降低其货币的成色，即减少铸币中的贵金属含量，铸币的价值就会低于之前其所含的贵金属的价值。结果，人们会花掉"劣币"而囤积成色未降低的"良币"。

22K金

自1816年以来，所有英国沙弗林金币使用的黄金

股份公司

1553年
早期的股份公司
英国的商人开始创办公司，投资者可以购买公司股票，分享收益。

1694年
英格兰银行
英格兰银行是一家以低利率筹集资金、管理国债为目的而创建的机构。

1775年
美元
1775年，大陆会议（Continental Congress）授权发行美元。但到1794年，美国的第一套国家货币才由美国财政部铸造出来。

1696年
皇家造币厂
艾萨克·牛顿担任皇家造币厂总管。牛顿认为，降低货币的成色会降低人们对经济的信心，因此应该铸造新的货币。

1999年
欧元
欧盟十二国联合起来，决定用欧元替代本国货币。三年后，银行券和硬币得以发行。

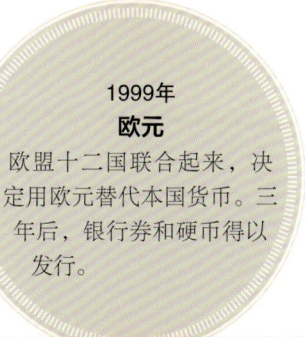

2008年
比特币
2008年，比特币宣告诞生。比特币是一种电子货币，以加密数据存在于服务器上。2009年1月完成了比特币的首笔交易。

现代经济学的兴起

到18世纪，人们已经开始细致地研究经济，因为思想家们希望弄清楚，贸易和个人投资决策会怎样影响整个国家的商品价格与工资。

如何运作

贸易的大规模扩张，伴随着美洲大陆的发现，以及16和17世纪欧洲民族国家的经济增长，一些人开始仔细思考经济学的思想。他们的建议五花八门：控制进口产品的数量（重商主义），只交易一国擅长制造的产品（比较优势），或者选择不干预市场（自由放任），可以改善民众的经济福利。18世纪，经济学家亚当·斯密（Adam Smith）指出，控制工资和价格的政府干预并无必要，因为个体是自私的，人人都想过得更好，这样加总起来，就能确保整个社会的繁荣。此外，他认为，在自由竞争市场下，获得利润的动力能够确保商品具有公允的价格。

亚当·斯密的"看不见的手"

苏格兰经济学家亚当·斯密在《国富论》（1776）一书中指出，人人都想过得更好，这样的个体决策加总起来，就能使国家更加繁荣，哪怕个体并没有刻意期望这一结果。斯密认为，只要人们对商品有需求，就会有卖家进入市场。卖家为了追逐利润，会增加这些商品的生产，由此支撑了工业。

此外，在竞争市场上，卖家的私利会限制他们索要的价格涨幅：如果要价太高，买家便不再购买该商品；或者，索要的价格较低的竞争对手会夺走其销售额。这对价格产生的紧缩影响确保了经济均衡。斯密将之称为市场机制，它作为引导经济的"看不见的手"，把个体的私利转化为普遍的经济繁荣。

A卖家 | 4美元

A卖家对商品的**要价很高**。由于他是唯一的卖家，享有实际的垄断地位，商品仍然能卖掉。

买家

买家减少购买，因为价格过高。

新产品

B卖家 | 2美元

B卖家发现机遇，进入市场，摆好摊位，以低于A卖家的价格出售。

由于B卖家的价格较低，买家开始从B卖家购买，而不是A卖家。

保护主义与重商主义

亚当·斯密鼓励自由贸易和竞争，这与当时占主导地位的经济理论相冲突。大多数思想家都支持某种形式的保护主义，即政府出台经济政策，收取高额贸易关税，保护本国产业不受竞争影响。而在当时的欧洲，这种保护主义以重商主义的形式出现。重商主义认为，一国要强大，必须增加出口，尽一切可能减少进口，因为出口会为本国带来资金，而进口却肥了外国商人。重商主义理论导致政府严格控制贸易，例如《航海法案》（*Navigation Acts*）就"禁止英国与其殖民地在非英国船只上开展贸易"。

亚当·斯密等人提出了经济专业化的新观点。在此压力下，重商主义在18世纪末期开始式微。

> "个体通过追求自身的利益，频繁地促进社会福利，这比个体出于本心的促进更有成效。"
>
> ——亚当·斯密，《国富论》（1776）

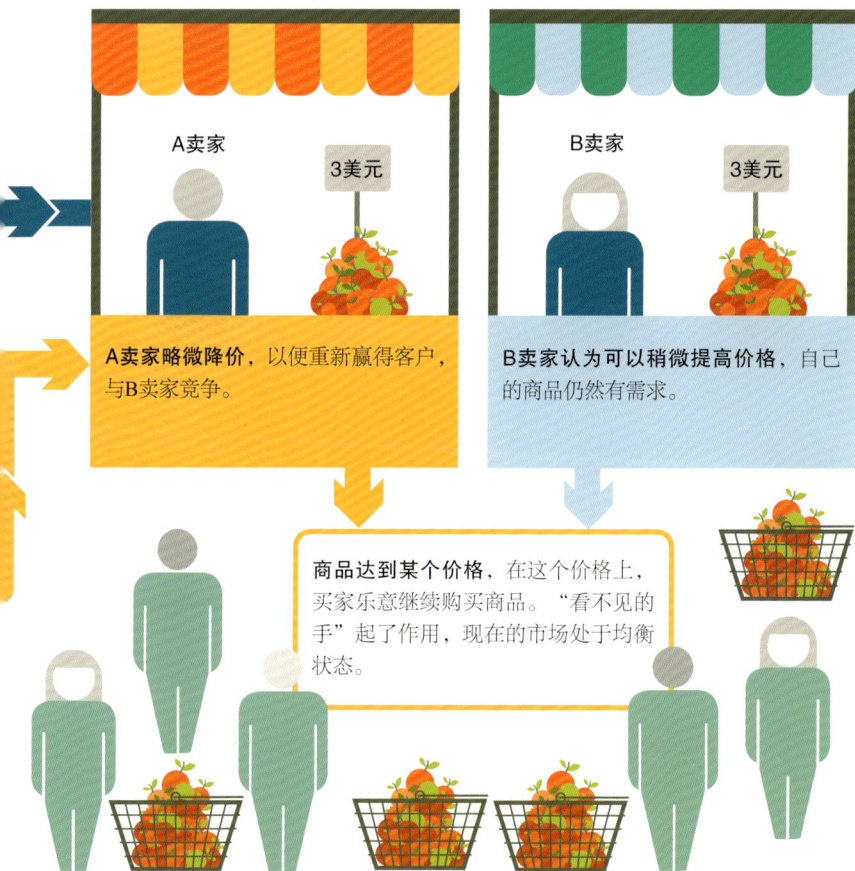

A卖家

3美元

B卖家

3美元

A卖家略微降价，以便重新赢得客户，与B卖家竞争。

B卖家认为可以稍微提高价格，自己的商品仍然有需求。

商品达到某个价格，在这个价格上，买家乐意继续购买商品。"看不见的手"起了作用，现在的市场处于均衡状态。

✔ 必备知识

▶ **市场均衡** 买方需要的商品数量与卖方提供的数量相等，双方都对商品的价格感到满意。

▶ **自由放任** 这是一种经济理论，认为在没有政府干预的情况下，市场会出现最佳的解决方案。贸易、价格和工资无须监管，因为市场会纠正失衡。

▶ **比较优势** 这是一种观点，认为一国应专注于生产成本最低的商品。通过不生产缺乏比较优势的商品，一国可以提高效率，进而增加福利。

经济理论与货币

自现代经济学思想诞生以来，人们一直在努力研究经济体中的货币数量如何影响价格，以及消费者和企业的行为。

凯恩斯的货币通论

约翰·梅纳德·凯恩斯（John Maynard Keynes）在《通论》一书中指出，与经济体中的货币数量相比，政府支出和税收水平对价格的影响更大。凯恩斯建议，政府应在经济衰退期间增加支出以鼓励就业，同时减税以刺激经济。

国防

交通基础设施

教育和警力

福利、医保、

建造房屋、学校和医院

政府
面对产出萎缩、失业率上升，政府必须实施应对措施。

投资与支出
随着需求下降，企业减产，失业增加，需求更加下降。

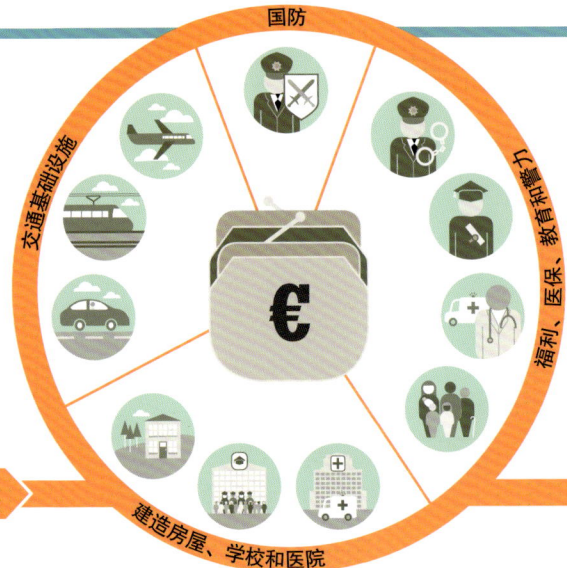

刺激需求
政府在基础设施等方面增加支出，从而减少失业。

费雪的货币数量论

由美国经济学家欧文·费雪（Irvine Fisher）提出，该理论认为，经济中的货币数量和商品价格水平之间存在着直接联系，即流通的货币越多，商品价格越高。

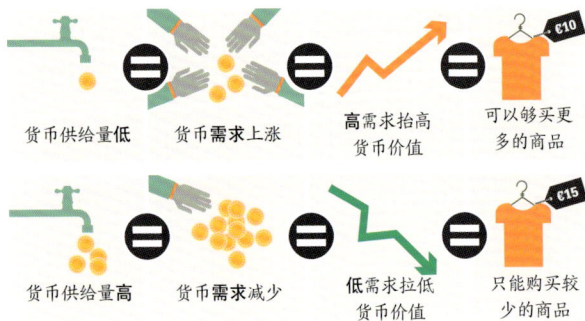

货币供给量低 ＝ 货币需求上涨 ＝ 高需求抬高货币价值 ＝ 可以购买更多的商品 €10

货币供给量高 ＝ 货币需求减少 ＝ 低需求拉低货币价值 ＝ 只能购买较少的商品 €15

马克思的劳动价值理论

马克思认为，商品的价值量是由生产商品所耗费的社会必要劳动时间决定的。

1双鞋 ＝ 2小时劳动，10欧元/小时 ＝ 20欧元

1件女装 ＝ 10小时劳动，10欧元/小时 ＝ 100欧元

如何运作

16世纪初的学者率先注意到，从新世界输入的大量白银导致西班牙的物价上涨。18世纪古典学派的经济学家们认为，市场会纠正这类事件，自动达到价格均衡。到20世纪初期，一些经济学家认为，要维持经济均衡，政府的干预是必要的。他们指出，政府支出会提高总需求，进而促进就业。

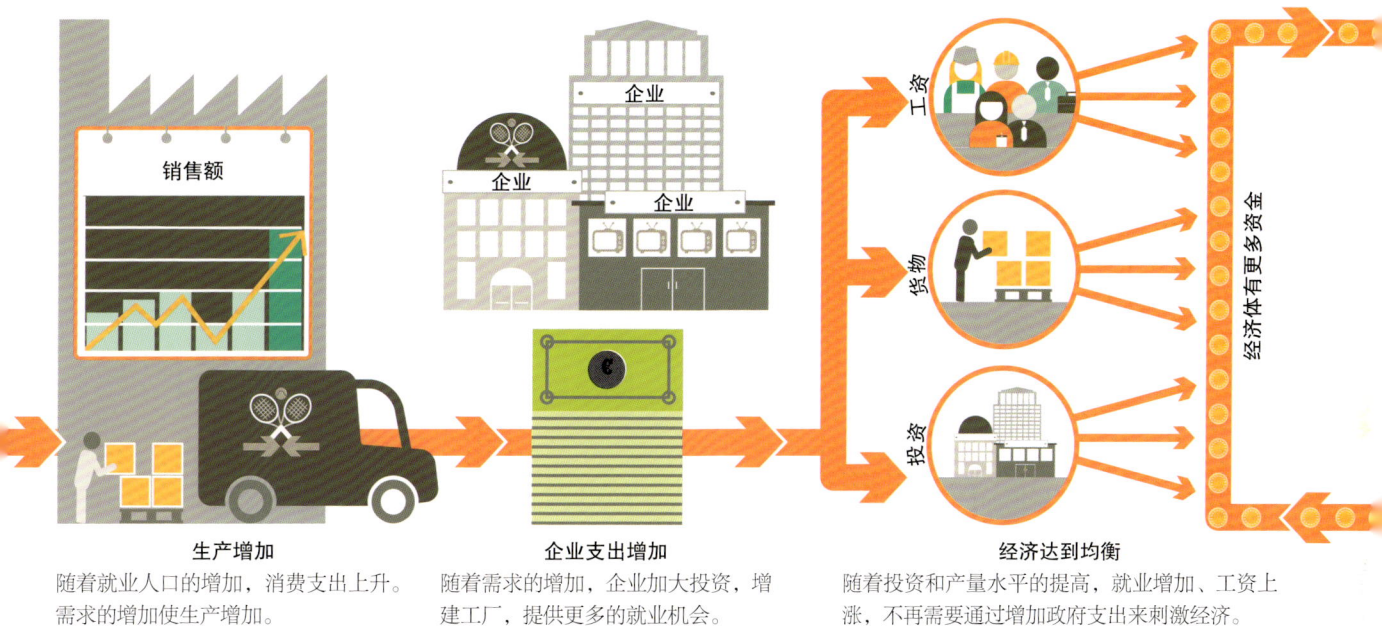

生产增加
随着就业人口的增加，消费支出上升。需求的增加使生产增加。

企业支出增加
随着需求的增加，企业加大投资，增建工厂，提供更多的就业机会。

经济达到均衡
随着投资和产量水平的提高，就业增加、工资上涨，不再需要通过增加政府支出来刺激经济。

哈耶克的经济周期理论

奥地利经济学家弗里德里希·哈耶克（Friedrich Hayek）注意到，经济体存在周期。其中，在经济衰退期间，利率会下降。利率下降会导致信贷过度扩张，而要抵消需求过剩，有必要提高利率。

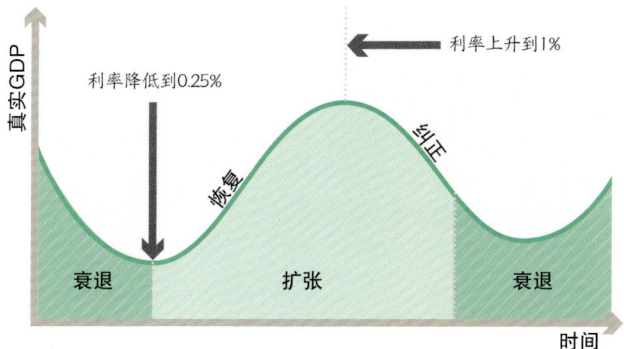

弗里德曼的货币主义

美国经济学家米尔顿·弗里德曼（Milton Friedman）认为，政府可以通过调整利率来影响货币供应。削减利率会刺激消费支出；提高利率会限制消费支出，降低货币供给。

公司会计

　　企业使用资金的方式多种多样：一些企业借入资金，以谋求增长；另一些企业偏好持有大量现金，依靠内部资金进行扩张，而不是借款。使用资金的方式很大程度上取决于企业的类型和管理风格。初创企业和小型企业在早期往往需要大量现金，而规模较大、较成熟的企业，更善于从内部增加收入，并且会囤积现金。

现金流

现金流显示的是企业产生了多少收入，以及与企业必须支付的成本和费用相比，收入是高还是低。如果一家企业的收入超过支出，就可以说，这家企业有正的现金流。

平滑收益

一种商业惯例，即通过会计方法来限制企业收益的浮动，目的是减少收入和账面利润（reported profits）的波动。

净收入

扣除成本、费用后，企业在财政年度结束时报告的收入。计算方法是：从总收益开始，扣除税务成本、费用、银行与利息支出、资产折旧、员工成本，以及企业经营涉及的其他费用。

收入 = 10,000英镑

1.7万亿美元

美国非金融企业2015年持有的现金和现金等价物的金额

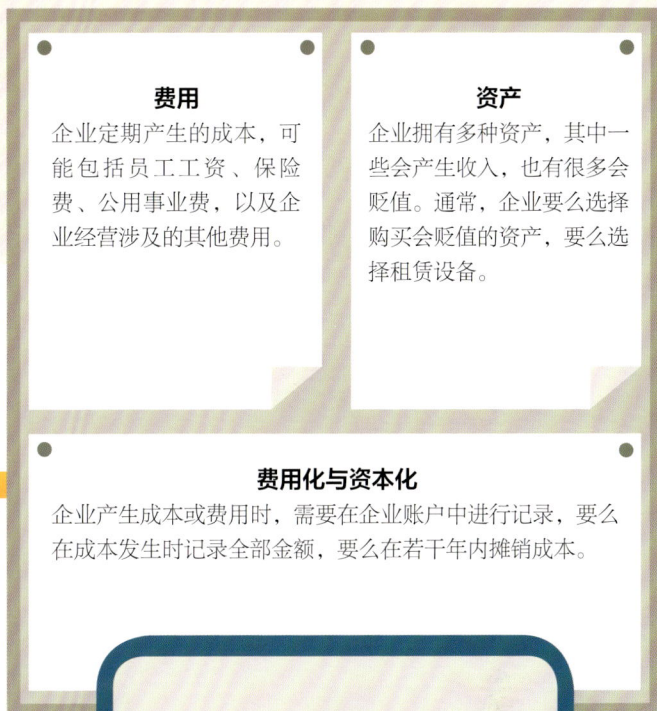

费用

企业定期产生的成本,可能包括员工工资、保险费、公用事业费,以及企业经营涉及的其他费用。

资产

企业拥有多种资产,其中一些会产生收入,也有很多会贬值。通常,企业要么选择购买会贬值的资产,要么选择租赁设备。

费用化与资本化

企业产生成本或费用时,需要在企业账户中进行记录,要么在成本发生时记录全部金额,要么在若干年内摊销成本。

传动比率

传动比率(gearing ratio,也作"杠杆率"或"资产负债率")是企业资本(可用资金或可用资产)与长短期负债的平衡关系,用百分比表示。人们认为,传动比率较低的企业风险较小,能够更好地抵御经济下滑。

债务 = 2,000英镑

折旧

折旧衡量的是随着时间的推移,资产的价值减少了多少。折旧通常是由使用或磨损产生的。企业可以在其账户中把资产(如车辆、机械或其他设备)价值的减少记为折旧。折旧可以减轻企业的纳税负担,降低应税利润。

净收入

企业报告年内的财务状况时，会向投资者提供净收入（net income，也作"净利润"）的金额。净收入是了解企业实际赚取多少利润的好方法。

如何运作

企业如果只报告赚取的金额，会使人们对企业的潜在运转状况产生不切实际的印象。例如，一家企业可能在赚取大量收入的同时，在新市场、新营业场所或新机械上大举投资，产生大量的费用。

因此，要了解一家企业的财务状况是否良好，投资者应当弄清企业是如何管理成本的，以及企业的资金支出是否得当。

净收入是了解企业实际获利多少、利润在未来是否可持续的好方法。净收入也是计算每股收益的一种方法。根据每股收益，投资者可以衡量企业及其股票的价值。

评估企业相对于竞争对手的表现，判断其是否具有良好的财务基础的一个方法是：分析企业赚取的收入与税务成本、投资和其他费用的平衡。

计算净收入

对投资者而言，要判断特定的企业是不是个好的投资对象，衡量净收入是了解企业经营状况的一种途径。净收入的计算方法是：从赚取的收益开始，从这一金额中扣除税务成本、银行与利息支出、资产折旧、员工成本，以及企业经营涉及的其他费用。

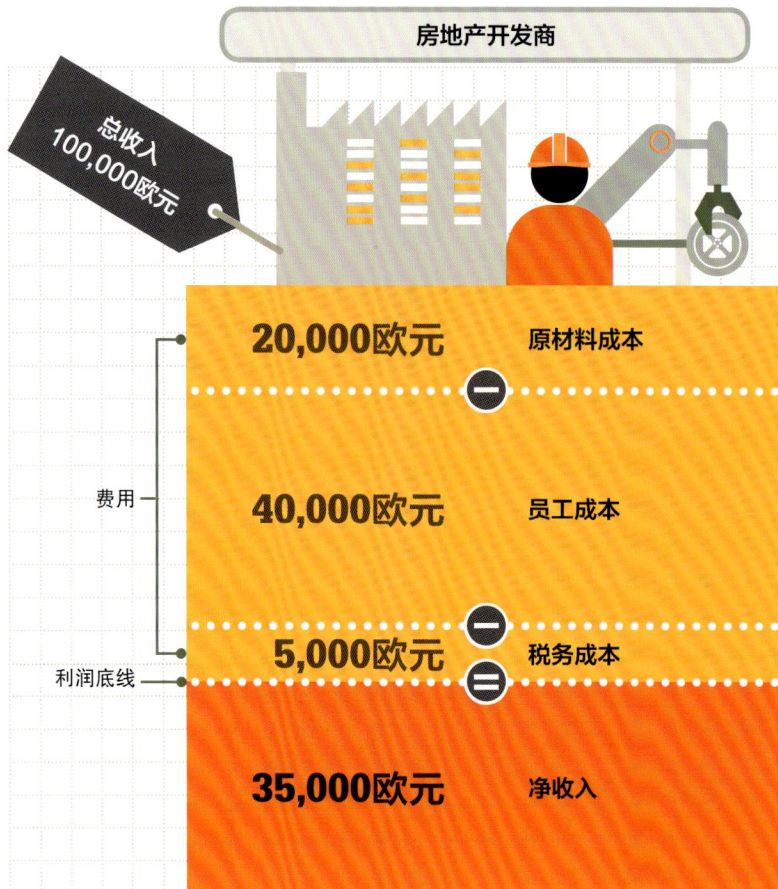

房地产开发商

总收入 100,000欧元

20,000欧元　原材料成本 ⊖

费用

40,000欧元　员工成本

5,000欧元　税务成本 ⊖

利润底线

35,000欧元　净收入 ＝

总收入－费用=净收入

夸大收益

　　一些企业为了让净收入显得较高，会在计算时略去特定的费用；另一些企业则把预期的未来收益包括在内，夸大收益，使利润显得较高。2014年，英国乐购公司（Tesco）的一项调查发现：由于所谓的会计错误，公司上半年的预测收益被夸大了约2.5亿英镑。可见，净收入虽是企业财务状况的重要指标，但不应作为评估的唯一依据。

184亿美元

苹果公司2016年第一季度的净收入，创历史单季度利润之最

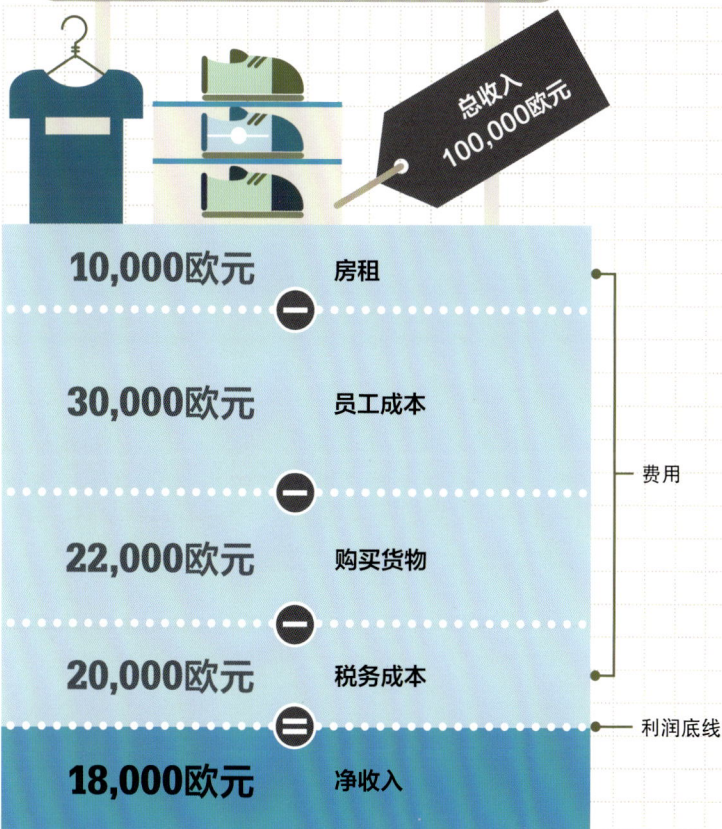

零售商

总收入
100,000欧元

10,000欧元	—	房租
30,000欧元	—	员工成本
22,000欧元	—	购买货物
20,000欧元	—	税务成本
18,000欧元	=	净收入

费用

利润底线

✔ 必备知识

▶**利润底线**　收入报表底部的内容，是净收入的另一个称谓。

▶**每股收益**　净收入除以发行的股票数；一种衡量企业赢利能力的指标。

▶**费用**　经营企业产生的成本，需要立即清算，而不是在若干年内逐步偿还。

▶**资产折旧**　企业已购资产价值的下降。这些资产可能是开展生产作业的工厂，或者专业机械等。

▶**银行与利息支出**　融资成本，包括贷款、债务、抵押和其他欠款的成本。

费用化与资本化

企业发生成本时，需要将成本记录在企业账户中。企业可以在成本发生时按全额记录（费用化），也可以把成本分摊到若干年中（资本化）。

实践中的费用化与资本化

所有企业都会产生一定的成本和费用。例如，企业需要预先支付电费及其他公用事业费、保险、员工工资和食品费用等，这些被记为费用。要符合资本支出的条件，一项资产就必须使用一年以上。因此，企业必须确定哪种选择更符合其商业模式。例如，滑雪场会对新的滑雪缆车、铲雪车、客运巴士和家具设施的成本进行资本化处理。

资产

滑雪缆车
建造升降机的巨额成本被分摊到了若干年中。

铲雪车
铲雪车分几年付清，从年收入中扣除。

家具设施
家具设施作为成本出现在资产负债表上，按三年摊销。

客运巴士
客运巴士被记为折旧资产，其价值会下降。

资本化

企业可以把成本资本化，然后分摊到若干年中。资本化意味着费用被记为资产，会随时间推移而折旧或贬值。如果成本或费用的金额巨大，采用资本化的会计处理方法可能会造成最终账面利润还是账面损失的差别。

! 注意

产生的成本能否合法地记为资产，有一定程度的解释空间。最近的一些财务丑闻，都涉及企业把一次性的经营费用记为新市场的投资，并且预计在未来能得到回报。在这些案例中，尚未支付的订单或费用被记为已赚取的收入，使得企业的收益高于实际水平。企业之所以这样做是为了夸大利润，而没有展示真实的数字。

资产负债表

何时资本化

如果企业（尤其是初创企业）希望报告的收入流更为平稳，那么对购买的物品进行资本化是极具优势的，因为资本化可以降低企业的成本，使企业能（在创办初期）报告较高的收入。但是，如果资本化造成企业赚取的利润较高，则会对纳税产生影响。

何时费用化

如果企业把部分成本费用化，其赢利能力可能会下降，但费用化有助于减税，利润较低意味着纳税较少。如果企业处在好年景，希望在今后几年里展现出较高的收益，那么企业就可以选择把某项成本费用化。但是，有些成本，如员工工资，必须费用化。

如何运作

企业所有者和经理人有选择的余地。他们可以在付款时记录费用，相应地减少年度利润。这一做法即费用化（expensing），会立即在账户中体现出来。或者，企业可以把费用记为资产，在若干年内按资产折旧进行处理。这种做法被称为资本化（capitalizing），其优点是：逐步从经营中计提成本，而不是一次性计提。在这种情况下，损益类账户不会受到太大影响。

费用

"看重会计形象甚于经济实质，结果将是二者皆失。"
——沃伦·巴菲特（Warren Buffett）

费用化

若有持续的成本，企业要么在成本发生时将之记为费用，要么在实际支付时记录。这会导致账面收益有较大的波动。如果企业希望保持较低的利润，费用化的处理方式或许更有益。

配料
用于客人餐饮的配料必须全部显示在资产负债表上。

电费/公用事业费
必须立即支付账单，因此不能资本化。

员工
员工工资属于持续的成本，必须立即支付，因此属于费用。

保险
在财政年度内按全额记录，因此属于费用。

折旧、摊销和折耗

企业的资产成本和消耗的自然资源可以从收入中扣除。企业可通过折旧（depreciation）、摊销（amortization）和折耗（depletion）来分摊此类成本。

计算折旧

一家配送企业用25,000欧元购买了一辆面包车。随着时间的推移，这辆车需要更换。企业可以把车辆价值的减少记为折旧。

$$\frac{购买价值 - 残值}{有效使用期（年）} = 年折旧额（欧元）$$

$$\frac{25,000欧元 - 5,000欧元}{5} = 4,000欧元$$

价值（欧元）

计算摊销

一家企业购买了计算机设计专利。这一无形资产的初始成本可以在几年内逐步摊销，从而降低企业的应税利润。

$$\frac{初始成本}{有效寿命（年）} = 年摊销额（欧元）$$

$$\frac{21,000欧元}{7} = 3,000欧元$$

价值（欧元）

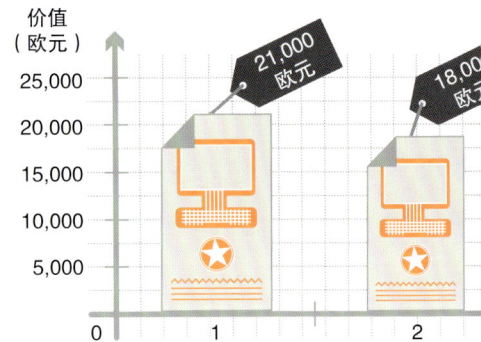

计算折耗

一家林业企业知道，其拥有的树木数量有限。折耗记录了树木价值的下降，因为随着时间的推移，企业的产品（木浆）被提取出来，剩余的树木储备会减少。

$$\frac{成本 - 残值}{总单位} \times 已开采单位 = 折耗成本（欧元）$$

$$\frac{10,000,000欧元 - 1,000,000欧元}{60,000} \times 6,000 = 900,000欧元$$

树木（棵）

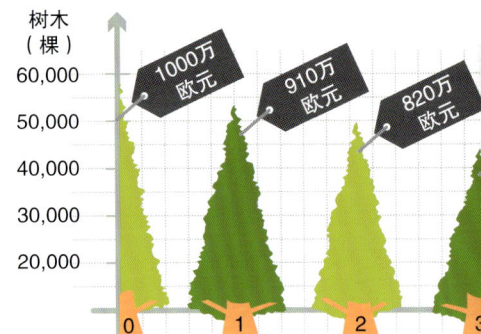

如何运作

　　折旧被用来计算有形资产（如机器或车辆）价值的下降。折旧衡量的是，随着时间的推移，资产的价值下降了多少，尤其是因为使用或磨损而导致的价值下降。摊销是一个会计术语，它描述的是无形资产（无实物形式的资产，如专利）的初始成本是如何在若干年内逐步核销的。折耗是某种自然资源资产的价值的下降。与处理非实物资产的摊销不同，折耗记录的是实际储量的下降。折耗适用于煤矿、钻石矿、石油、天然气、森林等自然资源资产的统计。

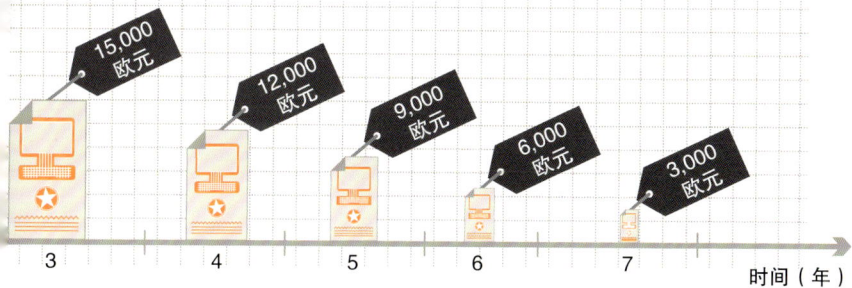

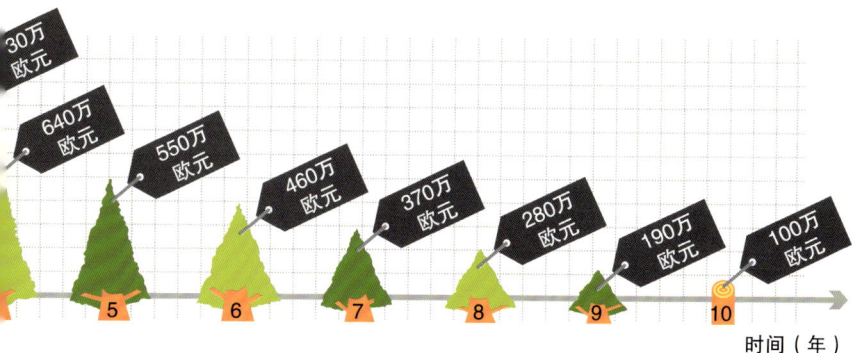

17,000欧元　13,000欧元　9,000欧元　5,000欧元

2　3　4　5　时间（年）

15,000欧元　12,000欧元　9,000欧元　6,000欧元　3,000欧元

3　4　5　6　7　时间（年）

30万欧元　640万欧元　550万欧元　460万欧元　370万欧元　280万欧元　190万欧元　100万欧元

5　6　7　8　9　10　时间（年）

⚠ 注意

▶ **各国差异**　折旧的方式多种多样，各国的会计方法也存在差异。要弄清企业的折旧成本是多少，了解企业使用哪种方法处理账目是至关重要的。

▶ **购买资产与租赁设备**　企业所有者必须在购买资产和租赁设备之间做出选择。选择购买就拥有了资产，但随着时间的推移，资产的价值会下降；选择租赁，则需要支付设备的租金。由于企业并不拥有租赁的设备，因此，企业不能记录随时间的推移而出现的设备贬值，那么降低企业应税利润的折旧费也就不存在了。

60%
上路三年后，平均每台车辆损失的价值占原始价值的百分比

平滑收益

平滑收益（smoothing earnings）是一项商业惯例，目的是使企业收入和账面利润的波动降低，涉及用会计方法来限制企业收入的浮动。

如何运作

投资者希望看到，随着时间的推移，企业的收入和利润呈现稳步增长，而不是在好年景和坏年景之间出现大幅波动。

企业为了避免这类大幅波动而平滑收益是完全可行的。例如，管理者可以选择何时计提准备金（预留的资金）以备大笔支出。在收入较低的年份，管理者可以不进行大笔投资，不偿还贷款，不为大额支出计提准备金；相反，如果在下一年里，企业的收入增加，那么管理者可以为这些大额支出计提准备金。

通常，平滑收益是一种合情合法的做法，是把利润分摊到多个年份的一种途径。通过这种会计处理，企业的财务报表会呈现出稳定、有规律的增长，从而鼓励人们投资。不过，如果企业的目的是隐瞒损失，让投资者信任无偿债能力的企业，那么平滑收益就将是非法的。

波动的收益

A企业并没有预留资金作为资本公积（reserve，这里指盈余公积），以备支付大笔费用，或在利润下滑时支付运营成本。因此，A企业更容易受收入波动的影响。

支出

一无所有

坏年景：企业没有准备金
利润出现意外下滑，但企业没有预留资本公积。企业可能难以支付运营成本，对投资者的吸引力也会减小。

好年景：企业支出
由于利润高于预期，企业会在新设备、员工奖金和广告投入方面加大开销。企业没有预留任何资本公积。

著名会计丑闻

即使是大型知名企业，也会非法操纵损益表。曾经爆出的丑闻就包括安然（Enron），它是当时美国的七大公司之一。

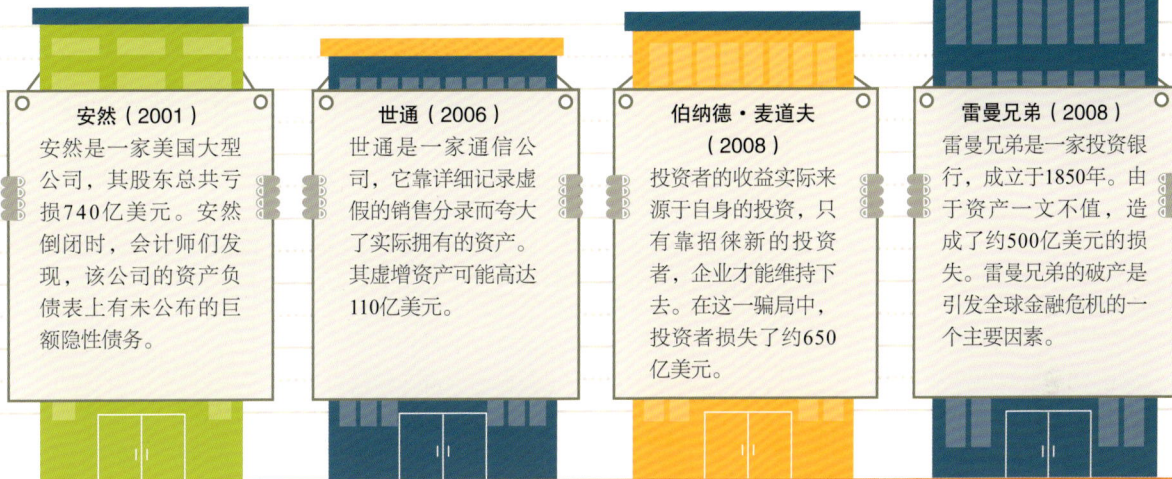

安然（2001）
安然是一家美国大型公司，其股东总共亏损740亿美元。安然倒闭时，会计师们发现，该公司的资产负债表上有未公布的巨额隐性债务。

世通（2006）
世通是一家通信公司，它靠详细记录虚假的销售分录而夸大了实际拥有的资产。其虚增资产可能高达110亿美元。

伯纳德·麦道夫（2008）
投资者的收益实际来源于自身的投资，只有靠招徕新的投资者，企业才能维持下去。在这一骗局中，投资者损失了约650亿美元。

雷曼兄弟（2008）
雷曼兄弟是一家投资银行，成立于1850年。由于资产一文不值，造成了约500亿美元的损失。雷曼兄弟的破产是引发全球金融危机的一个主要因素。

平滑收益

在赢利的年份，B企业会留出一部分资金，以备今后平滑收益之用，如偿还贷款、支付大笔意外支出等。

变化的数字
如果企业的收入高于通常水平，那么企业可以在合法的前提下把额外的收益积累起来，递延到下一年。这样，利润就呈现出了稳步增长的样子。

! 注意

阅读企业的财务报表，不一定能全面了解企业的运营状况。全球的一些大型财务丑闻都牵涉隐瞒损失，把贷款粉饰为收入，谎报利润，让偿债能力出现问题的企业看上去状况良好。

"我们不管理利润，我们管理企业。"

——通用电气前首席执行官
杰克·韦尔奇（Jack Welch）

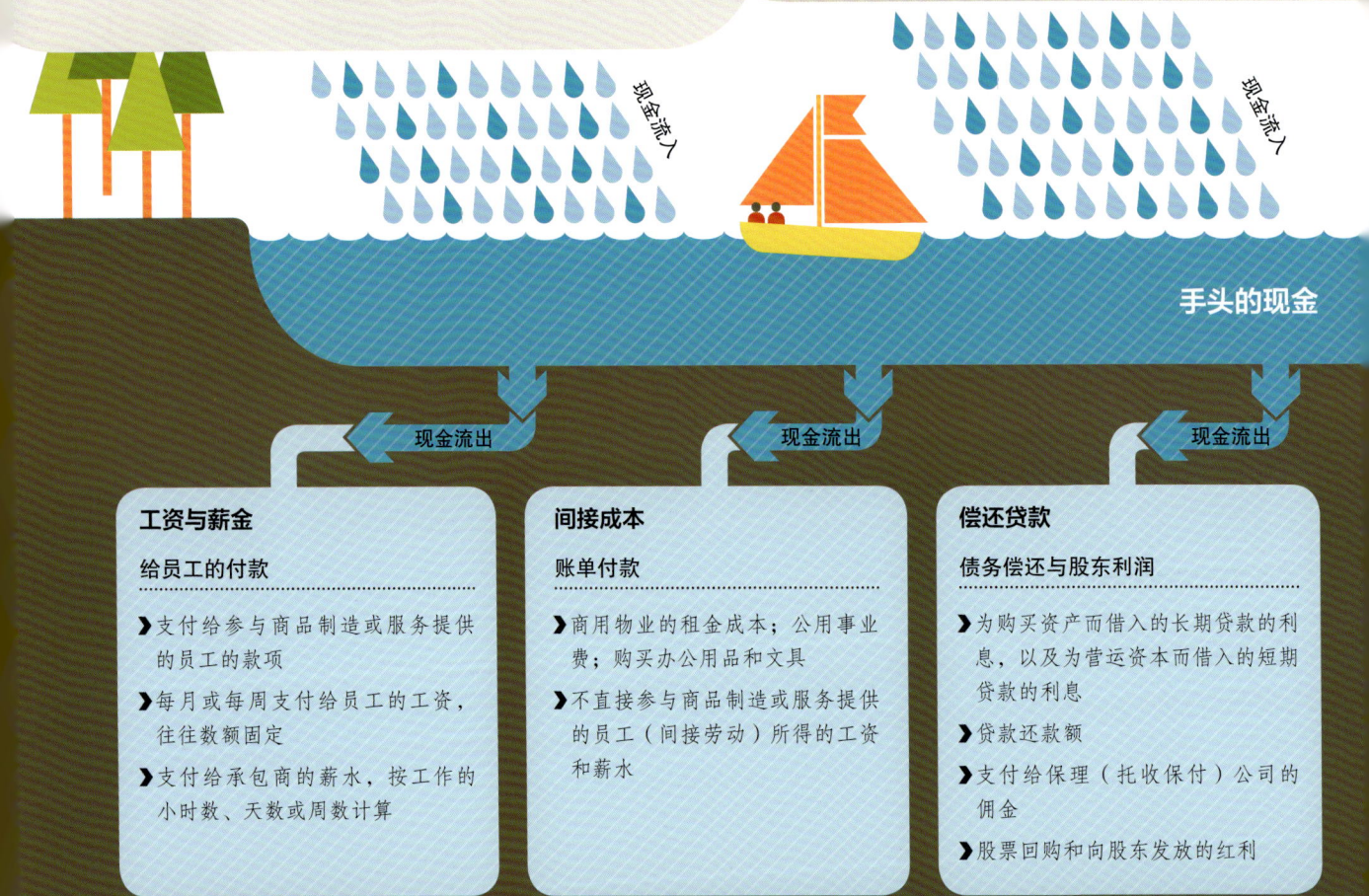

现金流

流入和流出企业的资金被称为现金流（cash flow）。流入源于融资、经营和投资，流出则源于费用、原材料支出和资本成本。

资本

投资和一次性支出

❯是初创企业现金流入的主要来源

❯初创之后，追加的现金被注入

❯来自私营公司上市的收益，以及上市公司发行的股票

❯也称为投资活动产生的现金流

销售收入

出售商品和服务所得的现金

❯核心业务产生的收入

❯利润，与贷款和资本不同，无须偿还

❯提供商品和服务得到的款项

❯也称为经营活动产生的现金流

现金流入

现金流入

手头的现金

现金流出   现金流出   现金流出

工资与薪金

给员工的付款

❯支付给参与商品制造或服务提供的员工的款项

❯每月或每周支付给员工的工资，往往数额固定

❯支付给承包商的薪水，按工作的小时数、天数或周数计算

间接成本

账单付款

❯商用物业的租金成本；公用事业费；购买办公用品和文具

❯不直接参与商品制造或服务提供的员工（间接劳动）所得的工资和薪水

偿还贷款

债务偿还与股东利润

❯为购买资产而借入的长期贷款的利息，以及为营运资本而借入的短期贷款的利息

❯贷款还款额

❯支付给保理（托收保付）公司的佣金

❯股票回购和向股东发放的红利

如何运作

现金流是一段时间内流入和流出企业的现金。现金流入来自商品销售和服务、贷款、资本投资及其他来源。现金流出则用于支付租金、公用事业费、员工开支、供应商货款及贷款利息。把握流入与流出的时机是关键。

贷款

银行贷款与透支

❯借入运营资本贷款以弥补资金的不足，以预期收入作为抵押

❯从保理（托收保付）公司预支销售发票的付款

❯短期透支

❯也称为融资活动产生的现金流

其他收入

资助、捐款和意外之财

❯机构或政府的资助，通常用于研发

❯捐款与赠礼（非营利性组织）

❯资产出售与投资

❯收回对其他组织的贷款

❯退税

现金流入

现金流入

现金流出

现金流出

现金流出

供应商

原材料与服务的付款

❯制造待售商品所需的原材料的成本

❯本地或进口存货的成本

❯为获得收入而支付的服务费（咨询费或广告费）

❯给提供商品和服务的承包商的付款

税款

向税务机关付款

❯公司税，按年度财务报表中显示的利润计算

❯雇主代雇员支付的工资税

❯商品或服务的销售税和（或）增值税

❯税种和税率因各国税法而异

设备

购买固定资产

❯企业建筑物和设备的成本，如电话、计算机、办公家具、车辆、厂房和机械设备

❯折旧可以抵销这些成本

现金流管理

企业的生存取决于如何处理现金流。企业把收益转换为现金的能力，即流动性，与现金流管理同样重要。不论企业的赢利能力如何，如果不能及时支付账单，企业就有可能破产。新创办的企业如果来款之前花费了太多资金进行扩张，导致没有现金偿还债务，就会因为过度交易无力偿债而倒闭，甚至沦为自身成功的牺牲品。

要管理现金流，企业必须预测现金流入和现金流出。销售预测和现金转换率至关重要。客户付款截止的时间表，以及企业必须在何时支付工资、账单、供应商款项、债务和其他费用的时间表，有助于预测资金缺口。如果现金流管理不善，企业在收到付款之前，可能就要交出资金，导致资金短缺。而超市等精明的企业，可以在赊购货物的同时得到现金支付，从而产生现金盈余。

注意

五大现金流问题

❯ **支付缓慢。**

❯ **赊购条款之间存在差异**，例如费用付款期设为30天，发票付款期设为60天。

❯ 经济形势不好、竞争激烈、产品过时导致**销售下滑**。

❯ **产品定价过低**，通常存在于相互竞争的初创企业。

❯ 工资和间接成本**支出过多**，例如资产靠的是购买而非租赁。

正负现金流

正现金流

流入企业的现金多于流出的现金。存货或现金储备增加。处于这一状况的企业正值蓬勃发展期。

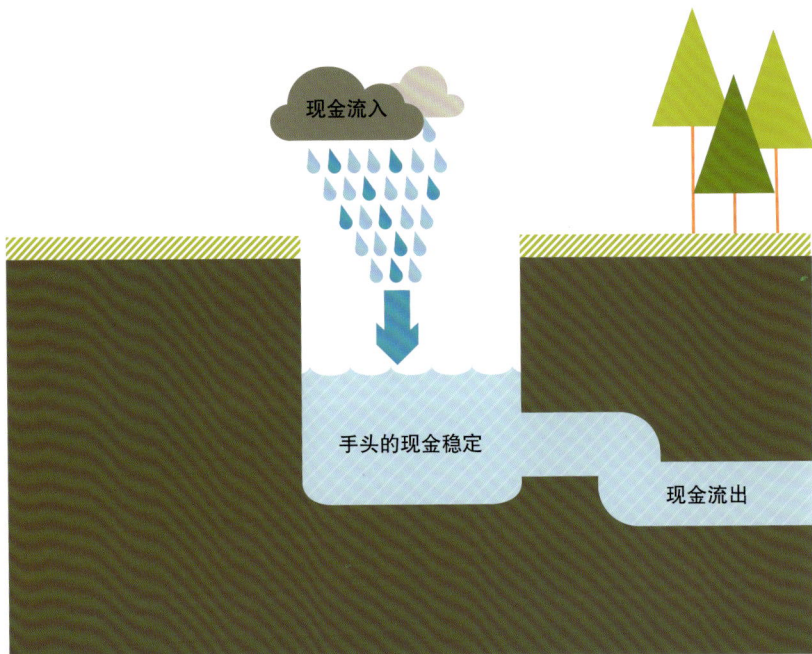

稳定的现金流

现金流入企业的速度与流出的速度相同。经营良好的企业会被认为有能力增加投资或支付更高的红利。尽管这会造成额外的费用，但是现金存量保持稳定是企业运转良好的标志。

必备知识

▶ **保理**　以收取佣金为目的，为企业收取客户付款的第三方。

▶ **应付账款**　必须向他人支付的款项。

▶ **应收账款**　企业应当收取的款项。

▶ **账龄表**　根据日期列出应付账款和应收账款的表格。

▶ **现金流缺口**　支付款项的时间与收到款项的时间之间的间隔。

▶ **现金转换**　在账单到期之前，企业成功将产品或服务转换为现金流入。

▶ **经营现金流**　与企业日常活动有关的现金流入和流出。

▶ **投资现金流**　因对债券、企业或股票市场进行投资而流入和流出企业的资金。

▶ **融资现金流**　债务人所欠的款项或来自债权人的给付。

80%

小型初创企业因现金流管理不善而倒闭的比例

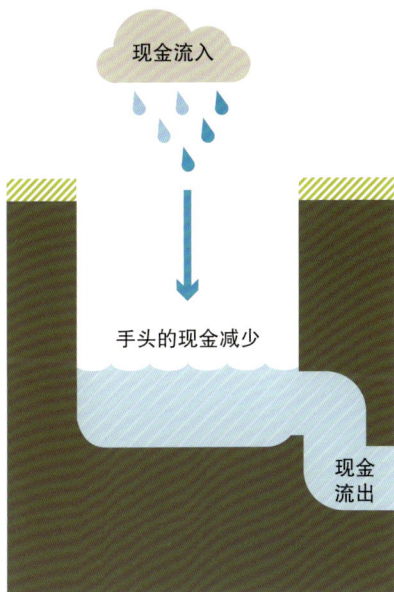

现金流入

手头的现金减少

现金流出

无现金流入

现金耗竭

无现金流出

负现金流

流入企业的现金少于流出的现金。随着时间的推移，可用现金的存量会减少，企业将面临困境。

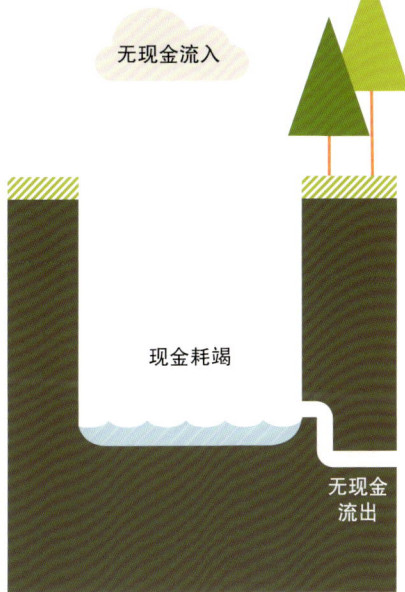

破产

如果现金流出持续超过现金流入，现金存量将下降到非常低的水平，导致企业无法偿还债务，没有现金来支付账单。

处理现金流

拥有现金盈余的企业会：

▶ 进行投资，或把过剩的现金转移到能够赚取利息的账户中。

▶ 升级设备，提高生产效率。

▶ 雇用新员工、开发产品，或并购其他企业以拓展业务。

▶ 向债权人提前还款，以提高信用度。

存在现金短缺的企业会：

▶ 降低价格以增加销量，或提高价格以增加利润。

▶ 及时开具发票，追查未偿还的欠款。

▶ 要求供应商提供赊销。

▶ 提供折扣，以换取及时付款。

▶ 使用透支或短期贷款，偿还亟须支付的费用。

▶ 继续预测现金流，进行规划，避免将来出现问题。

杠杆率与风险

资本杠杆（capital gearing）是企业拥有的资本与来自长短期贷款的资金之间的平衡。投资者和贷款人用资本杠杆来评估风险。

如何运作

大多数企业都采用某种形式的杠杆（gearing，也称为财务杠杆，即 financial leverage），通过贷款、债券借入资金，为其业务融资。如果杠杆水平较高（企业背负了大量债务），就会引起投资者对企业偿债能力的担忧。不过，如果企业的利润足以支付利息，较高的杠杆能为股东带来更高的收益。最佳杠杆水平取决于企业的行业风险、竞争对手的杠杆水平，以及企业的成熟度。各国的杠杆率存在差异，德国和法国企业的杠杆率往往要高于英国和美国的企业的杠杆率。

股权融资（股票）

优点

▶ 低杠杆被视为财务实力强大的指标

▶ 低风险会吸引更多的投资者，提升信用评级

▶ 来自股权的融资不需要偿还

▶ 股东承担损失

▶ 天使投资人会提供专业建议

▶ 对需要一段时间才能赢利的初创企业有利

缺点

▶ 共享所有权，企业创始人和董事对决策的控制有限

▶ 利润是对投资者拿资金冒险的回报

▶ 有为股东利益行事的法定义务

▶ 启动股权融资可能会十分复杂

企业的债务较多

债务占股权比例较高，也被称为高杠杆。典型的债务包括贷款和债券。

股权

低杠杆

股权

杠杆率的计算

分析师和潜在投资者通过计算杠杆率来评估一家企业的财务风险，以百分比表示。

$$\frac{长期债务}{（所有者权益+长期债务）} \times 100\%$$

杠杆率较低

某个软件公司即将上市，其杠杆率为21.2%，这告诉投资者：该公司的杠杆率相对较低，能够很好地承受经济衰退。

$$\frac{120万欧元}{（445.5万欧元+120万欧元）} \times 100\% = 21.2\%$$

高杠杆

债务

企业的债务较少
债务占股权比例较低，也被称为低杠杆。股权通常来自资本公积和股权资本。

债务融资（贷款）

优点

▶ 债务偿还不因盈利状况而变化
▶ 支付的利息可以抵税
▶ 债务不会稀释所有权
▶ 企业保留了决策控制权
▶ 还款数额固定，可以进行规划
▶ 启动债务融资更快捷、更简单
▶ 初创企业可以获得具有优惠利率的小企业贷款

缺点

▶ 杠杆率较高被认为是金融脆弱的一个指标，因为即使利润较低，也必须偿还债务
▶ 风险会让投资者望而却步，对信用评级产生负面影响
▶ 哪怕营业利润缩水，也必须支付贷款和利息
▶ 债务可以用企业的固定资产作为抵押。未得到偿付的放贷人可以扣押资产，强制企业破产
▶ 在破产的情况下，税务机关和放贷人优先得到偿付

✓ 必备知识

▶ **利息覆盖率** 营业利润除以应付利息，这是计算杠杆率的另一种方法。
▶ **过度杠杆化** 企业的债务过多，无法偿还所借资金的利息。
▶ **去杠杆化** 为了降低杠杆率，立即偿还一切已有债务。
▶ **债权人** 债务所欠的对象，或是需要被还款的人（按还款顺序，股东应排在放债人之后）。
▶ **稀释** 天使投资人通常会得到股票作为回报，这会稀释所有权，因为天使投资人对企业拥有部分所有权，也可能持有足够的股票，获得控股权。

高杠杆
某水务公司是该地区唯一的供水商，拥有数百万客户。鉴于这家公用事业公司拥有区域垄断地位、声誉良好，杠杆率虽然高达64%，也是可以接受的。

$$\frac{3.6亿欧元}{(2.02亿欧元+3.6亿欧元)} \times 100\% = 64\%$$

25%
若杠杆率低于这一比例，则通常称企业拥有低杠杆

企业如何运用债务

如果企业希望扩张，可以采用的融资方式主要有两种：借入资金，或向投资者发行股票。以固定的价格借入资金，能使企业为支出预留资金，计算潜在的利润。

如何运作

通过负债，即借入资金，企业能够得到一大笔现金，并在固定的期限内向债权人全额偿还并定期支付利息。与发行股票不同的是，企业能够保留对经营的控制权。

企业发行股票，意味着出售了经营的所有权股份（股权）。通过发行股票筹集资金的企业，可能会让大股东在企业经营上获得话语权。如果企业之后赚取了利润，则要向股东支付红利。与贷款不同的是，股票不用"偿还"。但只要股票存在，就要支付红利。

企业可以使用这两种方式为投资项目融资。这两种方式各有利弊，但若没有借款的机会，企业将无法承接大项目，并对此做出长期承诺。

如果债权人担忧企业的经营，或担忧企业未来偿还债务的能力，可以选择撤回贷款，或要求企业重新处理债务，支付更高的利率，以补偿债权人潜在风险的增加。

企业扩张

一些企业，如航空旅行、汽车制造、房屋建筑行业的企业，通常有较高的负债水平，因为它们必须在产品或服务售出之前购买存货、原材料或土地使用权。

AIR飞机制造公司希望扩张运营，因为它预计，未来的客户需求会增加。

该公司计划兴建新的制造厂，需要筹集资金购买场地、建设厂房。

必备知识

- **红利** 支付给股东的利润。
- **利息支付** 对贷款收取的利息必须按时分期偿还，哪怕企业处境艰难，甚至亏损。
- **生命周期** 企业所处的"债务阶段"。初创企业往往由银行贷款、种子资本提供资金；在生命周期的后期阶段，企业会求助于风险资本，或发行股票。

适当的平衡

一家企业借入债务，而没有发行股票，那么其负债是固定的，并且有偿还的时间表。由于债权人不分享利润，对企业的经营也无话语权，企业因此保留了较大的自主性。此外，借入债务还有税收上的优势。与股权相比，企业举债的成本较低。

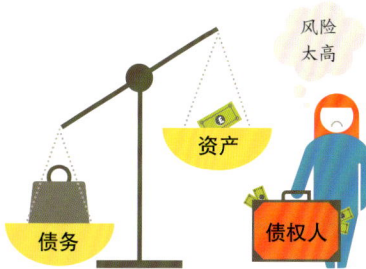

债务过多，债权人会认为企业的风险太高。不过，借入债务能使企业保留更多的利润。

债务过少，企业会被迫放弃较多的控制权和利润，而把二者交予新股东。

为了保留经营的控制权，该公司选择银行贷款，而不是出售公司的股份。

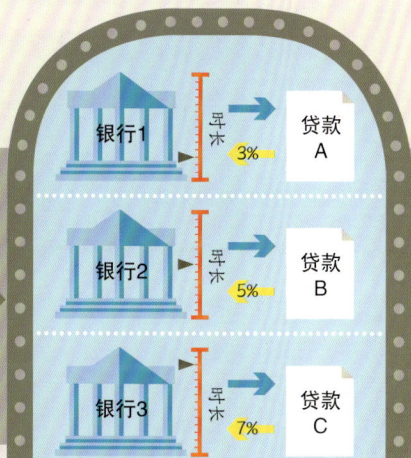

该公司选择了三家银行提供的债务组合。每家银行贷款利率和条款都不相同。

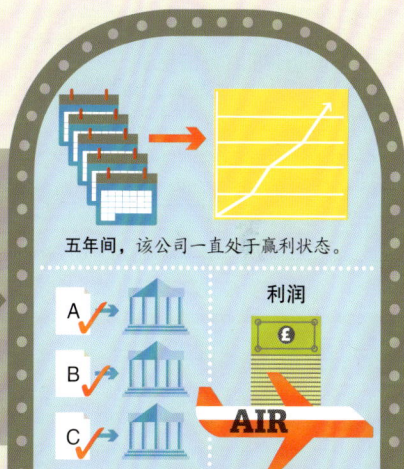

五年间，该公司一直处于赢利状态。

该公司不需要向债权人支付任何利润，只需要在各笔贷款到期时偿还即可。

金融工具

金融工具是有价值、可以交易的东西。金融工具可以是现金、货币、股票、资产，也可以是债务或贷款。它可以包含对企业或其他实体所有权的凭证。如今，金融工具大多以电子形式记录。

如何运作

金融工具属于一种法律协议，它要求一方对另一方的个体或企业组织支付（或承诺支付）资金或其他有价物品。协议通常有附带条件，可能包含支付利息、现金、资本收益、保费的金额和时间，还可能包含作为协议一部分的保险条款。作为拥有金融工具的证明，你会持有一份实体文件，如股份凭证、保单、债务或贷款合同。不过，通过网络账户也能持有股票。

为何要持有金融工具？

增长与红利

投资者购买和交易金融工具是为了获得直接的资本收益，例如靠债券获得利息，或靠股票获得红利。

风险控制

购买多种有独立表现的资产（例如一国的股票和另一国的政府债券）有助于降低投资组合的风险。

未雨绸缪

希望对冲投资组合风险的投资者可能会购买保险，以防投资组合价值下跌。持有保险能够对保单中指定和承诺的损失进行索赔。

股票

企业向投资者发行股票以换取资金。企业与股东之间的法律协议可能包括红利的支付（企业何时分红，是否可以分红）或津贴的支付（只要投资者持有股票就能得到）。

货币

投资者可以持有不同的货币进行交易，并利用汇率的变动赚取利润。

衍生品——期权与期货

衍生品的价值取决于标的资产的表现。交易衍生品是为了使资本增长，或者限制企业或投资组合的风险。专业投资者可以用衍生品来对冲投资组合的风险。

债券和贷款

指企业与投资者之间的借据。投资者把资金贷给企业或政府等借款人，而作为回报，借款人会在一定期限内按既定的利率向投资者支付利息，并在指定的日期内归还本金。

保险

涉及企业或个人，他们向保险公司支付保费、订立合同，合同承诺在事先商定的损失情境下给予货币补偿。

投资基金

投资基金（如单位信托基金）是一群投资者所拥有的资金池。用这笔资金投资，目的是提高基金的价值，使投资者获得资本收益，以及可能存在的利息。

16%

2015年7月17日星期五，谷歌公司股价的单日涨幅

✔ 必备知识

▶ **资本收益** 出售股票等资产所获得的利润。

▶ **风险** 投资回报率低于或异于预期的概率。

▶ **投资组合** 个人或企业持有的一组投资产品。

股票

股票是企业的小份额，投资者可进行买卖。企业发行股票是为了筹集资金，从而进行投资、壮大业务。

如何运作

股东是企业的投资者，他们购买了企业发行的股票，从而拥有企业的一部分。股东购买的股票通常是"普通股"（ordinary share），这意味着：股东可以投票选举企业的高管团队，对新股发行及其他筹资活动投赞成票或反对票；在某些情况下，股东会得到与利润相关的回报，即红利。股东会被记录在股东名册（share register）上，股东名册即所有持股投资者的名单。投资者购买股票的目的是使资本增值，并在股票分红时获得收入。股价的上涨和下跌取决于企业的财务业绩、总体经济形势，以及投资者对企业和总体经济的感受。如果股票价格在短期内上下浮动，则称股价是有波动的。企业的股价有波动，说明投资者对企业表示担忧。如果波动影响了所有股票的价格，这可能就是整个市场不稳定的迹象。

✓ 必备知识

▶**上市**　出现在交易所名册（名单）上，并在交易所进行交易（买卖）的股票。

▶**报价**　股票最近的交易价格。如今的证券交易均已电子化，人们可以看到一天内每分钟股票价格的变化。

▶**股票**　一种有价证券，是股份有限公司签发的用于证明股东所持股份的凭证。

发行股票

企业需要资金进行投资或支付成本时，就会发行股票。投资者购买股票，就成为股东，并拥有企业的一部分。

企业

企业股票

每股100便士

股票

100便士

企业需要资金来扩大经营。企业决定，通过在股票市场上市，向投资者发行股票。

企业以每股100便士的价格**发行股票**。投资者可通过首次公开募股（initial public offering, IPO）以议定的价格获得股票。

个人投资者以发行价获得股票。在本例中，发行价为100便士。之后，股票可在证券交易所进行买卖。

了解股票

股票一旦发行，就可以在股票市场上进行交易。

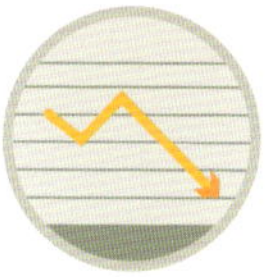

股东购买了企业的一部分。如果股票价值下跌，股东并没有收回资金的保障。

受投资者青睐的股票，其价格趋于上涨。若投资者对股票失去信心，其价格会下降。

如果企业破产，股东会失去大部分甚至全部的初始资本投资。

若一家企业表现良好，股东就可以分享回报。因此，对投资者而言，买入这样的股票是件令人兴奋的事。

如果企业倒闭，股东的投资将受损，但他们不对企业的债务负责。

2.25万亿日元
东京证券交易所的日均成交额

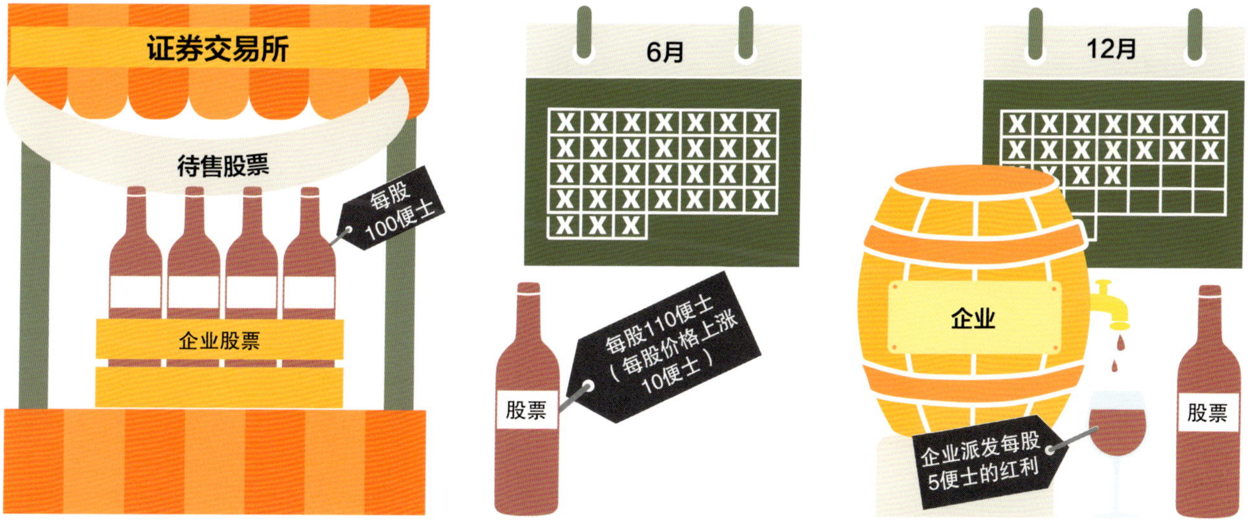

证券交易所

待售股票

每股100便士

企业股票

6月

12月

企业

股票

每股110便士（每股价格上涨10便士）

企业派发每股5便士的红利

股票

首次公开募股后，投资者可以在证券交易所购买企业的股票，而股票的价格受市场表现影响。

六个多月，股票的价值上涨了10%。以每股100便士的价格买入股票的投资者，可以获得每股10便士的收益。

又过了六个月，企业派发了每股5便士的红利。仍然持有该股票的投资者，得到了每股5便士的收益。

债券

企业和政府可通过出售债券来筹集资金，而不必发行股票。在本质上，债券是投资者购买的定期贷款，可在期限结束后获得利息。

如何运作

债券是长期债务的证券，但人们不一定会持有到债券的期限结束。债券价格的上升和下降取决于当前的利率，以及投资者对债券发行人偿还初始投资额能力的看法。债券的形式多种多样，有储蓄债券、公司债券、政府债券等，有些债券可以在投资者之间进行交易。对于储蓄债券，投资者在储蓄机构（如银行）存入一笔款项，定期获得利息，并得到初始资金的全额返还。而某些类型的债券并不能保证全额返还初始资金，因为债券发行人可能会破产。由于政府的违约风险较小，因此政府债券被认为是风险最低的债券类型。

投资债券

投资者选择债券时，必须平衡获得的利息总额和期末实际返还的资金总额的可能性。投资者还应分析债券目前的投资收益，以确定该债券是否具有较高的投资价值。这就需要比较债券支付的利息，以及债券在交易市场上的现值。如果企业倒闭，债券持有人获得偿付的概率要略高于股东，但也并不能保证会得到偿付。

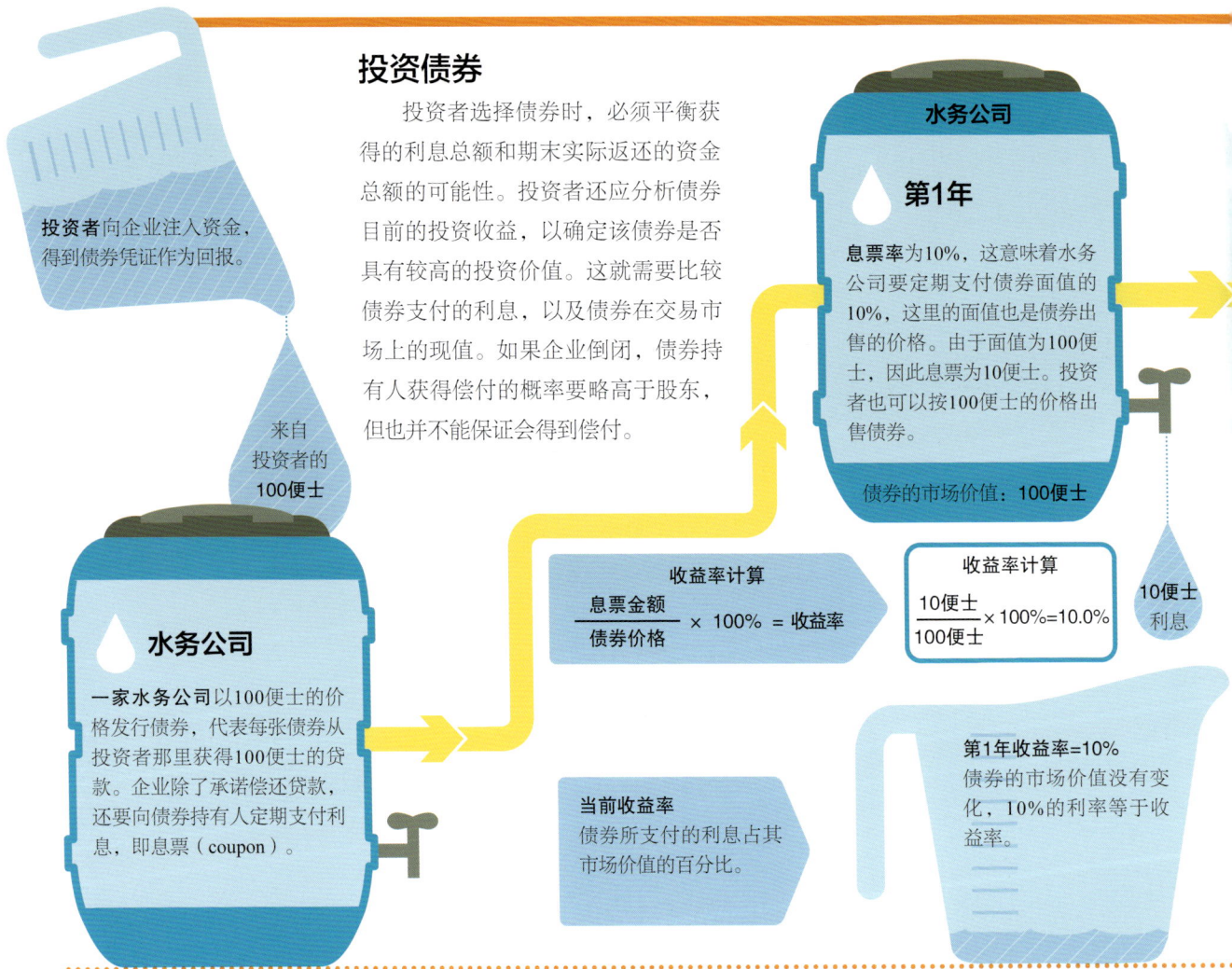

投资者向企业注入资金，得到债券凭证作为回报。

来自投资者的100便士

水务公司

一家水务公司以100便士的价格发行债券，代表每张债券从投资者那里获得100便士的贷款。企业除了承诺偿还贷款，还要向债券持有人定期支付利息，即息票（coupon）。

水务公司

第1年

息票率为10%，这意味着水务公司要定期支付债券面值的10%，这里的面值也是债券出售的价格。由于面值为100便士，因此息票为10便士。投资者也可以按100便士的价格出售债券。

债券的市场价值：100便士

收益率计算

$$\frac{息票金额}{债券价格} \times 100\% = 收益率$$

收益率计算

$$\frac{10便士}{100便士} \times 100\% = 10.0\%$$

10便士利息

第1年收益率=10%
债券的市场价值没有变化，10%的利率等于收益率。

当前收益率
债券所支付的利息占其市场价值的百分比。

✓ 必备知识

- ➤**面值**　债券最初发行时的价格。
- ➤**市场价**　债券的交易价格。
- ➤**息票**　支付给债券投资者的利息额。
- ➤**收益率**　投资债券的资本回报率。
- ➤**储蓄债券**　现金存款，定期支付利息。
- ➤**证券**　可交易的金融工具，如债券。
- ➤**垃圾债券**　高风险企业的债券。
- ➤**违约**　企业未能兑现向投资者出售债券时的还款承诺。

10.8%
由于20世纪80年代的高利率，德国各银行提供史上最高的债券利率

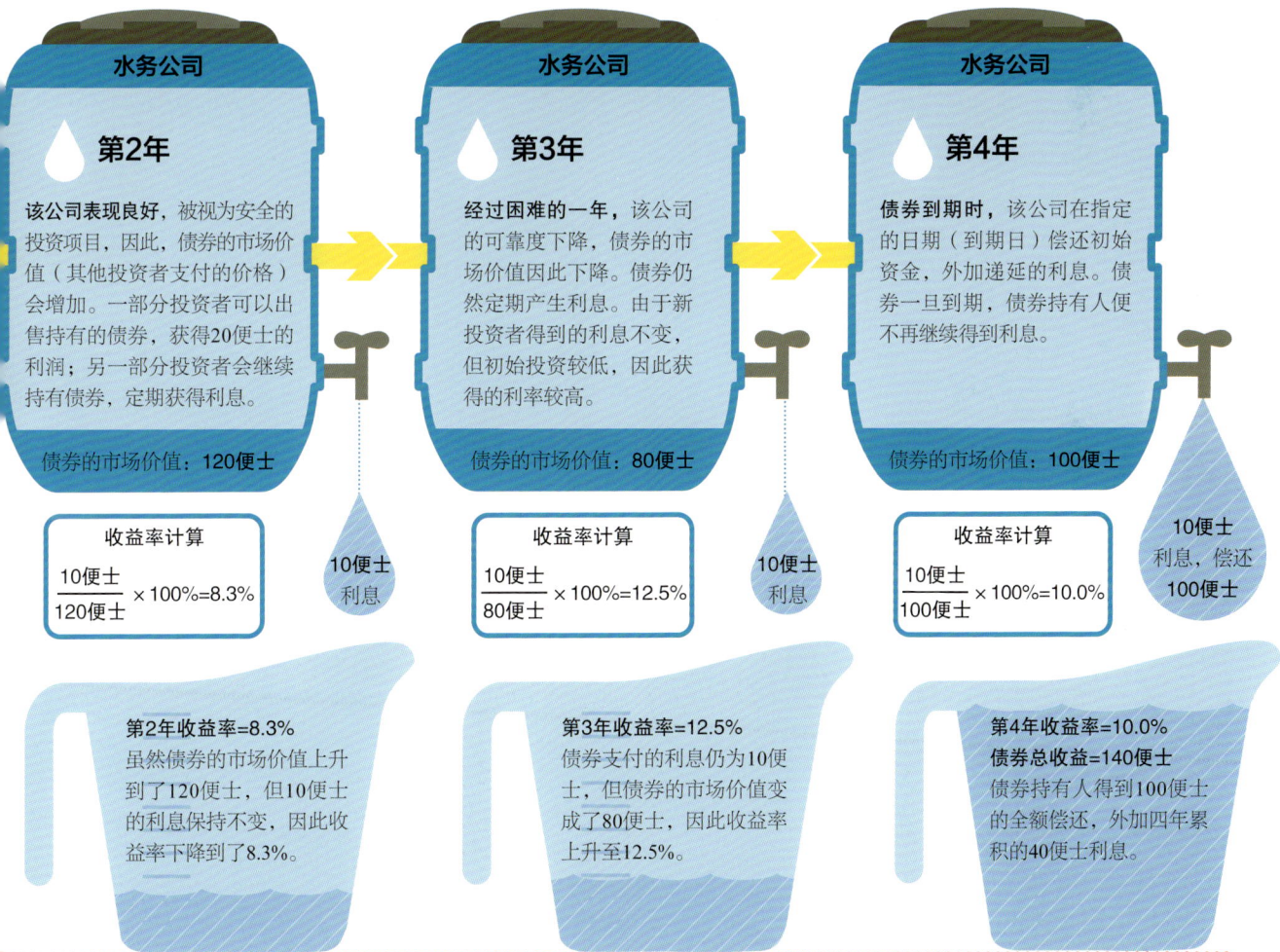

水务公司

💧 第2年

该公司表现良好，被视为安全的投资项目，因此，债券的市场价值（其他投资者支付的价格）会增加。一部分投资者可以出售持有的债券，获得20便士的利润；另一部分投资者会继续持有债券，定期获得利息。

债券的市场价值：120便士

收益率计算
$$\frac{10便士}{120便士} \times 100\% = 8.3\%$$

10便士利息

第2年收益率=8.3%
虽然债券的市场价值上升到了120便士，但10便士的利息保持不变，因此收益率下降到了8.3%。

水务公司

💧 第3年

经过困难的一年，该公司的可靠度下降，债券的市场价值因此下降。债券仍然定期产生利息。由于新投资者得到的利息不变，但初始投资较低，因此获得的利率较高。

债券的市场价值：80便士

收益率计算
$$\frac{10便士}{80便士} \times 100\% = 12.5\%$$

10便士利息

第3年收益率=12.5%
债券支付的利息仍为10便士，但债券的市场价值变成了80便士，因此收益率上升至12.5%。

水务公司

💧 第4年

债券到期时，该公司在指定的日期（到期日）偿还初始资金，外加递延的利息。债券一旦到期，债券持有人便不再继续得到利息。

债券的市场价值：100便士

收益率计算
$$\frac{10便士}{100便士} \times 100\% = 10.0\%$$

10便士利息，偿还100便士

第4年收益率=10.0%
债券总收益=140便士
债券持有人得到100便士的全额偿还，外加四年累积的40便士利息。

衍生品

衍生品是两方或多方之间的一种金融合约，其价值源于标的资产（underlying asset）的价格波动。衍生品通常用来防范风险，以及利用价格变动进行投机。

如何运作

衍生品能够提前锁定未来交易的价格，对冲外汇市场、利率、股票、商品价格等的波动。衍生品也可以用于投机，其本质是对赌资产在未来的价格。通过购买衍生品，投资者可以减少投资组合的波动幅度。因为投资者无须购买实际的标的资产，就能以少量的资本支出获得对市场的风险暴露。通常来说，衍生品的杠杆较高。期货和期权是最常见的衍生品。

期货

企业用期货合约来降低风险。有了期货合约，交易双方可以对未来实际发生的交易达成一致价格。例如，一家严重依赖某种商品且希望稳定其成本的企业会购买期货衍生品，以对冲该商品价格意外上涨或下跌的风险。

价格上涨

价格下跌

价格

AIRLINE公司

时间（月）　　1　　2　　3

一家位于英国的航空公司在检查库存后发现，公司需要在三个月内购买飞机燃料。

为了保护自身不受未来价格上涨的影响，公司希望以当前的价格购买燃料，并在未来交割和付款，这就是远期交易（forward transaction）。即使未来燃料的价格没有上涨，而是下跌了，公司仍然会因为价格锁定而支付较高的价格。

注意

因为衍生品的价格波动较大，它常被称作具有大规模"杀伤性"的金融武器。衍生品依赖债务杠杆，并且需要使用复杂的数学模型，因此并不是所有的投资者都清楚他们需要承担的风险。投资者可能因此遭遇灾难性的巨额损失。

8.27亿英镑
1995年英国巴林银行因衍生品交易而损失的金额

期权

与期货一样，期权锁定了未来的交易价格，但买方并无交易的义务。期权以较小的成本为投资者提供机会，对赌资产未来价值变化的大小和时机，由此获得利润。

10英镑

AIRLINE公司

看涨期权

50便士

5英镑

在有限的时间内用50便士的期权以每股5英镑的价格购买股票。

利润 £

AIRLINE公司

看涨期权
到期

5英镑

1英镑

较小的损失 £

投资者注意到公司的股价上涨，于是购买股票期权，即在未来某个日期购买股票的权利。

如果股票价格上涨，投资者可以按既定的期权价格买入股票，并按较高的当前价格卖出。

如果股票价格下跌，投资者可以出售期权或任其失效，损失的金额只占资产本身价值的一小部分。

货币市场

银行和企业通过货币市场来买卖期限较短的金融资产，这些金融资产能够方便、快速地进行交易。

如何运作

股票市场设有实际的交易大厅，但货币市场不同，其交易可通过互联网或电话的方式进行。银行、金融机构和政府在货币市场直接进行交易（无须经纪人参与），以获得日常运营所需要的贷款。例如，银行为了履行对客户的义务，有时需要在货币市场借入短期资金。

大多数银行的储蓄账户的通知期（notice period）都相对较短，这使客户能够立即支取资金，或能在几天或几周内支取。由于通知期较短，并且银行无法以存款形式持有所有的资金，银行无法做出长期的付款承诺。银行需要确保一部分资金是流动的（容易支取），而在货币市场进行投资，使自己得以兑现承诺。

银行或许会发现，在某些时候，人们对抵押或贷款的需求要高于储蓄，这会造成银行的可用资金与已出借资金之间出现不匹配。因此，为了满足贷款需求，银行需要借入资金。

谁参与了货币市场？

货币市场的主要功能是让银行和其他拥有流动资产的投资者能靠其持有的现金或贷款获得收益。这些投资者为银行、证券经纪人和对冲基金等借款人提供了短期融资。货币市场由专业投资者主导，但拥有超过5万英镑的零售投资者也可以参与投资。小额存款可以通过货币市场基金进行投资。银行和企业会出于不同的原因，采用货币市场上交易的各种金融工具，所承担的风险也各不相同。

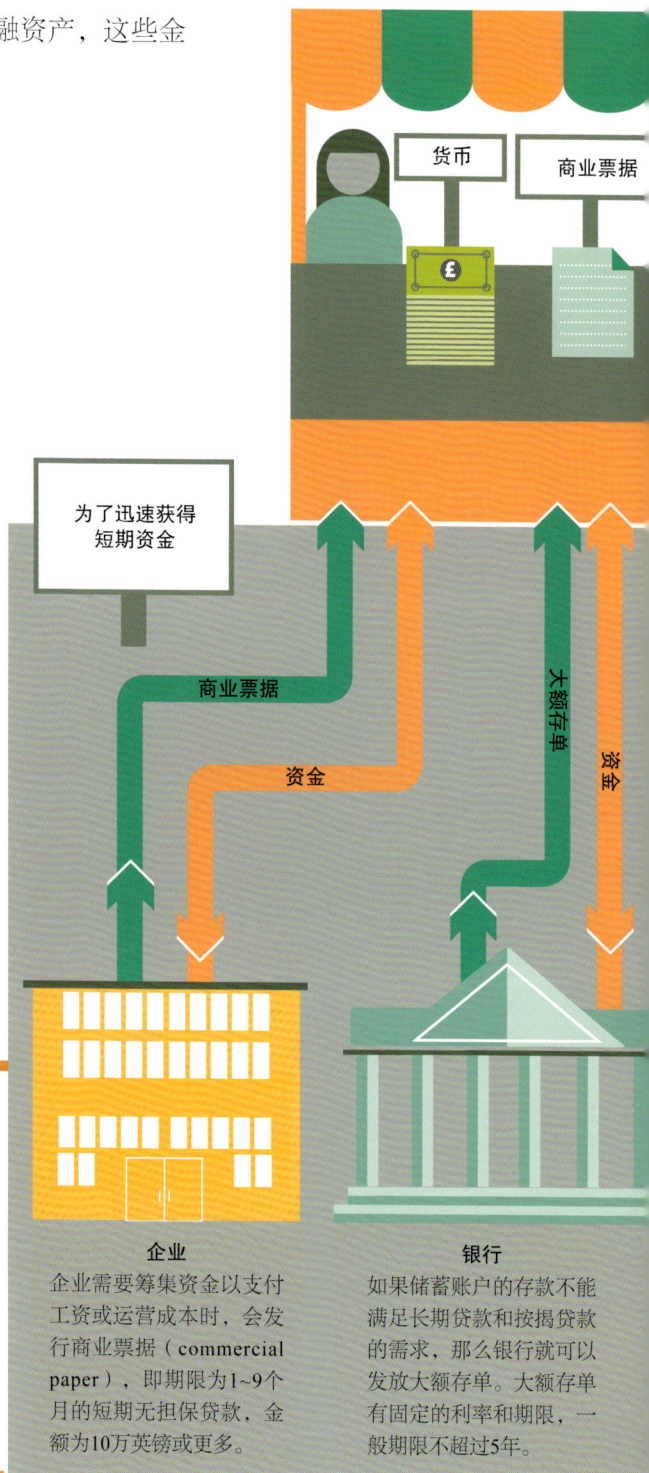

货币

商业票据

为了迅速获得短期资金

商业票据

资金

大额存单

资金

企业
企业需要筹集资金以支付工资或运营成本时，会发行商业票据（commercial paper），即期限为1~9个月的短期无担保贷款，金额为10万英镑或更多。

银行
如果储蓄账户的存款不能满足长期贷款和按揭贷款的需求，那么银行就可以发放大额存单。大额存单有固定的利率和期限，一般期限不超过5年。

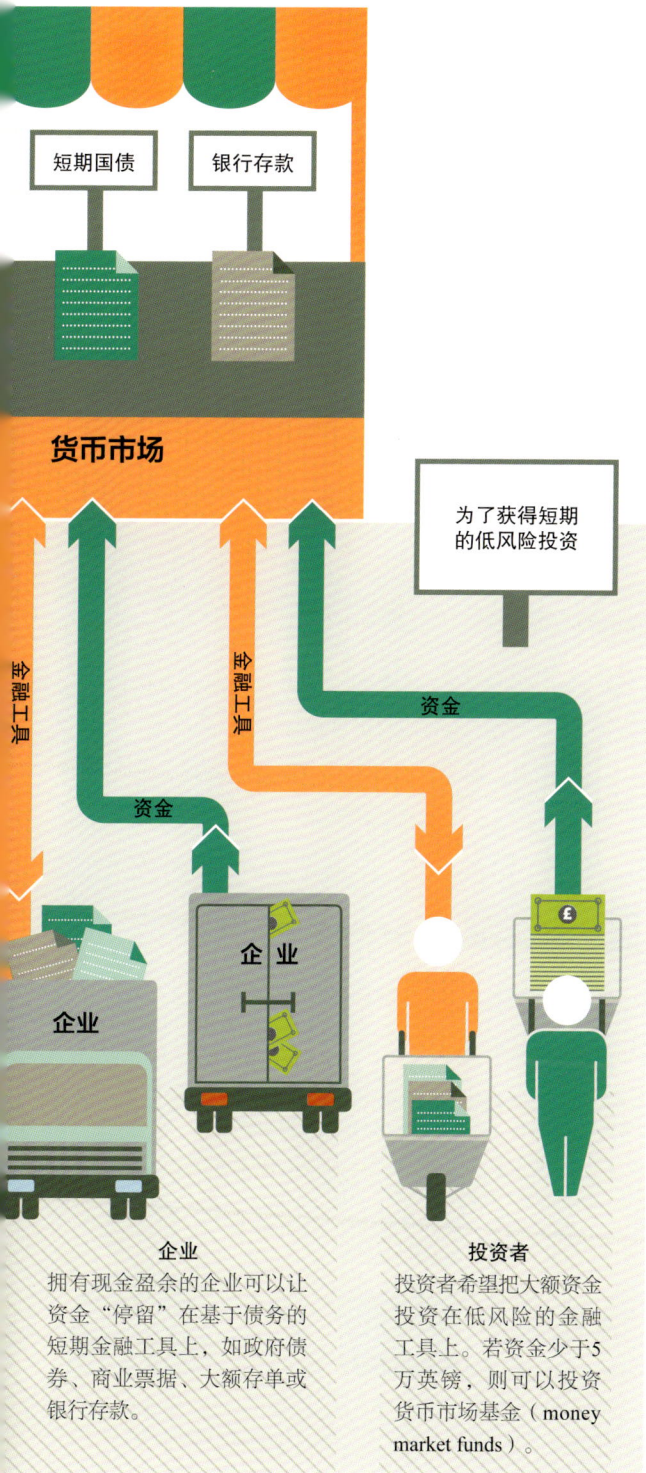

货币市场的交易对象

低风险

▶**短期国债** 即短期政府证券，期限为3个月到1年，按面值的一定折扣购买，到期时全额还款。短期国债被认为是低风险的。

中等风险

▶**大额存单** 银行以固定利率发行的定期存款凭证。利率取决于期限，期限较长的存单利率较高。主要风险是：存单的利率被锁定在固定利率上，且提前支取有损失。

▶**银行存款** 存入银行的资金，通常有固定的期限。利率因存款金额、存款流动性的不同而异。风险取决于银行的资信状况，以及存款是否受政府存款保障计划的保护。

高风险

▶**商业票据** 即企业发行的短期无担保债务。只有信用评级良好的企业才会发行商业票据，因为投资者不愿购买财务状况不佳的企业的债务。商业票据通常由评级较高的银行代为发行，交易方式与证券类似，资产价值通常为数万或数十万英镑。

短期国债　银行存款

货币市场

为了获得短期的低风险投资

金融工具　金融工具　资金

资金

企业　企业

投资者

£

企业
拥有现金盈余的企业可以让资金"停留"在基于债务的短期金融工具上，如政府债券、商业票据、大额存单或银行存款。

投资者
投资者希望把大额资金投资在低风险的金融工具上。若资金少于5万英镑，则可以投资货币市场基金（money market funds）。

✓ 必备知识

▶**货币市场基金** 合作组织，为个人投资者提供"一篮子"金融工具，使资金少于5万英镑的投资者能够投资货币市场。

▶**LIBOR** 伦敦同业拆借利率，是国际银行间借款的基准利率，会影响货币市场的流动性。

一级市场与二级市场

为了买卖股票，人们需要一个可以交易股票的市场。股票市场有不同的类型，具体取决于股票的种类和交易的规模。

一级市场

一家私营企业决定发行股票，可能是因为它需要资金进行扩张，并且希望接触更广泛的潜在投资者。该企业通过首次公开募股在一级市场上发售新股或上市。准备上市的企业会使用多家投资银行的服务，由此来估算机构和私人投资者的购买量，得到相应的支持，然后再设定价值。接下来，企业通过专业经纪人的服务，将股票发售给公众和投资者。

公司
公众和投资者可以在一级市场购买上市公司的股票。

销售管理
潜在的股票买家会通过招股说明书来了解公司。股票销售则由专业的经纪人负责。

公众

股票

经纪人

投资者

设定价值
一级市场上发行的股票的价值在上市前是固定的。

! 注意

要出售在一级市场上买入的股票就**必须有**二级市场。如果没有人想买入这些股票，或是没有可以交易的场所，股票市场就会缺乏流动性。投资欺诈通常涉及：投资者买到了无法在二级市场上出售的证券，因为这些证券并未在交易所上市，没有内在价值，或缺乏发展潜力。只有其他投资者都想要买卖的股票才是可交易的股票。

250亿美元
阿里巴巴集团首次公开募股募集的资金，创历史之最

如何运作

一级市场是创造新股、最初发售新股的场所；二级市场是投资者交易已发售股票的场所。如果企业打算在一级市场上市，投资银行会为新股设定一个发行价。投资银行也可以为首次公开募股担保，承销未售出的股票。虽然发行价是固定的，但从发售的第一天起，股票就可在证券交易所（二级市场）以不同的价格转售。

股票价格

股票价格并不是固定不变的，而是会随企业的财务状况、股票的供求及财经消息而变化。

证券交易所

投资者可以买卖已上市的股票，这些股票可在二级市场交易得到。

经纪人

股票

$3

$3

$3

$3

投资者

$3

二级市场

投资者讨论股票买卖时，通常指的是二级市场上的交易。二级市场是投资者交易股票的场所。经纪人或自营商收取交易佣金，使交易更为顺畅。自营商也可靠价差赚取利润，而价差即股票的买入价格与卖出价格之间的差额。这些自营商也被称为"做市商"（market makers），他们报出可供交易的买价和卖价，由此维持股票市场的流动性。二级市场包括伦敦证券交易所、纳斯达克证券交易所、纽约证券交易所，以及世界各地的其他证券交易所。

三级市场与四级市场

养老基金、对冲基金等机构投资者会交易大量的股票和股份。三级市场和四级市场正是为这些大规模交易而设的。三级市场的运作主要在大型投资者和经纪人或自营商之间进行。

四级市场是为相互进行交易的大型投资者而设的。由于四级市场没有经纪人佣金，其交易成本往往低于一级市场和二级市场。虽然股票或股份可以在主要证券交易所上市，但却不一定通过交易所进行交易，并且大额交易可以匿名进行。

预测市场变动

对于买入金融资产、想由此获利的投资者来说，能够预测股票市场可能发生的状况是十分有用的。

如何运作

投资者通过分析来了解企业、股票或股票市场可能的走向。投资者希望知道股票是否有增值的可能性，或者是否有一些因素表明股票价格下降迫在眉睫。投资者还需要了解各个市场和经济体的行为，以及这类行为如何影响其他行业或企业的表现。然后，投资者会选定他们认为会有良好表现、能够实现资本增长的企业，并购买企业的股票。

然而，预测技术远非万无一失。并没有统计上的显著证据表明，正确的预测靠的是运气之外的因素。

预测股票市场

交易者试图通过准确的市场分析来指导决策。从理论上说，准确的市场分析可以指明何时买入或卖出股票，有助于找到有利可图的投资领域，并对潜在的损失发出预警。

专业交易者提出了多种方法来评估企业、股票或指数的未来走向。他们通常使用的两种方法是技术分析和基本面分析。

基本面分析

中期报告
财务业绩为投资者提供了潜在的宝贵信息，涉及企业的利润、面临的挑战、市场地位、预期的增长等。

A公司

vs

B公司

竞争对手
投资者可以跟踪竞争对手的财务状况，获得有助于预测股票价格走势的线索。

投资者使用**基本面分析**来获得有关企业的挑战、优势、市场地位、未来增长方面的信息。投资者会研究企业的年报、中期报告和资产负债表，分析企业以往和预期的业绩。投资者会把企业的收入同成本和债务进行比较，查看企业的利润率，思考管理层的管理质量和经验，从而估算出企业未来可能的赢利能力。

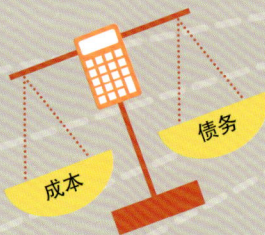

成本

债务

收益
投资者可以考查基本面，即企业的债务和收入各为多少，由此评估企业的财务健康状况。

技术分析

全球价格数据

鉴于全球各地的股票市场、债券市场和货币市场相互关联，投资者会在亚洲市场搜寻信号，以确定欧美市场的走向。

2016

技术预测

投资者在确定企业的价值时，并不会去查看企业的详细财务数据，而会用价格图表来预测企业价值的变动。

技术分析包括查看价格数据和交易量，由此预测个股、指数或其他金融工具的变动。运用这种方法的目的是识别出指示未来行为的模式。投资者用技术分析来确定个股的走向，并根据预示股票涨跌的市场信号做好响应的准备。

交易量

投资者用交易量和价格数据来预测个股、指数或其他金融工具的变动。

全球数据分析

由于时差，亚洲市场领先欧美市场8小时。由于全球各地的股票市场、债券市场和货币市场关联紧密，亚洲市场的事件会影响欧元区、英国或美国的市场。由于后者当天稍晚些才开始交易，所以其开盘价会受亚洲市场的影响。鉴于此，投资者会不时搜寻亚洲市场的信号，进而确定其他市场的可能走向。

✓ 必备知识

▶**对冲（套期保值）** 一种策略，投资者购买他们认为会上涨的股票，同时卖出他们认为会下跌的股票，保持市场中性仓位。

▶**技术分析** 以识别指示股票涨跌趋势的模式为目的所进行的研究。

▶**基本面分析** 对收益、成本、债务、利润率和管理层等的评估。

套利

若两种相似资产在全球不同交易所进行交易，其价格存在差异，交易者就可以利用价格差异来赚取利润。这种做法被称作套利（arbitrage）。

跨洋交易

若一家企业在英国和美国的交易所同时上市，就可能出现套利。例如，交易者可以在美国证券交易所以每股2.99美元的价格买入A公司的股票，并在英国证券交易所按每股2.30英镑（等价于3.013美元）的价格卖出，就可以获得每股0.023美元的利润。实践中，可以使用计算机程序进行近乎瞬时的交易，利用微小的价格差异，以较大的交易量进行套利。这类交易要求计算速度非常快，只有拥有具有高速计算能力的计算机的机构才能赚取可观的利润。

高频交易员

只有强大的计算能力才能使高频交易员在市场上搜寻到微小的异象，并由此牟利。计算机程序能以超出人类的速度迅速评估并执行大量交易。通过这种方式，仅靠微小的价格差异也能赚取巨额的利润。

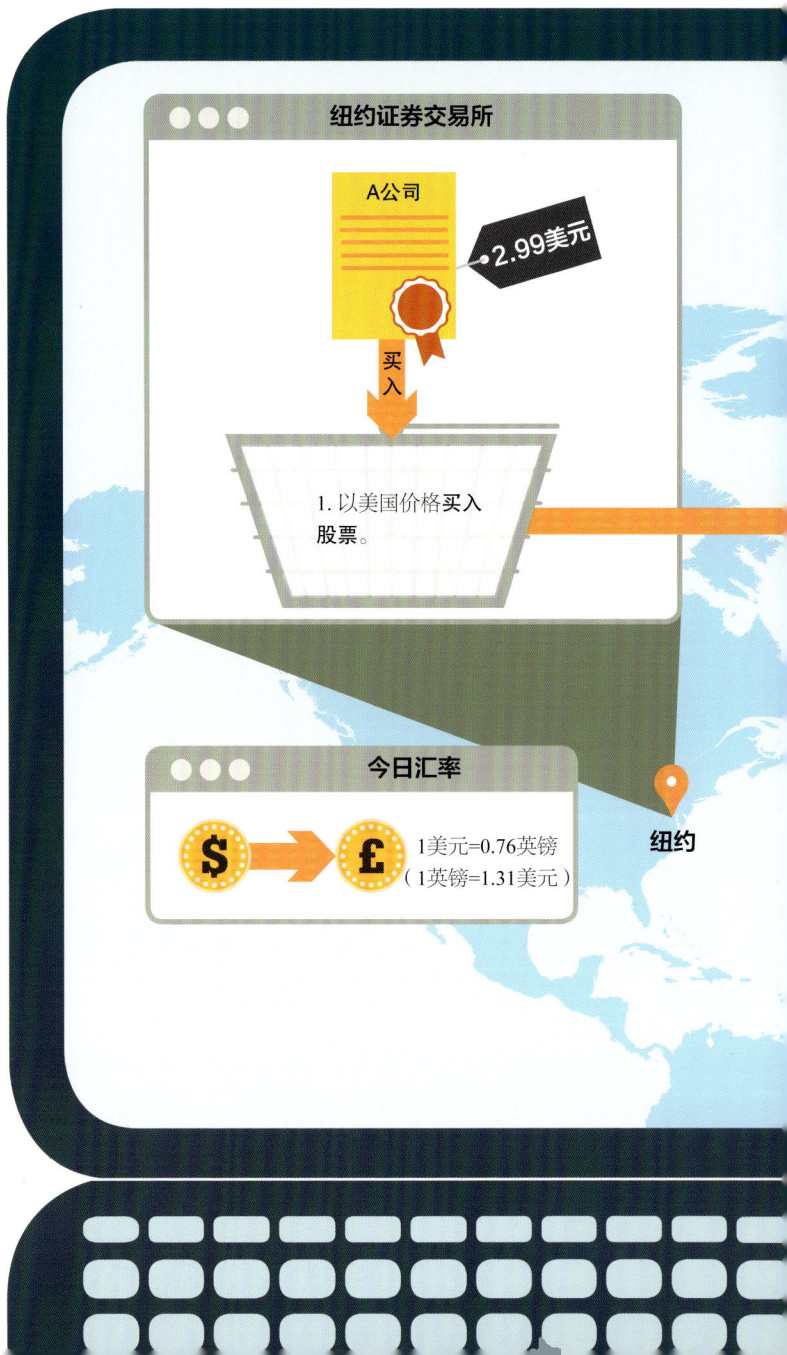

纽约证券交易所

A公司

2.99美元

买入

1. 以美国价格买入股票。

今日汇率

$ ➡ £

1美元=0.76英镑
（1英镑=1.31美元）

纽约

如何运作

套利是指在一个市场上买入可交易资产，几乎同时在另一个市场上以较高的价格卖出。反过来，也可以在一个市场上卖出资产，而在另一个市场上以较低的价格买入资产。就目前股票市场和债券市场的实践而言，只有靠较高的计算机计算能力，套利才有可能发生，从而在几毫秒内让大量的交易利用价格的微小差异而获利。

伦敦证券交易所

A公司

2.30英镑

卖出

3. 获得利润

2.30英镑
=
3.013美元
=
每股利润为
0.023美元

2. 以英国价格**卖出**股票，赚取小额利润。在这种情况下，每股可以赚取0.023美元。

伦敦

自动化交易

计算机的自动化程序可以在几分之一秒内完成交易。

确定　　取消

套利出错

1998年，美国长期资本管理公司（以下简称LTCM）因为债券套利交易出错，损失了46亿美元。

由于LTCM交易的各种债券之间的价格差异较小，要赚取利润，必须进行大量的交易。同时，这些交易具有高杠杆——LTCM从其他金融公司借入的资金高达数十亿美元。

高杠杆加上1998年的俄罗斯金融危机，导致投资者撤回贷款，把资本转移到了风险较低的投资项目上。LTCM蒙受了巨大损失，并有贷款违约的危险。美国政府为了防止债券市场崩盘和对全球经济造成破坏，而不得不进行干预。

60%

2009年，高频交易处于顶峰时占美国股票交易的比例

操纵股市

股市操纵有多种形式，例如人为地把价格定得很高或很低，其目的是干扰市场以获取私利。

如何运作

交易者通过处理大量的小卖单来拉低股票价格，由此操控股票市场。这会导致其他股东因为恐慌而抛售股票，导致股票价格进一步下跌。

相反，大量的小买单会推高股票价格，让其他投资者相信可能会有好消息公布。

交易者

压低股票价格

卖！

现在
卖出

股票市场

拉低股票价格

▶**大量抛售** 如果大型投资者抛售股票，使股票供给量增加，股价会下滑。之后，大型投资者可以以较低的价格买入股票，从最初的抛售中获利。

▶**卖空** 交易者借入股票以高价卖出，然后操控价格使之下跌，再以较低的价格买回股票，归还给最初的所有者。

▶**坏消息** 企业发布利润预警或负面报告时，股价可能会下跌。

⚠ 注意

投资者通常喜欢在网络公告栏或投资论坛上与志同道合的人讨论他们拥有或考虑买入的股票。这些渠道虽然是获取投资信息的好来源，但也可以被不道德的交易者利用，被用来发布正面或负面信息，进而推高或压低股票价格。

交易者

推高股票价格

买!

追逐利润

LIBOR丑闻

LIBOR是银行对同业短期贷款收取的基准利率，被认为是全球主要银行之间信任度的重要度量。LIBOR丑闻牵涉10家公司的交易员。英国严重欺诈办公室（Serious Fraud Office）声称，2006—2010年，这些交易员合谋操纵LIBOR的基准利率，人为地使之维持在较低水平。

推高股票价格

▶ **股票流动性**　对于流动性较低的股票，相对少量的买单就能使股价上涨。在此情况下，通过操纵交易来夸大股价变动就更为容易了。例如，在"推高出货"中，"流氓"交易员鼓励投资者买入股票，从而推高股价，再以高价出售所持有的股票。

▶ **好消息**　在网络论坛或投资者聊天室发布公司或股票的正面信息，从而鼓励其他投资者买入股票。

日内交易

日内交易（day trading）即在一天之内进行股票、货币或其他金融工具的买卖。日内交易的目的是从价格的小幅波动中获利。有时，交易者持有股票的时间仅有几分钟。

如何运作

投资者会买卖股票，他们通常依据的是对经济或股票市场走向的分析，以及对特定企业的研究。投资者也会通过企业定期派发的红利获得收益。日内交易者与这类投资者不同，他们寻找价格的小幅波动，利用这些波动赚取利润。他们会暂时持有股票，以某个价格买入，待价格上涨几便士（或几美分）时卖出，其间隔可能只有几分钟。

日内交易者赚取利润的方式是在一笔交易中买卖大量股票，或在一天内进行多笔交易。他们买入（或卖出）股票，并在付款期限截止前再次卖出（或买入）。他们为了保护自己不受市场上盘前盘后变动的影响，通常会在一天结束时结清所有交易（卖出之前购买的股票，或买入之前卖出的股票）。这与长期投资不同，因为在长期投资中要获得资本增长或收益，需要在较长时间内持有资产。

有流动性的股票

日内交易者青睐有流动性的股票，即在二级市场上易于买卖的股票。

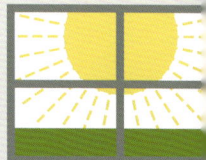

开市时，日内交易者查看BigBank公司的股票价格，得知该公司刚刚报告了利润的上升。

BigBank

利润上升

£

日内交易者预期，该公司的股价会继续上涨，于是以490便士的价格买入了10,000股。

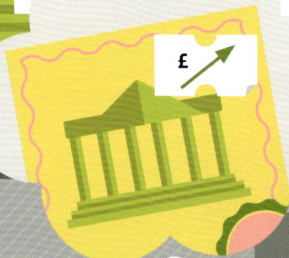

490P

490P

490P

数量

10,000

注意

高风险 日内交易者通常会在交易的头几个月内遭受巨额损失，很多人甚至从未赢利。

压力 在白天，日内交易者必须不间断地盯住股票市场，关注数十种变动的指标，以期识别股票市场的走向。

费用 日内交易者在佣金、培训和购置计算机方面开支巨大。

必备知识

超短线交易 交易者只需在几分钟甚至几秒钟内持有股票或金融资产（仓位）的策略。

保证金交易 一种买入股票的方法，日内交易者只需要向执行交易的经纪人借入所需资金的一部分。

买卖价差 股票的卖出价与买入价之间的差额。

市场数据 即日内交易市场当前的交易信息。虽然有免费提供的市场数据，但可能会有一个小时的滞后。日内交易者并不使用这类数据，而是支付高价获取实时数据。面对新闻或公告，日内交易者必须能够迅速进行交易。因此，他们需要盯住股票市场，一直待在交易屏幕前。

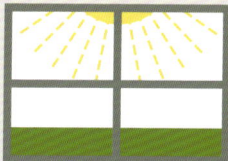

到上午10点，买入价已经上涨到了500便士。日内交易者卖出股票，每股利润为10便士（不含费用）。

卖出价 500P - 买入价 490P = 利润 10P（不含费用）

10P X 10,000 = 1,000英镑–费用 = 利润

一天内，日内交易者会进行5~10次类似的交易。

金融机构

纵览全球，资金在银行、企业、政府、组织和个人之间流动，跨越不同的时区、大陆和文化。银行、对冲基金、养老基金和保险公司是全球金融体系的核心，它们持有全球的资金并进行投资。如果没有银行提供的流动性，组织和个人就很难借入或储蓄资金，投资现有企业或开办新企业将变得困难。

服务与费用

金融机构主要利用对贷出资金收取高利率、对储蓄资金支付低利率的模式赚取利润。此外，金融机构用客户的委托资金进行投资，为客户买卖资产，由此收取服务费，赚取利润。如果贷出的资金未能偿还，或者只偿还了一部分，又或者投资决策失误，金融机构就会亏损。

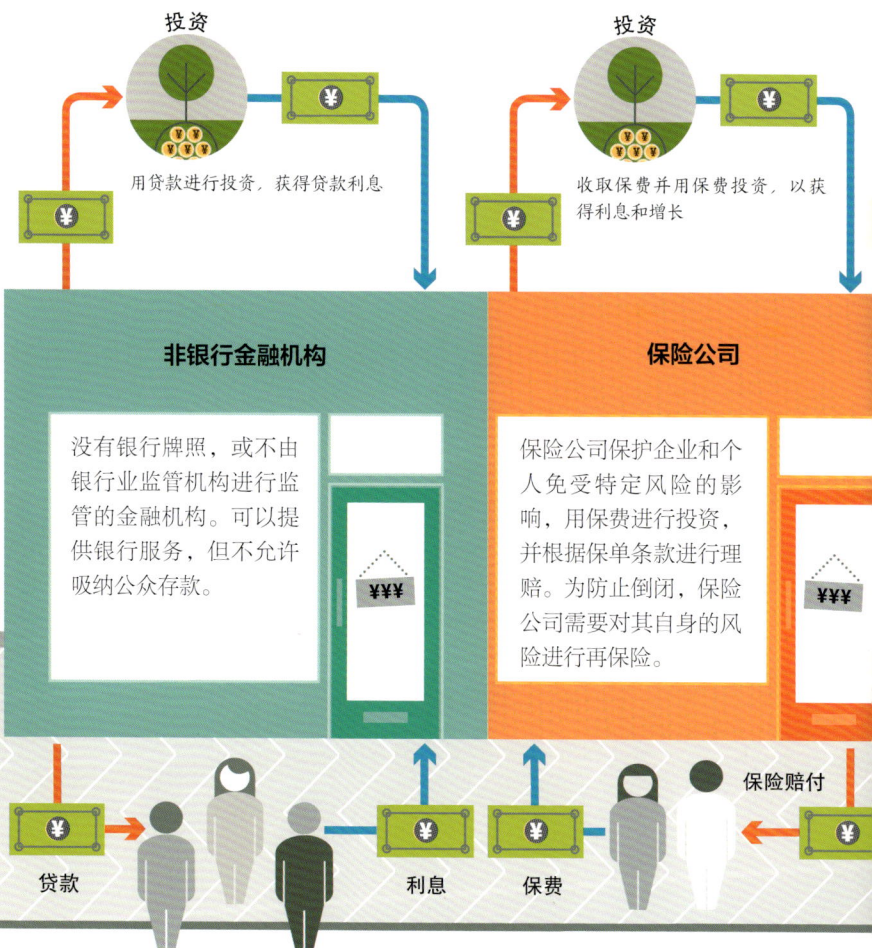

投资

用贷款进行投资，获得贷款利息

投资

收取保费并用保费投资，以获得利息和增长

非银行金融机构

没有银行牌照，或不由银行业监管机构进行监管的金融机构。可以提供银行服务，但不允许吸纳公众存款。

保险公司

保险公司保护企业和个人免受特定风险的影响，用保费进行投资，并根据保单条款进行理赔。为防止倒闭，保险公司需要对其自身的风险进行再保险。

保险赔付

公众与投资者

贷款　　　　　　　利息　　保费

相互关联的机构

全球各地的金融市场互相依赖。一个市场的冲击会对另一个市场产生不利影响。

▶**希腊对债务核销进行重新谈判**导致欧洲股市遭受负面影响，尤其是希腊有离开欧元区的倾向。

▶**对中国经济放缓的担忧**导致人们对全球市场的增长产生担忧。

▶**2016年，英国脱欧公投**后的不确定性导致英镑大幅下挫。

6390亿美元
投资银行雷曼兄弟于2008年申请破产时的资产规模

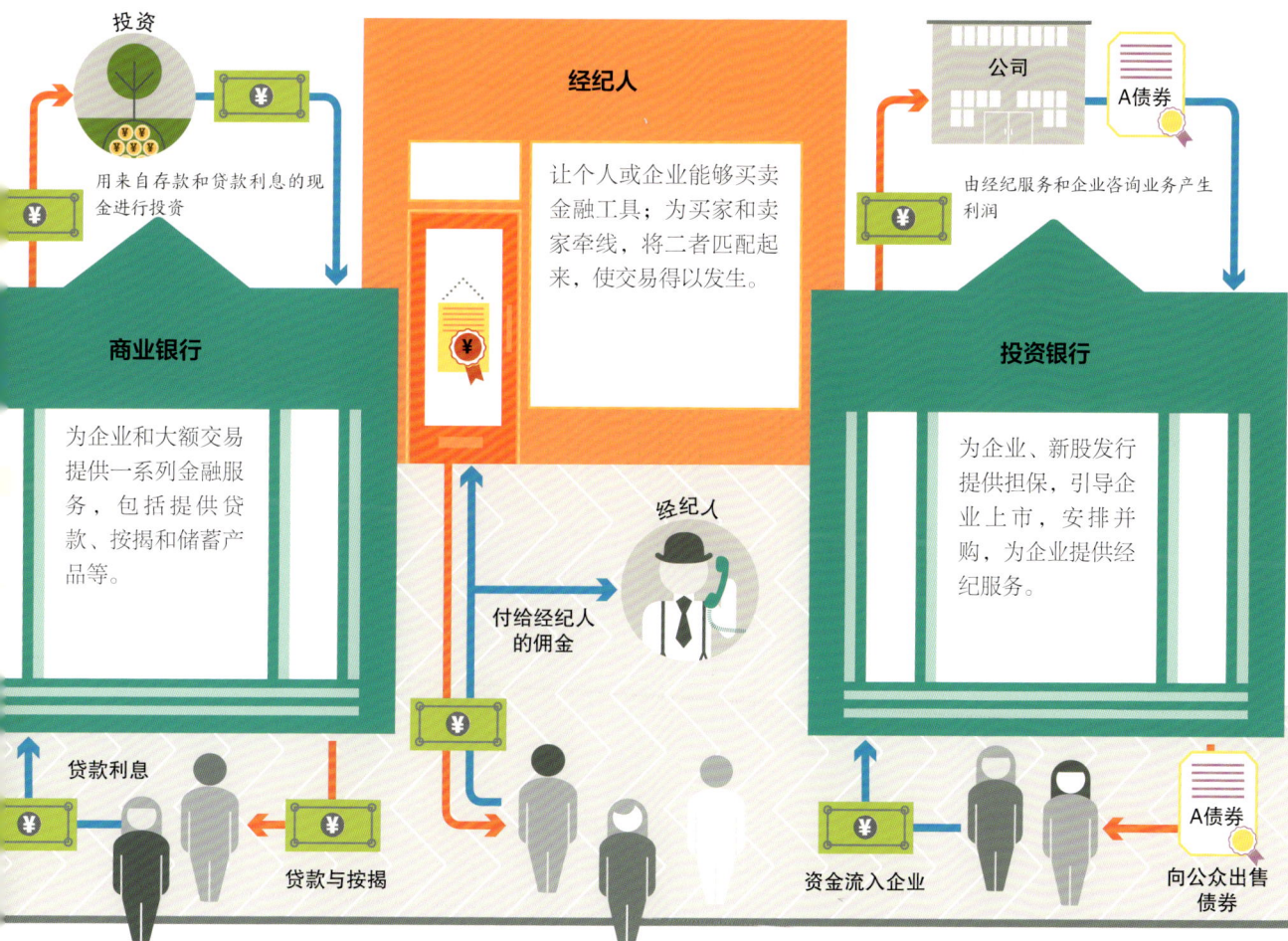

投资

用来自存款和贷款利息的现金进行投资

经纪人

让个人或企业能够买卖金融工具；为买家和卖家牵线，将二者匹配起来，使交易得以发生。

公司

A债券

由经纪服务和企业咨询业务产生利润

商业银行

为企业和大额交易提供一系列金融服务，包括提供贷款、按揭和储蓄产品等。

投资银行

为企业、新股发行提供担保，引导企业上市，安排并购，为企业提供经纪服务。

经纪人

付给经纪人的佣金

贷款利息

贷款与按揭

资金流入企业

A债券

向公众出售债券

商业银行与抵押银行

银行靠提供贷款、收取贷款利息赚取利润。银行还代储户持有存款，并以较低的利率支付存款利息。为了保持偿债能力，银行必须在二者之间保持平衡。

如何运作

银行需要不断赢利以支付成本和费用，保持或提高市场份额，赚取利润，并定期向股东发放红利。

商业银行向个人提供贷款，并向客户出售各种金融产品，包括贷款、储蓄、信用卡、透支额等。

商业银行还提供咨询服务，出借资金给企业、零售客户或小企业客户、需要资本进行扩张的初创企业，以及需要数百万英镑投资重大项目的大型企业。

银行可以调整提供给客户的利率，从而提高人们的需求。调整利率的原因包括：中央银行的利率上调或下调，或者银行希望自己的金融产品更有竞争力，以增加市场份额。例如，为了吸引客户，银行会以低于竞争对手的利率提供按揭贷款。

较好的平衡

银行业在不断变化，而银行必须保护好自己，避免巨额储户资金突然流出。如果发生这种情况，就可能出现挤兑，进而导致银行倒闭。为了防范这种情况的发生，银行需要持有大量资本准备金，并对储蓄账户提供有竞争力的储蓄利率。

可赢利的利率

银行会根据市场因素及其业务目标不断调整贷款利率，以及支付给储蓄账户和活期账户余额的利率。银行要赢利，对贷出资金收取的利率就要高于支付给储蓄和存款账户的利率。在右边的例子中，银行按2%的利率向储蓄账户支付利息，以5%的利率把资金贷给按揭借款人，从中获得3%的毛利率。

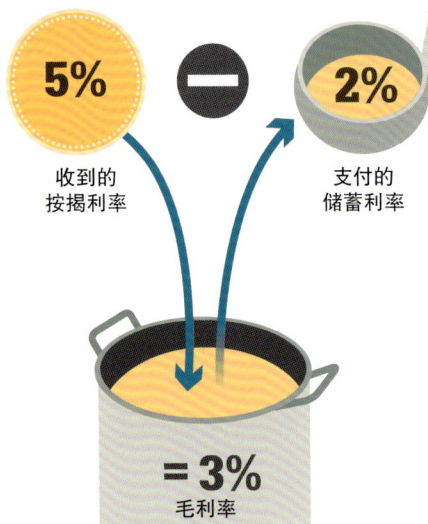

5%
收到的
按揭利率

2%
支付的
储蓄利率

= 3%
毛利率

10%
美国对较大规模的银行的资本准备金要求

客户对按揭支付的利息

吸引老客户

银行向老客户销售金融产品更方便、更便宜，这种做法即交叉销售（cross-selling），因为银行更了解老客户的个人财务状况。

赚取利润

银行通过下列途径赚取利润：对贷款收取利息，对活期账户收取费用，收取透支费，对企业账户收取交易费。

客户对贷款支付的利息

向储蓄账户支付的利息

向股东派发的红利

透支费

对储蓄账户收取的年费或月费

付款

银行通常向储蓄账户支付利息，通常也向活期账户的余额支付利息。银行还会拿出利润，向股东支付红利。

对企业账户收取的交易费

资本准备金

即银行持有的、不得用作贷款或投资的大笔资金。银行持有资本准备金是为了保护自身免受客户支取大量资金的影响，或是免受坏账造成巨额损失的影响。资本准备金通常只占存款的一小部分。

对信用卡账户收取的年费或月费

银行

经纪人

经纪人（broker）是把股票和其他证券的买卖双方联系起来的中间人，扮演着交易中介的角色。

如何运作

经纪人使企业或个人得以买卖各种金融工具。传统上，经纪人对金融市场进行研究，给出买入或卖出证券的建议，为客户的交易提供便利。股票经纪人（stockbroker）代客户在市场上进行交易，收取佣金。通常，大型机构仍然通过股票经纪人进行交易。经纪人接受客户的指示，代客户买入或卖出大量股票。

随着互联网的出现，针对更广阔的零售市场（面向私人投资者），折扣经纪人（discount broker）和网络经纪人（online broker）对这一过程进行了自动化，不再需要股票经纪人通过电话或亲自安排交易。网络经纪人使零售客户可以通过在线交易平台即时交易各种金融证券。不过，网络经纪人可能不会给出建议或提供研究服务。这也使得网络经纪人能够提供更廉价的、只限于执行交易的服务。

经纪人还可以管理客户的投资组合，为客户执行交易，并对此收取费用，获取利润。这被称为全权委托服务（discretionary service），可能涉及交易费及按客户投资组合价值的一定百分比收取的管理费。

经纪人的职责

如果投资者想卖出部分股票，他们会首先联系经纪人，要求经纪人提供报价。经纪人观察市场，告知投资者当前股票交易的买入价，也就是经纪人愿意从客户那里买入的价格。买入价通常低于经纪人愿意卖给客户的卖出价。二者之间的价格差被称为买卖价差，经纪人靠买卖价差赚取交易利润。接着，卖方决定按该价格交易或继续等待，或者按"最优价格"卖出。"最优价格"是经纪人当前能向投资者保证的价格（在繁忙的交易日，某些资产的价格会在几秒之内发生变化）。随后，经纪人代投资者进行交易。

买卖价差为何重要

交易证券或其他金融产品时，投资者应当留意买卖价差（bid-offer spread）。买卖价差是证券的买入价和卖出价之差。例如，某投资者想要买入某个股票，经纪人向他报出的卖出价（offer price）是210便士。另一投资者想要卖出这个股票，经纪人向他报出的买入价（bid price）是208便士。这2便士的差价就是买卖价差。交易频繁的证券，如富时100指数（FTSE 100）包含的主要股票的买卖价差较小。因为这些股票很容易找到买方或卖方，所以被称为有流动性的股票。而交易不太频繁的公司，如小公司的股票，其买卖价差通常较大，股票流动性较差。流动性通常用"正常市场规模"（零售投资者可以立即知道报价的股票数量）来定义。

以400英镑卖出

1994 第一个网络经纪人出现的年份

卖出价
420英镑

买入价
400英镑

实时交易

零售投资者如果使用在线交易平台，平台上就会显示出他们能够买入或卖出的价格。他们有一定的时间来决定是否接受这一价格并进行交易。

买卖价差：
20英镑

交易费：
20英镑
佣金：
400英镑×1%=4英镑
总计：
24英镑

经纪人

作为中间人，经纪人按固定的费率对执行的交易收取交易费和（或）佣金，同时靠买卖价差赚取利润。

以420英镑买入

卖方

联系经纪人。经纪人会提供建议或只是处理交易，并收取一定费用。

买方

在经纪人处理买单之前，买方的账户上必须有足够的余额。公司客户可以就贷款或赊购进行协商。

保险风险与监管

本质上，保险是风险管理的一种形式。通过保险，个人及其他实体支付一笔费用，由此把潜在的财务损失风险转移给保险公司，并得到损失发生时的赔偿。

如何运作

保险能够降低可量化、可预期的潜在风险或很可能发生的风险。所有类型的保险，如人寿保险、家庭保险、公司保险、商业保险和汽车保险，其原理都是风险共担。

若没有保险，个人会因为意外事件的影响而陷入财务困境，如过早死亡、发生意外事故和火灾等。若没有保险，企业会轻易倒闭，政府会轻易破产，商业则无法增长与发展。

保险公司可以承担个人、企业和政府的风险，而作为回报，保险公司会得到一笔费用，即保费。保费占保险公司应允承担的风险价值的一小部分。保费的金额要根据索赔记录而定，这既与具体风险类型相关，也与个人或企业的风险水平相关。

一大群人支付相对金额较小的保费，就可以为少数人的索赔提供资金。

企业投保

若企业希望通过投保使自身免受负面事件风险的影响，企业就可以向保险公司支付保费。而保险公司承诺，一旦发生保单上所列明的不利事件，保险公司就会支付一定金额的赔偿。保单是企业与保险公司之间订立的合同，其上列明了保险赔付的条件。保费涵盖了保单上列明的所有风险。未涵盖的风险被归为"除外责任"（exclusions）。

投保人
个人或企业会为防止火灾、死亡、财产意外损失和盗窃等事件造成的损失而支付保费。保费通常只占投保风险财务价值的一小部分。

保单
其上列明了承保范围、赔付限额、除外责任和自付额等。

监管

要使保险业正常运转，良好的监管十分重要。

监管者监督保险业，确保承保人能够给投保人支付赔款。监管者要求，保险公司应为自身购买保险，即再保险，由此确保自己能够充分履行财务责任。

再保险涵盖了保险公司自身的风险，例如同时出现大量赔付或单个客户出现了意外的巨额损失。再保险使保险公司能够负担得起这样的赔付，不致陷入财务困境。

✔ 必备知识

➤ **保费** 为保单或债券载明的范围提供保障而收取的保险金额。

➤ **自付额** 在保费中，投保人需要自行承担的款项。

➤ **盈余** 保险公司必须持有的以备不时之需的资金。

➤ **利润** 保险公司由于自己的投资品增值和产生利息，或按适当的价格向客户出售了保险，或因赔付较少而获得的收益。

➤ **损失** 由于收取的保费不足，投资品的价格下跌，或因向索赔人支付大额赔付而出现的亏损。

➤ **投资组合** 保险公司用收取的保费购买的一系列资产。投资组合通过交易股票、赚取利息、红利和资金收益来赢利。

➤ **投资收益** 保险公司用保费和资本公积进行投资而获得的收入。

➤ **保单** 保险公司与投保人之间订立的合同。

索赔人
若发生负面事件，索赔人会从保险公司那里得到货币补偿。根据承保人和投保人之间订立的合同，所有风险必须在保单生效之初进行披露，否则索赔可能无效。

汇集保费

保险公司把保费收入汇集起来，用保费进行投资，以期通过投资收益来赢利。只有在需要赔付时，保险公司才会把保费真正支付出去。

赔付
并不是所有的客户都会遭遇负面事件，因此保险公司有能力赔付提出有效索赔的人。

投资公司

投资公司用客户的资金代客户买卖股票、债券和其他金融资产。投资者购买基金的股份，其资金会被汇集到一起，用于购买多种资产。

投资公司与投资分散化

分散化的投资公司会投资各种资产和各类证券（货币、债券和股票）；非分散化的投资公司会投资单一行业或单一资产。分散化的投资组合可以分散风险，限制市场波动的影响。

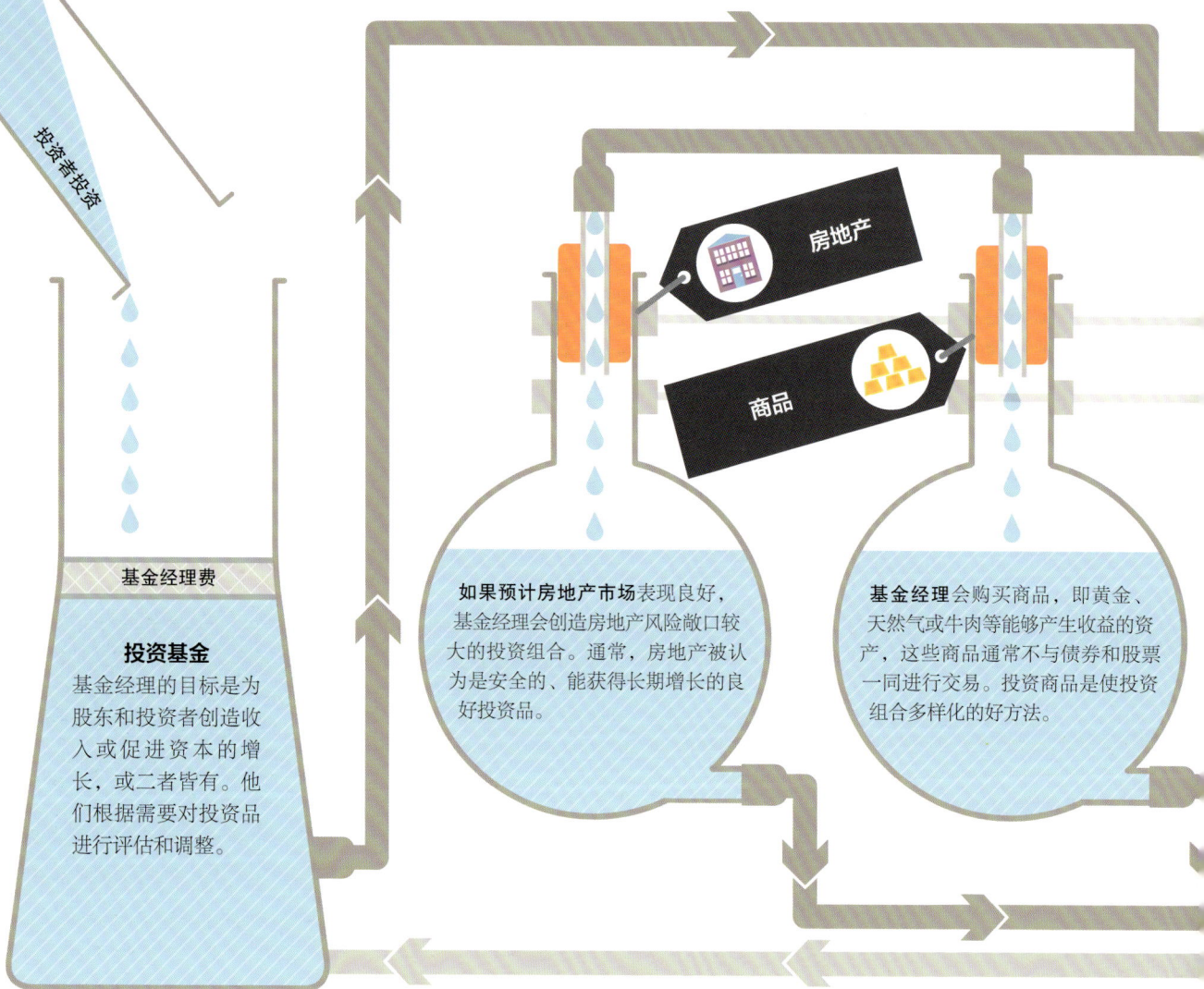

投资者投资

基金经理费

房地产

商品

投资基金
基金经理的目标是为股东和投资者创造收入或促进资本的增长，或二者皆有。他们根据需要对投资品进行评估和调整。

如果预计**房地产市场**表现良好，基金经理会创造房地产风险敞口较大的投资组合。通常，房地产被认为是安全的、能获得长期增长的良好投资品。

基金经理会购买商品，即黄金、天然气或牛肉等能够产生收益的资产，这些商品通常不与债券和股票一同进行交易。投资商品是使投资组合多样化的好方法。

如何运作

投资公司把投资者的资金汇集在一起，投资到不同的企业和资产上，使客户进入他们自己无法进入的市场。基金经理分析市场，决定何时买入、卖出或持有。他们对经济新闻和全球变化做出应对，试图预测全球股市的走势，为客户赚取利润。

5%

根据美国法律，多元化投资公司持有的**单个证券占资产总额**的最高比例

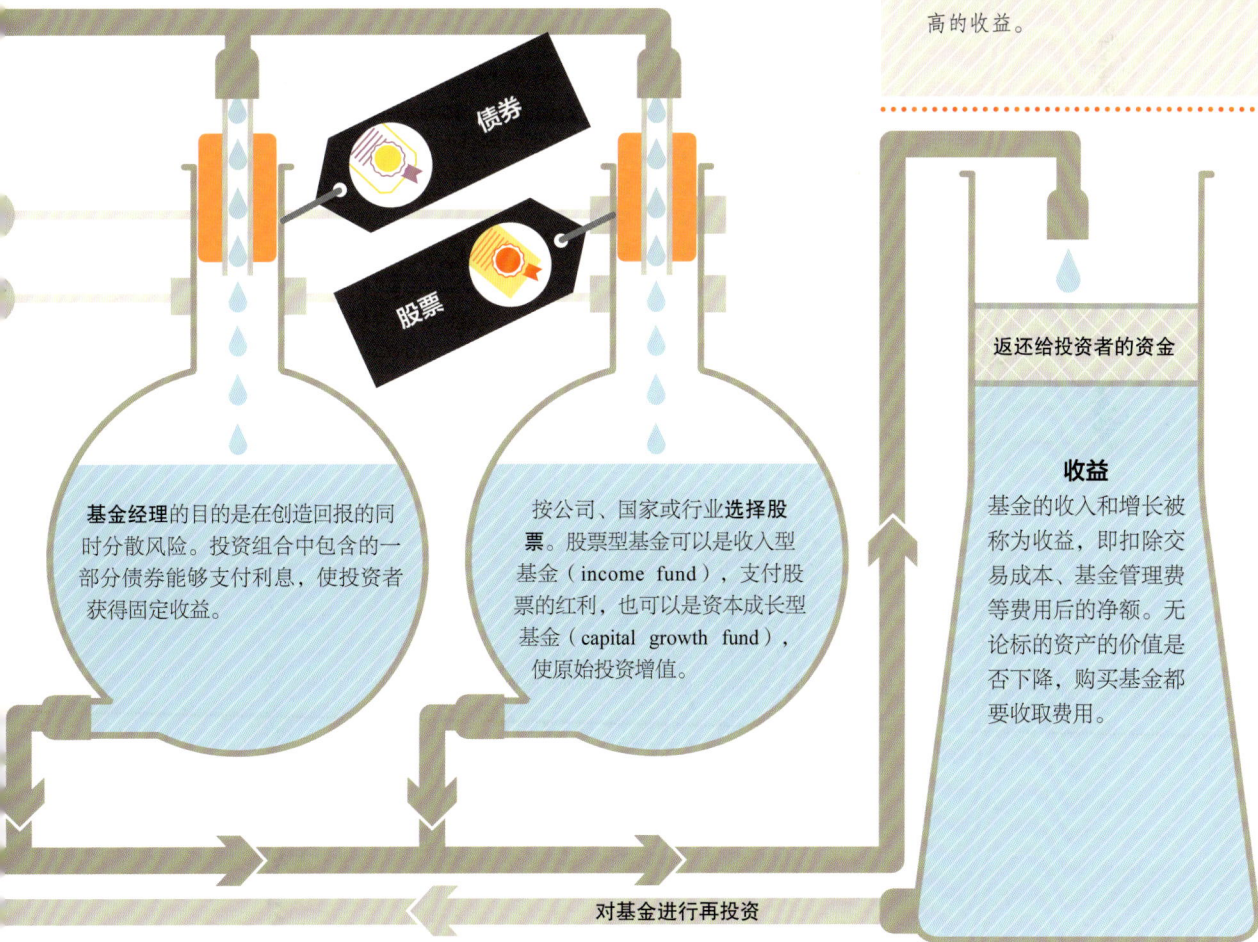

注意

▶ **费用** 投资某个基金，除支付基金单位的费用外，可能还要支付行政费、管理费、入场费和退场费。

▶ **业绩** 尽管大多数基金由专业人士积极管理，但与普通的市场追踪基金相比，它们并没有提供更高的收益。

债券

股票

基金经理的目的是在创造回报的同时分散风险。投资组合中包含的一部分债券能够支付利息，使投资者获得固定收益。

按公司、国家或行业**选择股票**。股票型基金可以是收入型基金（income fund），支付股票的红利，也可以是资本成长型基金（capital growth fund），使原始投资增值。

返还给投资者的资金

收益
基金的收入和增长被称为收益，即扣除交易成本、基金管理费等费用后的净额。无论标的资产的价值是否下降，购买基金都要收取费用。

对基金进行再投资

非银行金融机构

非银行金融机构（NBFI）指的是没有银行牌照，不受银行监管机构监管的组织。它可以提供银行服务，但不能吸纳公众存款。

2007年爆发的国际金融危机使监管机构重新考虑金融业的监管方式。在英国，银行需要满足更严格的放贷标准，持有更多的现金储备。银行还需要对借款人进行信用审查。为了满足这些要求，传统银行往往会减少账面上的客户数量。被筛掉的客户往往具有中等或较高的风险，无法偿还贷款或按揭。而银行留下来的市场空缺，则越来越多地被非银行金融机构占据。

非银行金融机构的类型及其业务领域

在过去几年里，非银行金融机构的数量大大增加。传统银行在向个人或企业贷款时，必须满足更严格的标准，而非银行金融机构不受这些标准的约束。此外，与银行获准提供的利率和信贷额度相比，非银行金融机构可以提供更低的利率、更高的信贷额度。非银行金融机构有多种类型。

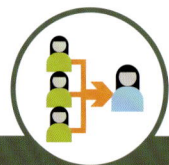

商业贷款提供商

这些公司为企业提供资金，但不得吸纳存款，也不得提供透支。这些公司的贷款标准可能不如银行严格，其服务也不针对个人。

点对点（P2P）贷款商

这类贷款商撮合借款人和放款人，起到了中间人的作用。点对点借贷的目的是使每个人都可以获得更优的利率：放款人得到的利率往往高于银行储蓄利率，而借款人支付的利率往往低于银行贷款利率。

其他类型的非银行金融机构

各国有不同类型的非银行金融机构。

信用合作社
这些金融合作社归成员所有，具有非营利性质。信用合作社把成员的存款汇集起来，为成员发放贷款。

住房协会
这些互助企业向会员提供储蓄账户，然后把资金汇集起来，发放按揭贷款。

专业放款人
可以收取较高的利率，主要针对信用评级不佳或法院判决不利的人士。

典当行
面向把资产（如汽车或珠宝）作为债务抵押品的人士，为其提供担保贷款。

！注意

由英国政府监管的英国金融行为管理局（Financial Conduct Authority，简称FCA）监管的金融产品和企业可以获得担保，**但非银行金融机构得不到**类似的担保。其中的原因是，对借款人而言，借款条款可能不那么有利，而放款人会发现，确定贷款对象的个人信誉比较困难。

众筹

众筹是筹集资金的一种新手段，小项目或小企业可以绕过传统资金来源，寻求来自个人的投资。虽然投资有失败的可能性，但众筹平台能让投资者把风险分散到多个项目上。

42%

一年内使用非银行金融机构的消费者比例

银行

银行可以持有个人的储蓄资金，还可以处理支付交易、出借资金给个人，并提供信用卡、贷款、按揭、活期账户等产品。银行受严格规章制度的管制。

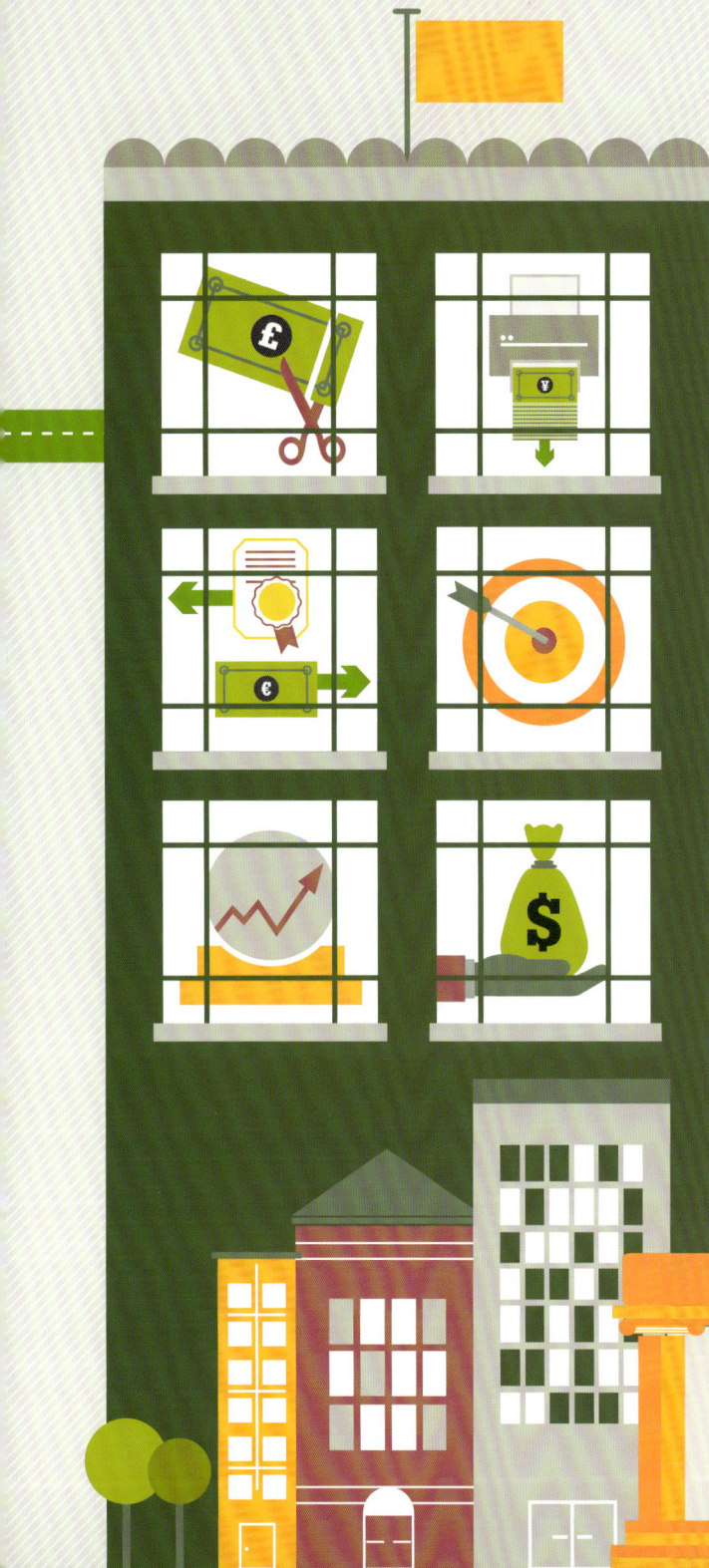

政府财政和
公共资金

❯ 货币供给 ❯ 管理国家财政
❯ 控制措施 ❯ 政府的财政破产

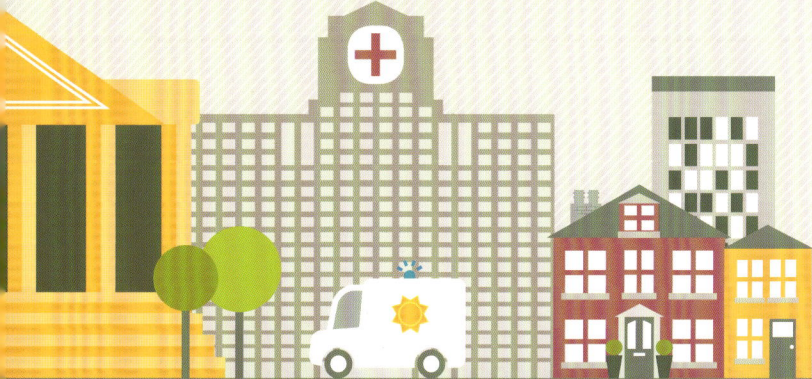

货币供给

货币供给（money supply）即给定时点上经济体中的货币总量。政府监督货币供给，因为货币供给会影响经济活动和价格水平。政府可以改变财政政策，从而影响货币供给，例如通过提高或降低银行应当以现金形式持有的准备金。如果货币供给量过低，正如在经济衰退或萧条期间那样，政府就会采取措施来增加货币供给。

货币供给如何度量

经济体中的货币被分成了多个M组。流动性较高或容易获得的货币形式被称为"狭义货币"，包括M0和M1两类。"广义货币"包含流动性较低的货币形式，即M2、M3和M4。这些类别是如何定义的，以及它们包含或不包含哪些内容，因国家而异。

> "控制了一国的货币供给，就控制了这个国家。"
>
> ——美国前总统詹姆斯·加菲尔德（James Garfield），1841年

M3 M2 + 长期存款，超过24小时到期的货币市场基金

M2 M1 + 银行中的短期储蓄，24小时到期的货币市场基金

M1 M0 + 易于转换为现金的货币等价物

M0 流通中的实物货币

流通中的钞票和硬币
用作法定货币的实物货币。

银行中的实物资产
以银行准备金形式持有的硬通货。

旅行支票
代用货币（表征货币），易于转换为现金。

活期存款
银行账户中可随时支取的存款。

狭义货币
M0和M1构成了狭义货币。狭义货币很容易被用作交换媒介，它包括钞票、硬币、旅行支票和某些类型的银行账户。

◀ 流动性较强

法定货币与代表货币

法定货币（fiat money）中的"fiat"一词是拉丁语，意思是"令事毕"（let it be done），指法定货币是合法货币，因为它由政府法令所支持。法定货币与由商品（如黄金）支持的货币不同，它不代表任何东西，也不能赎回另一种特定数量的商品。法定货币没有内在价值。

由商品支持的货币

货币一度由黄金支持，即金本位（gold standard）。

❱ **以商品为基础** 货币价值与黄金等商品的价值挂钩。

❱ **可赎回** 货币可以兑换同等价值的黄金。

❱ **有限** 货币供给受黄金供给的制约。

由政府支持的（法定的）货币

国家支持的纸币和数字货币。

❱ **不由商品支持** 对政府和经济的信心是其价值的基础。

❱ **不可赎回** 法定货币不能赎回任何东西。

❱ **无限** 政府可以随心所欲地印制更多的货币。

存款账户
专门用于储蓄，而非日常开支的账户。

短期通知存款
支取前需要事先通知的储蓄账户，通知期较短，如30天。

24小时到期的货币市场基金
投资货币市场的共同基金，周转期较短，为24小时。

政府回购协议
先卖出，一天后再赎回的证券。

通知期较长的存款
较长时间内不可支取的存款。

超过24小时到期的货币市场基金
投资货币市场的共同基金，周转期超过24小时。

广义货币

M2、M3和M4构成了广义货币。广义货币包括不能立即使用的货币形式，需要一些时间才能支取。

流动性较弱 ➤

对经济进行度量

政府或中央银行在评估货币供给时，需要决定使用哪种定义。例如，美国政府用M2来度量货币供给量，并且从2006年起，不再发布M3的数据。一旦收集好数据，国家就可以决定是调整银行必须持有的准备金的数量，还是增加货币供给量。

M0

M1

M2

M3

加快货币流通

经济体中的大部分货币都以银行存款的形式存在，即以银行账户资金的形式出现。只要银行发放贷款，流通中的货币就会增加。

如何运作

银行向客户发放贷款后，会把约定的金额贷记到客户的账户中（同时借记银行自身的贷款账户）。贷款以电子形式显示在客户的账户中，从这刻起，客户便能以现金的方式支取了。银行必须拥有这笔现金，才能将之交付给有需要的客户。同样，如果客户想用贷款为其他银行的账户还款，例如之前用信用卡购买了商品，那么发放贷款的银行必须说服另外这家银行接受其信用货币转账。发行贷款的银行有履行这些需求的义务，因为贷记到客户账户的资金是该行的负债，银行必须支付这笔资金。相比之下，贷款被视作银行的资产，因为银行可以收回发放的贷款，外加应计利息。如果客户拒绝偿还贷款，银行有强制还款的法定权利。银行使用复式记账法（double-entry bookkeeping）来记录这笔交易。这种记账法能够反映出发放贷款对银行的两个会计科目产生了影响，并且能够看到影响的数额相等，方向相反（见右页）。

银行的资产与负债

资产

资产是拥有的某种东西，可用来偿还债务。随着时间的推移，资产通常会产生回报。客户的贷款账户是银行最重要的资产，因为客户会支付贷款利息。

负债

负债是法律上所欠的、有待支付的义务。客户的储蓄账户是银行的主要负债，因为所有客户都可能在某个时刻提取资金。

平衡账目

银行用客户存入储蓄账户的资金来发放贷款，这会使货币流通增加。虽然贷款和贷款的还款属于资产，但储蓄账户上的资金是一种负债，原因是：如果客户需要资金时银行无法提供，银行就会倒闭。为了防止这种情况发生，银行必须严格控制其资产负债表，确保负债总能与资产相匹配。银行应仔细评估申请贷款的客户，确保他们能够偿还贷款。中央银行存在的目的是监管整个银行系统，并在银行面临困境时为银行提供支持。

资产

97%
货币流通中，信贷所占的比例

银行的资产负债表：贷款

资产负债表显示了资产与负债的平衡。银行向客户发放贷款时，银行的资产（贷款额）与银行的负债（存入客户账户的信用额度）完全平衡。

资产负债表的一列记录资产，另一列记录负债。

资产	负债
贷给客户 **1,000英镑**	客户账户上的新增资金 **1,000英镑**

客户银行账户上的**贷款价值**。

向客户发放的贷款属于资产，客户会支付利息。

客户账户上的信用额度是一项负债，客户可在任何时点以现金形式支取。

资产	负债
客户新增贷款 **100英镑** 客户的总贷款额 **1,100英镑**	客户账户上的新增资金 **100英镑** 新增资金总额 **1,100英镑**

客户进一步贷款的金额，使银行的资产增加。

新增贷款100英镑，客户会为这笔贷款支付利息。

银行有义务支付新增的100英镑资金。

客户银行账户上**信用额度的价值**。

新增资金使银行的负债增加。

复式记账法

在会计中，复式记账法（也作"复式簿记"）要求：每笔商业交易要记录两次，至少记入两个账户，使每笔分录体现出数额相等、方向相反的效果。在实践中，这意味着账户中的借记必须与贷记相匹配，并且可以互相抵消。因此，借记的总金额必须等于贷记的总金额。

负债

银行准备金

银行的存款资金不允许全部贷出。法律规定，银行必须以硬通货形式持有一定比例的存款，供储户取用。

如何运作

商业银行的准备金率由中央银行设定。准备金率是银行存款总额的最低百分比，且准备金必须以实际货币的形式持有，使储户能以现金形式支取存款。用作准备金的硬通货可以存放在银行的金库内，也可以以存款的形式由中央银行持有。银行持有的准备金通常占其存款总额的10%左右。剩余90%的存款即超额准备金（excess reserve），可以贷给其他客户。释放资金用于放贷有助于为经济体创造财富，但这也意味着如果所有储户想在同一时间以现金方式提取存款，那么商业银行将无法兑现所有的取款。商业银行认为这种情况不太可能发生，不过一旦出现这种情况，银行可以请求中央银行提供资金支援。中央银行可以操控准备金率，影响商业银行能够贷出的资金额。理论上，较低的准备金率使银行的放贷成本较低，较高的准备金率使银行的放贷成本较高。银行也会因中央银行持有其准备金而获得利息。

部分准备金制度的运作原理

准备金率为5%意味着，如果存款为100,000英镑，银行必须保留5%的现金，即应保留5,000英镑。储户的账户贷记100,000英镑，银行向另一个客户贷出95,000英镑，并把95,000英镑贷记到该客户的账户中。由此，银行持有的现金为5,000英镑，相应的求偿额为195,000英镑（即95,000英镑+100,000英镑）。

中央银行设定 **5%** 的准备金率

商业银行

银行的准备金总额 **100,000** 英镑

95,000英镑
超额准备金可以贷给其他客户，也可以用于投资。

5,000英镑
法定准备金可以以硬通货的形式存放在银行的金库中，也可以由中央银行持有。

以下是乘数效应的一个简单解释

A银行

部分准备金周期的乘数效应

资金增长通过贷出大部分存款来完成。借款人把借款存入其他银行，反过来，这些银行又向更多的借款人放款，使这笔原始资金成倍增长。

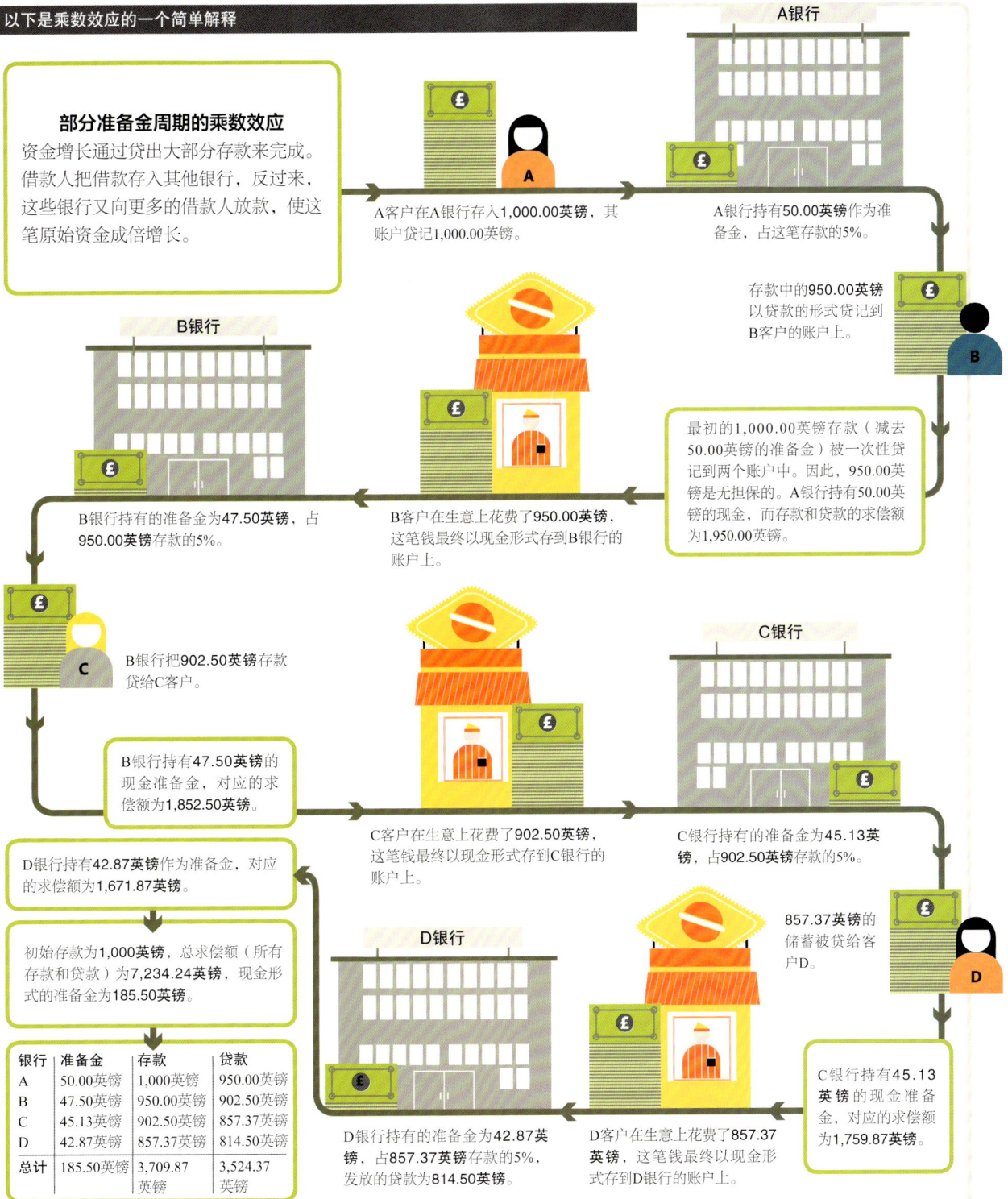

A客户在A银行存入1,000.00英镑，其账户贷记1,000.00英镑。

A银行持有50.00英镑作为准备金，占这笔存款的5%。

存款中的950.00英镑以贷款的形式贷记到B客户的账户上。

B银行

最初的1,000.00英镑存款（减去50.00英镑的准备金）被一次性贷记到两个账户中。因此，950.00英镑是无担保的。A银行持有50.00英镑的现金，而存款和贷款的求偿额为1,950.00英镑。

B银行持有的准备金为47.50英镑，占950.00英镑存款的5%。

B客户在生意上花费了950.00英镑，这笔钱最终以现金形式存到B银行的账户上。

C银行

B银行把902.50英镑存款贷给C客户。

B银行持有47.50英镑的现金准备金，对应的求偿额为1,852.50英镑。

C客户在生意上花费了902.50英镑，这笔钱最终以现金形式存到C银行的账户上。

C银行持有的准备金为45.13英镑，占902.50英镑存款的5%。

D银行持有42.87英镑作为准备金，对应的求偿额为1,671.87英镑。

857.37英镑的储蓄被贷给客户D。

初始存款为1,000英镑，总求偿额（所有存款和贷款）为7,234.24英镑，现金形式的准备金为185.50英镑。

D银行

C银行持有45.13英镑的现金准备金，对应的求偿额为1,759.87英镑。

银行	准备金	存款	贷款
A	50.00英镑	1,000英镑	950.00英镑
B	47.50英镑	950.00英镑	902.50英镑
C	45.13英镑	902.50英镑	857.37英镑
D	42.87英镑	857.37英镑	814.50英镑
总计	185.50英镑	3,709.87英镑	3,524.37英镑

D银行持有的准备金为42.87英镑，占857.37英镑存款的5%，发放的贷款为814.50英镑。

D客户在生意上花费了857.37英镑，这笔钱最终以现金形式存到D银行的账户上。

经济衰退与货币供给

经济表现好坏会影响使用货币的方式。在经济衰退期间，货币供给受限，进而影响整个经济。

衰退周期

经济体中的一切都通过买和卖相互关联起来。因此，一时的经济衰退有可能导致持续的衰退。一旦几户家庭或几家企业（或政府）开始削减开支，其他企业的销售也会减少。反过来，这些企业会减少劳动力或原材料方面的开支，以限制销量下滑的影响。由于利润的不确定性，企业可能会推迟较长期的投资决策，这意味着企业为经济贡献的资金减少了。最终，这些会累积成一个强劲的经济下行周期。

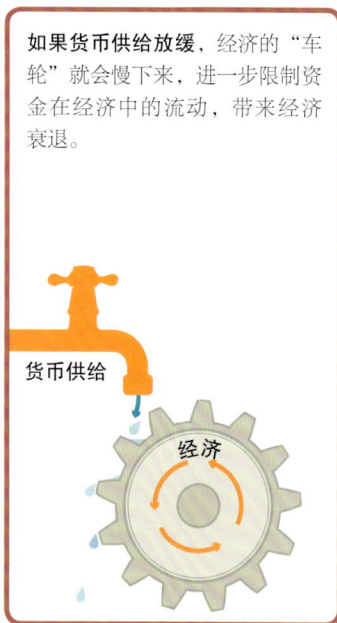

如果货币供给放缓，经济的"车轮"就会慢下来，进一步限制资金在经济中的流动，带来经济衰退。

货币供给

经济

消费者支出减少。他们对未来经济的信心降低，会试图增加储蓄、减少支出。

为了应对需求的下降，生产者削减工资和工时、裁员、减少原材料的购买。

投资者对企业的盈利表示担忧，企业股票价值下降。投资者也不太愿意投资新企业。

信贷紧缩

21世纪初，银行等金融机构开始大量放贷。监管的松动和低利率导致借款增加。美国和英国受到的影响尤其严重，宽松的信贷刺激了消费者的支出，使经济快速增长。然而，银行大量贷出资金意味着一部分贷款发放给了风险较高的借款人。在美国，这种情况以次级抵押贷款的形式出现，被做传统抵押贷款的银行拒之门外的人们获得了来自特定放款人的贷款。如果借款人中有相当数量的人不能偿还贷款，整个系统的健康就会处于危险之中。当时，各金融机构暂停了相互放贷。与此同时，在2008年的信贷紧缩中，消费者贷款枯竭。由于难以获得资金，支出放缓，全球经济陷入了衰退。

如何运作

衰退是经济规模（以国内生产总值度量）缩小的一段时期，这意味着经济体中买卖的物品减少了。通常，衰退还会导致工资下降、失业率上升。由于失业的人越来越多，或者人们的收入少于以往，所以人们能够支出的资金减少。由于对未来的经济状况表示担忧，人们会把钱攒下来，这就减少了总体的货币供给量，对整个经济造成了进一步的负面影响。人们对商品的需求进一步减少，企业不得不降低成本、缩减生产。经济衰退有可能继续恶化，造成下行的恶性循环。

随着经济活动的减少，人们对未来的预期变差，人们借入的资金会减少。反过来，银行担心借款人还款的能力下降，也会减少贷款。

失业工人可以支出的资金减少，导致对消费品的需求进一步下降。由于工资和工时被削减，人们可能会减少开支、增加储蓄。

企业生产的消费品减少，导致企业对劳动力和原材料的需求进一步减少，增长速度放缓，利润下降。企业开始对未来感到担忧，进而减少投资。

资本品减少，企业为了减少投资和开支，会出售资本品（如机械和设备等）。这削减了资本品生产企业的利润，减少了企业对劳动力的需求。

必备知识

▶**扩张政策** 政府促进经济增长的举措，例如减税、增加政府支出、降低利率，以及使借款变得更容易等。

▶**收缩政策** 政府让经济放缓的举措，通常是为了避免通货膨胀。具体举措包括增税、削减政府支出，或二者并用，通常也包括提高利率，让借款更困难。

5%
2009年，英国经济萎缩的幅度

从衰退到萧条

较长一段时间的持续经济衰退被称为经济萧条（depression）。在萧条时期，一国的国内生产总值（该国生产的所有商品和服务的价值）可能会有高达10%的降幅，失业率大幅攀升。

案例研究：大萧条（1929—1941）

大萧条是20世纪最严重的经济危机。经济学家仍在讨论大萧条产生的原因，它如何扩散到全球，以及为何复苏花了很长时间。

1. 在"咆哮的20年代"（Roaring Twenties），美国的繁荣导致了过度自信、鲁莽投资。成千上万的普通美国人购买股票，日益增长的需求导致股票价值膨胀。

2. 到1929年年底，有迹象表明美国经济陷入了困境：失业率上升，消费支出下降，农场濒临倒闭。但人们迅速致富的信心仍在，有些人继续加大投资。

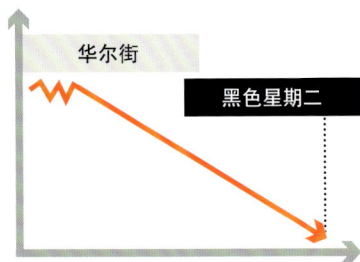

华尔街

黑色星期二

3. 1929年10月，6天内，华尔街上的纽约证券交易所股票崩盘，总损失达250亿美元，人们对股市的信心也因此受损。许多投资者破产，银行亏损，交易崩溃。

4. 出现一系列银行挤兑，因为信心动摇的人们希望守住所有现金。许多银行因此损失了储备资金。到1933年，半数以上的银行已经倒闭。银行收缩了贷款，进一步削减了美国的货币供给量。

倒闭

5. 失去信心、资金减少、借款成本上升，导致支出和对商品需求减少。制造业放缓、工人被裁、工资下降，进一步削弱了支出能力。

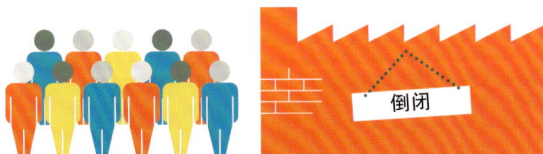

倒闭

如何运作

较长一段时间的持续经济衰退之后，就会出现经济萧条。如果经济体陷入持续的下行周期，就会出现灾难性的后果：银行倒闭，股市暴跌，货币供给量萎缩，价格下滑，投资品变得一文不值，违约和破产增加，个人和企业削减支出，失业率上升。政府通过注入更多资金来刺激经济的举措将不再有效，低利率也不再能促进消费支出。相反，政府需要靠投资来刺激就业和经济增长。

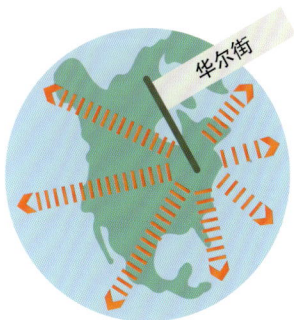

6. 经济萧条蔓延到了全球各地，一度向欧洲诸国出借大量资金的美国开始收回贷款，撤回外国投资，对外国进口品提税。欧洲多家银行倒闭，失业率上升。

7. 1932年，美国总统富兰克林·D. 罗斯福（Franklin D. Roosevelt）引入新政，通过经济和社会改革来对抗经济萧条。

40%

1929—1932年，美国平均收入的下降幅度

流动性陷阱

在经济不稳定时期，人们倾向于持有现金，因为现金是储存财富的可靠手段，可以迅速兑换其他资产。对不确定的未来而言，持有现金不失为良好的保障。物价下跌时，持有现金更为有利，因为一定数量的现金可以购买的商品更多了。

如果人们储蓄的欲望较强，压倒了正常的支出活动，经济就会陷入流动性陷阱。随着人们继续囤积现金来等待经济改善，无论怎样增加货币供给量，都无法刺激经济活动。囤积现金会使经济进一步放缓，如果这一情况持续下去，就有可能导致经济萧条。

8. 较早脱离金本位的国家可以通过货币贬值来对抗货币紧缩，经济复苏也往往更快。对美国而言，第二次世界大战增加了就业（在工业生产和军事服务方面）和政府支出，加快了经济复苏。

管理国家财政

在花费资金给人们提供期望的服务方面，政府必须以成本效益最大化为目标。为此，政府计划采用税收、借债和印钞的组合，为预算提供资金。其中，各种形式的税收是资金的主要来源，借债是弥补资金不足的一种手段，而印钞较为少见，因为这会破坏人们对货币价值的信心。

平衡资产与负债

如今，政府支出多是为了满足人们的需求。通常，支出要占一国经济总量的三分之一。在一些国家（如斯堪的纳维亚诸国），政府支出所占的比例远大于此。为这种程度的支出融资是一项艰巨的任务。虽然政府希望平衡预算，但大多数政府都需要借入一定比例的资金。重要的是，政府应当控制借贷水平，让人们对政府偿还债务的能力保持信心。

中央银行
一国的中央银行对货币和货币供给进行管理，持有央行储备，并实施举措完成政府制定的经济目标。

印钞
现代政府很少通过印钞来融资，因为这样做有极大的风险。

税收
税收是最安全的资金筹集手段，但并不受人们欢迎，因为被征税者的利益会受损。

借债
借债是个代价不菲的手因为借入的资金要缴息，并且必须偿还本金。

政府收入

印钞

通过印制钞票或以电子形式创造货币，政府可以发行自己的货币。不过，用印制钞票的方式来创造货币是有风险的。由于货币依赖于信任，政府发行的货币越多，人们对货币价值的信任度就会越低。如果人们的信心完全崩溃，就会出现恶性通货膨胀。这正是20世纪20年代德国发生的情况。

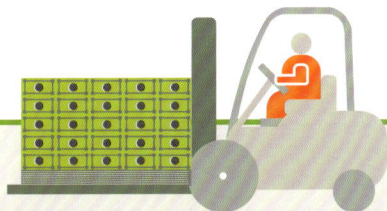

6.7万亿美元
2016年，美国政府支出的金额

平衡的预算
政府预算余额是政府收入与支出的总差异。

消费与投资
政府支出是各种支付的混合，包括维持服务的直接成本，以及对道路、医院、学校等的投资。养老金、医疗卫生、教育、社会福利和国防等都是每年政府支出的重要组成部分。

债务偿还
政府必须偿还债务。支付债务利息是预算成本的重要组成部分。

政府支出

政府与资金

一国的政府和中央银行对经济中的货币流通起到了至关重要的作用。二者监督货币供给，向社会关键部门拨款，确保现金流回到政府和中央银行供国家支出。

如何运作

健康的经济体需要适当的货币供给。虽然直接控制货币供给并不容易，但政府可以通过货币政策来影响货币供给。在货币政策的决定上，中央银行是最重要的机构。中央银行在影响利率方面具有关键作用，它可以通过公开市场操作或量化宽松向经济体注入更多资金。政府也可以通过税收、限制借贷来控制货币的流动。不过，在现代货币体制下，这些机制并不完善，因为商业银行在很大程度上能够自行决定贷款条件。因此，直接控制货币供给的尝试往往会以失败告终。

货币供给和经济健康

健康的肌体依赖顺畅的血液供给以获得营养。同样，健康的经济依赖顺畅的货币供给以确保支出周期的持续。也就是说，一个人支出意味着另一个人赚钱，此人再支出，如此往复。如果支出周期加长，经济就会下滑。中央银行好比经济体中跳动的心脏，政府通过中央银行来保持资金流动。同时，政府还要确保资金到达社会的关键领域，同时将收益回笼供国家支出。围绕利率、资本储备控制、公开市场操作、量化宽松等的各种经济政策都侧重于维持货币供给。肌体可以有最优的血液供给，但要有效地利用营养，还得靠细胞。同样，政府虽然能改善货币供给，但经济增长还取决于个人和企业如何把资金有效地转化为有用的商品和服务，从而提高人们的生活水平。

资金流出

中央银行将金融机构作为增加货币供给的渠道。同时，政府支出占经济总量的很大一部分。

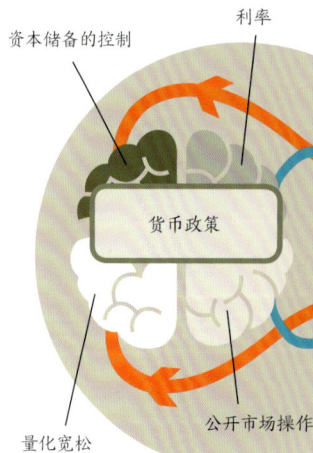

资金流入

中央银行通过投资和借债获得资金。资金会以税收的形式流回国家。

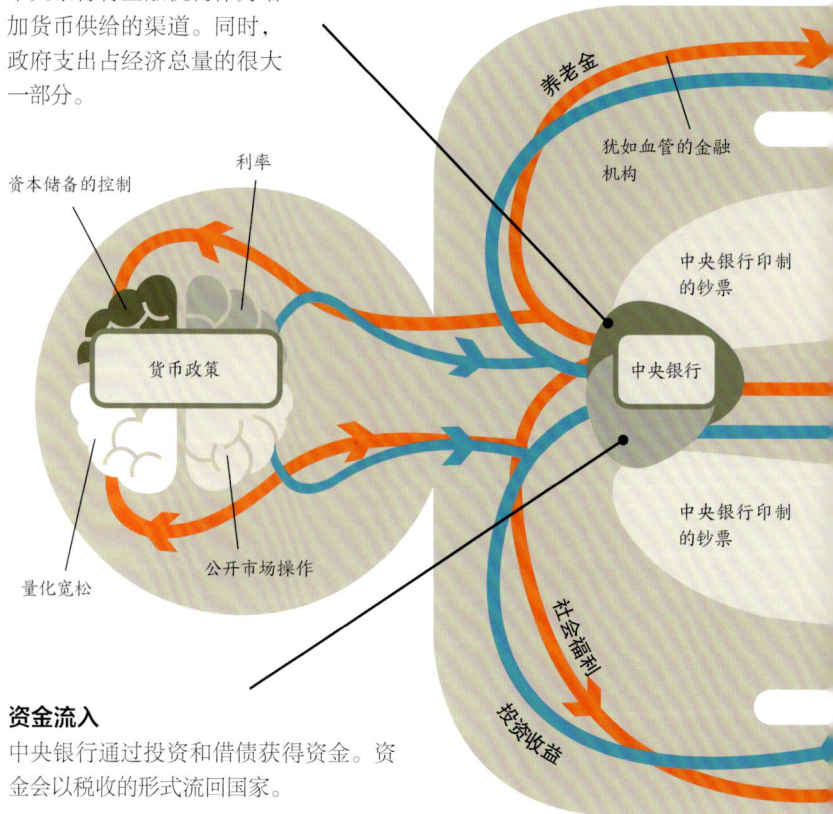

资本储备的控制

利率

货币政策

量化宽松

公开市场操作

养老金

犹如血管的金融机构

中央银行印制的钞票

中央银行

中央银行印制的钞票

社会福利

投资收益

必备知识

▶**货币供给**　一国流通中的货币总额，包括通货和流动性较低的各种货币形式。

▶**中央银行**　向政府和商业银行提供金融服务、实施货币政策、设定利率、控制货币供给的机构。

▶**流通中的货币**　实际用于客户与企业之间交易的货币。

中央银行是否应该独立

21世纪初，不少中央银行是独立于政府的。2008年的经济崩溃导致一些人士对独立的中央银行是否可取提出了质疑。

优点	缺点
▶货币政策会更公正，因为中央银行对博得选民的青睐不感兴趣。	▶独立的中央银行的负责程度可能不高。
▶由于不受选举周期的影响，中央银行可以规划并实施长期政策。	▶中央银行的控制力可能不足，无法在没有政府援助的情况下躲避金融危机。
▶独立的中央银行往往保持较低的通货膨胀率。	▶政府会把经济衰退和人们的信心减退怪罪到中央银行身上。

"货币政策不是灵丹妙药。"

——美国经济学家本·伯南克（Ben Bernanke）

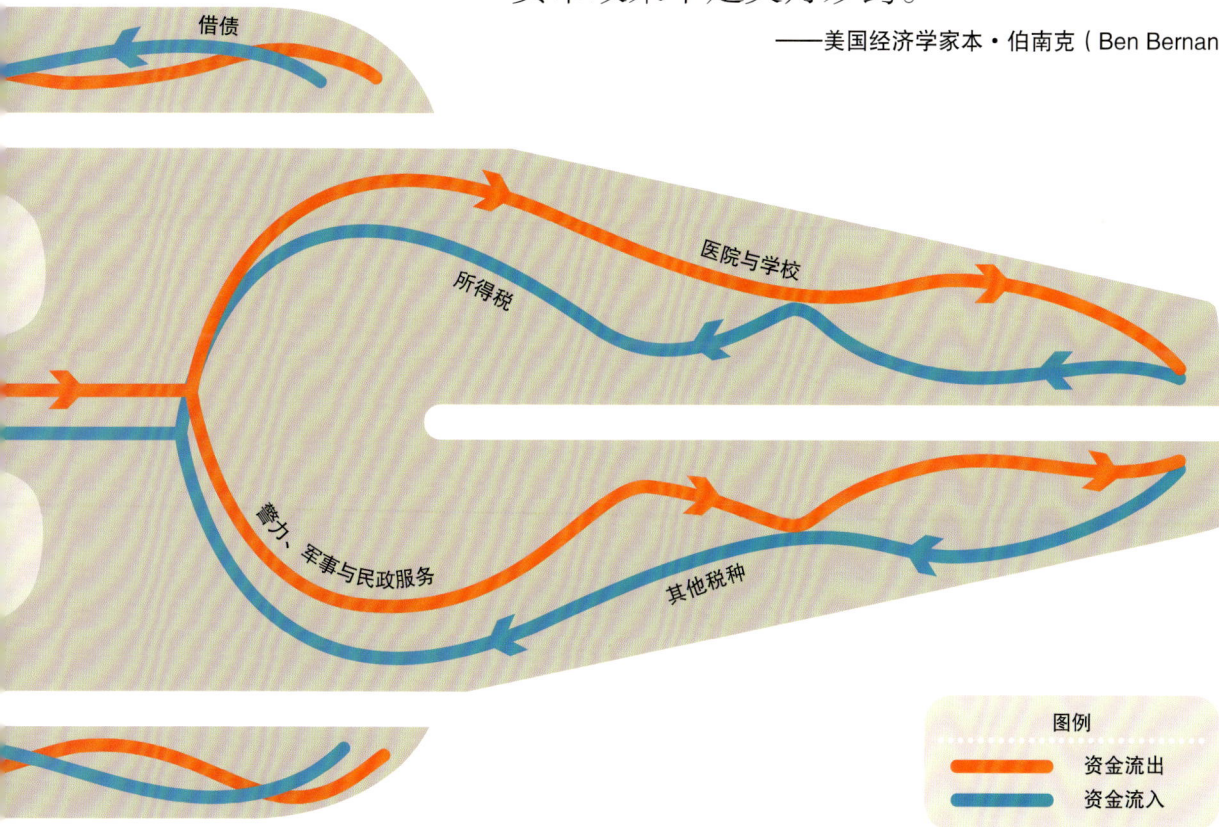

借债

医院与学校

所得税

警力、军事与民政服务

其他税种

图例

资金流出

资金流入

中央银行

中央银行是银行系统的担保人，被称为"银行的银行"。中央银行在制定国家货币政策、支持政府经济目标方面，发挥着关键作用。

如何运作

中央银行管理着一国的货币、利率和货币供给，并拥有央行准备金。商业银行靠央行再贷款来支撑日常经营。通过改变准备金的数额、借入准备金的成本（通过收取的利率，即再贷款利率或基准利率来实现），中央银行可以控制一国货币的供给量。

通常，基准利率是得到货币的最低利率。由于央行准备金对商业银行的贷款能力至关重要，中央银行为整个经济设定利率是大有裨益的。基准利率上升或下降会使商业银行的贷款利率随之上升或下降。与其他商品的供需一样，对准备金的需求较高时，其价格（再贷款利率或基准利率）会上升。相反，对准备金的需求较低时，其价格会下降。

通常，中央银行侧重于管控一些具体的经济目标（一般是通货膨胀率）。中央银行通过达到公开的预设目标来实现这些目标。

最后贷款人

由于银行业存在风险因素，因此，银行系统的稳定取决于是否能为受倒闭威胁的银行提供保护。而中央银行拥有无限量的中央储备，能起到"最后贷款人"的作用。对潜在的贷款人而言，一家即将倒闭的银行风险太高，但这家银行却可以依靠中央银行的贷款。中央银行是防范因金融崩溃而破坏经济的安全保障。

货币目标

中央银行的货币政策目标通常是保持物价稳定（低通胀），以及为政府提供支持。一般而言，物价稳定有助于实现经济稳定，并为可持续增长提供适当的条件。中央银行可以实施一系列策略来实现物价稳定的目标。第一个策略是盯准经济体中的货币总量，即货币供给量。第二个策略是盯准某个特定汇率，通过改变流通中的货币量来影响外汇市场。第三个策略是盯准某个特殊的利率，如右页所示。

19国

共享同一家中央银行（欧洲央行）的欧盟国家数量

中央银行

中央银行为商业银行创造和提供准备金，为银行系统的日常运作提供了巨大的动力。通常，中央银行向银行注入或移出准备金，由此维持目标利率，并影响准备金需求，进而影响中央银行向商业银行收取的借款价格，即准备金率。

再贷款利率太高

对央行货币的需求增加，再贷款利率上升。

再贷款利率太低

对央行货币的需求减少，再贷款利率下降。

商业银行准备金

降低再贷款利率
中央银行向商业银行购买证券，此举增加了中央银行准备金的数额。随着可用资金的增加，借款的成本（利率）下降。

中央银行向商业银行准备金注入更多的资金，降低再贷款利率，使之恢复到与目标再贷款利率一致的水平。

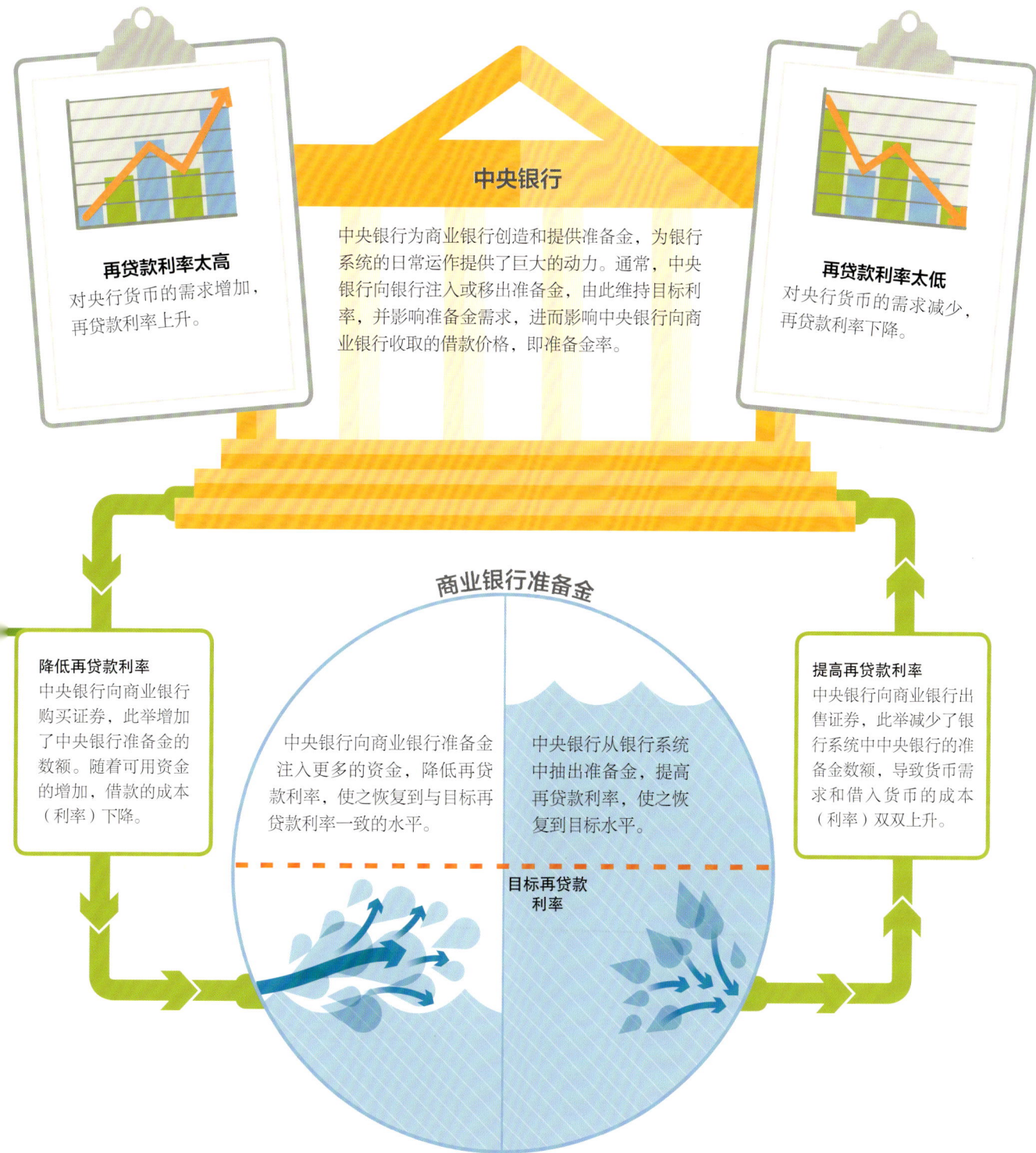

中央银行从银行系统中抽出准备金，提高再贷款利率，使之恢复到目标水平。

提高再贷款利率
中央银行向商业银行出售证券，此举减少了银行系统中中央银行的准备金数额，导致货币需求和借入货币的成本（利率）双双上升。

目标再贷款利率

管理货币体系

中央银行可通过提高或降低再贷款利率来影响商业银行准备金的规模，进而影响商业银行的借贷利率和流通中的货币量。这会影响支出和通货膨胀，原因是：如果利率降低，储蓄的吸引力会下降，借款会增加；如果利率升高，情况正好相反。

✓ 必备知识

▶ **二级市场** 投资者买卖由政府发行的债券的场所。

▶ **通货膨胀** 物价普遍上涨，货币购买力下降的情形。

▶ **利差** 最高利率与最低利率之差。

▶ **信用指导** 中央银行提供的一种廉价贷款，目的是实现更宽泛的政府目标，如促进重点产业发展。

▶ **准备金率** 银行必须以现金形式持有的储户余额的百分比。准备金率由中央银行设定。

增加流通中的货币

降低再贷款利率

中央银行可以通过降低再贷款利率，使商业银行能以更低廉的价格借入央行准备金，进而降低商业银行对公众的利率。

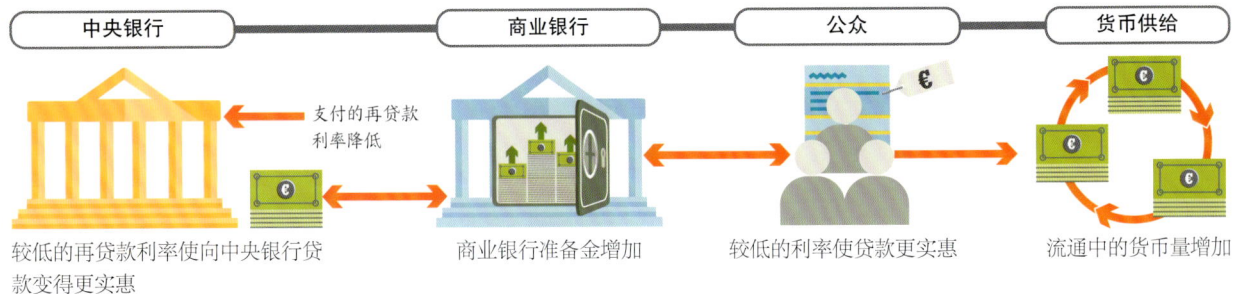

| 中央银行 | 商业银行 | 公众 | 货币供给 |

支付的再贷款利率降低

较低的再贷款利率使向中央银行贷款变得更实惠

商业银行准备金增加

较低的利率使贷款更实惠

流通中的货币量增加

公开市场操作：购买债券

中央银行在公开市场上买入债券。投资者把卖出债券的资金储蓄起来，从而增加了公开市场的准备金，降低了商业银行的利率。

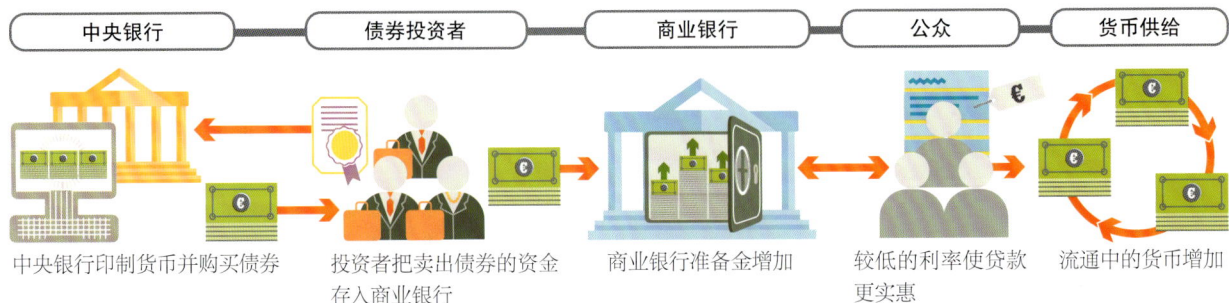

| 中央银行 | 债券投资者 | 商业银行 | 公众 | 货币供给 |

中央银行印制货币并购买债券

投资者把卖出债券的资金存入商业银行

商业银行准备金增加

较低的利率使贷款更实惠

流通中的货币增加

中央银行的控制

信用指导

中央银行能够影响商业银行的贷款。例如，中央银行可以给商业银行提供激励，鼓励它们为重要的经济部门提供较低的贷款利率。

公开市场操作

中央银行在公开市场上买卖债券，影响短期利率。

信贷准入

中央银行可以限制商业银行的信贷。例如，中央银行提高商业银行的准备金比重。

1668年
全球最古老的中央银行——瑞典央行成立的时间

减少流通中的货币

提高再贷款利率

中央银行可以通过提高再贷款利率来削减商业银行对公众的贷款。这使商业银行从中央银行借入准备金的代价更为昂贵，进而提高商业银行面向公众借款的利率。

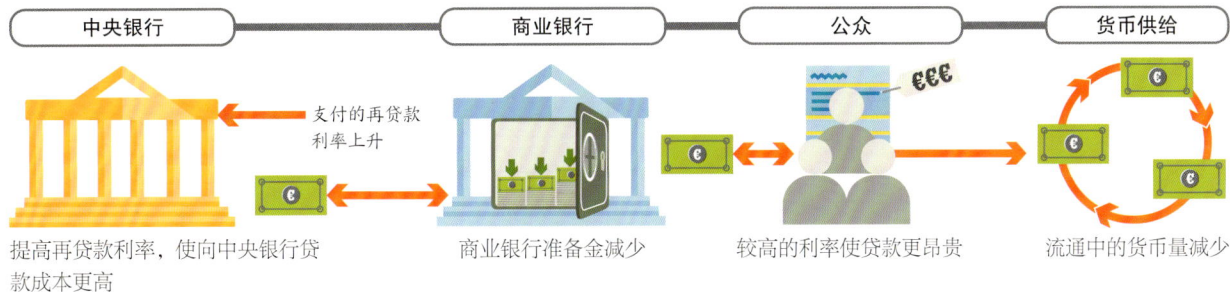

中央银行	商业银行	公众	货币供给

支付的再贷款利率上升

提高再贷款利率，使向中央银行贷款成本更高

商业银行准备金减少

较高的利率使贷款更昂贵

流通中的货币量减少

公开市场操作：卖出债券

中央银行在公开市场出售债券，投资者取出资金购买债券，从而降低了银行系统中的资金量，提高了商业银行的利率。

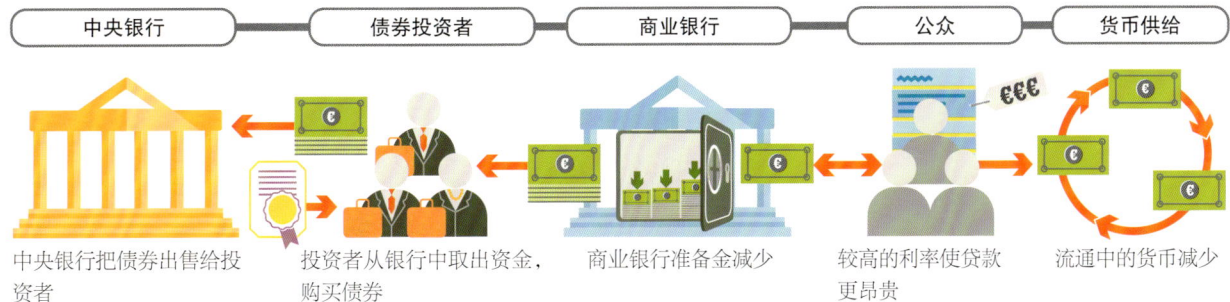

中央银行	债券投资者	商业银行	公众	货币供给

中央银行把债券出售给投资者

投资者从银行中取出资金，购买债券

商业银行准备金减少

较高的利率使贷款更昂贵

流通中的货币减少

预算约束

与个人和企业一样，政府也受制于财政约束。如果支出超过收入，政府就需要借入资金，甚至会用印钞来弥补资金的不足。

如何运作

政府不仅需要为提供的公共服务付款，还要为另外一些财政上的承诺付款。为此，政府对人口课税，并在需要额外资金时借入资金。在极端情况下，政府甚至会用印钞来弥补资金的不足。每个举措都有成本，但印钞十分危险，因此很少被政府采用。

政府税收少于支出的部分被称为预算赤字（财政赤字）。预算赤字显示了政府需要为其支出借入多少额外的资金（或印制多少钞票）。一些政府持续出现预算赤字是十分常见的。

支出和赤字

在理想情况下，政府应当用税收和其他形式的收入来履行支出承诺。然而，如果有一部分支出（预算赤字）未能被填补，政府就必须通过借款或印钞来筹集额外的资金。通常，单靠借款可以解决小额赤字，而当赤字数额过大时，政府就有可能陷入经济困境，因为要跟上已有的支出，政府需要借入更多资金。

已填补的支出

政府在公共服务和其他财政承诺上的开支。

政府预算

政府需要筹集资金以履行支出承诺。

利息支付

税收

法律与秩序

如果拟支出的资金大于税收，政府可能需要借款或印钞。

借款

印钞

预算赤字

福利

国防

住房与环境

医疗保障

教育

75%
利比亚的预算赤字占该国国内生产总值（GDP）的比例，属全球最高

政府如何筹集资金

政府可以通过三种方式筹集资金，履行其支出承诺。每种方式都各有优缺点。

▶**税收**　政府可以对有收入、有资产的人口课税，还可以对外贸课税。税收十分安全，但不受人们欢迎。

安全　　不受欢迎

▶**借款**　政府可通过养老金等向本国公民借款，也可以从国外借款。不过，贷款会产生利息费用。

政治风险低　　支付利息

▶**印钞**　政府可以印制本国货币。这种解决方式看似简单，但会带来各种风险，因此并不常用。

看似简单　　财务风险高

税收

税收是政府筹集资金以支付公共支出的主要方式。政府可以向公众直接征税（如所得税），也可以间接征税（如增值税）。

如何运作

政府拥有独一无二的特权，可以要求一国的任何人缴纳税款。税收可以分为两类：由个人或机构从其收入中支付的直接税，以及消费者因支出而支付的间接税。税款可按支出或收入的金额来征收，也可以按统一税率征收。在累进税制下，富人要按更高的比例缴纳税款。

围绕税收水平问题，人们展开了十分激烈的讨论。结果是，不同国家对税率、课税对象和课税种类的规定存在很大差异。

税收与行为

有些税种旨在减少销售商品赚取的收入。对商品开征新税种或加税会提高商品的价格，使商品的吸引力降低。对香烟等有害商品征收较高的税是减少公众消费的一种方式。不过，面对较高的价格，如果消费者的行为没有太大改变，那么加税就会使政府筹集到更多的资金，这对寻求增加收入的政府十分具有吸引力。

直接税与间接税

人们必须按收入或支出来纳税。下面是英国针对个人征收的一些典型税种。

直接税

国家保险（12.5%）
向雇员和雇主征收的一种收入税，以支撑社会保障。

所得税（20%）
所得税直接按个人收入来缴纳。

净收入
缴纳税款后，剩余的收入被称为"净收入"。

净收入

21万亿美元
人们认为藏匿在"避税天堂"的资金

间接税

其他
征税对象可以是任何事物，例如德国对狗征税，英国曾对窗户征税。

消费税
许多商品，尤其是进口商品，需要缴纳额外的税，即特种消费税。

£

增值税（20%）
增值税使商品和服务的成本额外增加了20%。

£

逃税与避税

由于各国税收制度差异较大，一些企业和个人会利用国际税率的差异来减少应支付的税额。如果是非法进行的，则称为"逃税"；如果是合法进行的，则称为"避税"。然而在实践中，二者并无清晰的界限。某些地区故意设置较低的税率以吸引投资，某些地区则对前来投资的人士的身份保密。这些地区因为其"避税天堂"的作用而遭到了斥责。"避税天堂"意味着，这些地区并没有为经济活动提供合法的场所，却让某些企业和十分富有的人逃避了应当缴纳的税款。

税收

政府借款

政府需要支付未被税收填补的所有支出，填补的主要方式是借款。但是，过度借款会导致政府债务水平偏高。

管理债务

各国政府高度关注其总体债务水平，因为债务水平偏高意味着要偿还更多的利息。如果税收收入跟不上利率的上涨，那么债务水平上升就会导致政府无法偿还债务。此外，投资者会认为债台高筑的国家的前景十分危险，这些国家可能难以筹集足够的资金来应对日常开支。

借款

通常，政府的借款方式是向个人及金融机构发行债券，由此换取贷款。在一段时间内，政府会向投资者支付固定利率的利息，并在到期时全额偿还本金。

税收

政府资金

对于一个典型的政府来说，其大部分资金通常以税收的形式获得。不过，为了满足计划内的支出，借款通常也是有必要的。借入的资金最终还是需要偿还，因此，政府需要预留很大一部分预算用于偿还债务。

如何运作

政府支出的资金常常会多于以税收形式获得的资金，经济衰退期间就会出现这种情况。此时，较高的失业率会导致税收水平下降，这时就会出现预算赤字。政府通过借款来弥补预算赤字，维持正常支出，继续提供公共服务，并达到最终用税收偿还借款的目的。大多数政府会不时出现预算赤字，而一些政府在大多数时间内都处于预算赤字。如果可以偿还债务，并且利息付款额不高，那么政府预算赤字并不是个问题；如果还款跟不上借款的步伐，政府就会产生违约风险。

"国债若不过量，
便是国之大幸。"

——美国财政部第一任部长
亚历山大·汉密尔顿
（Alexander Hamilton）

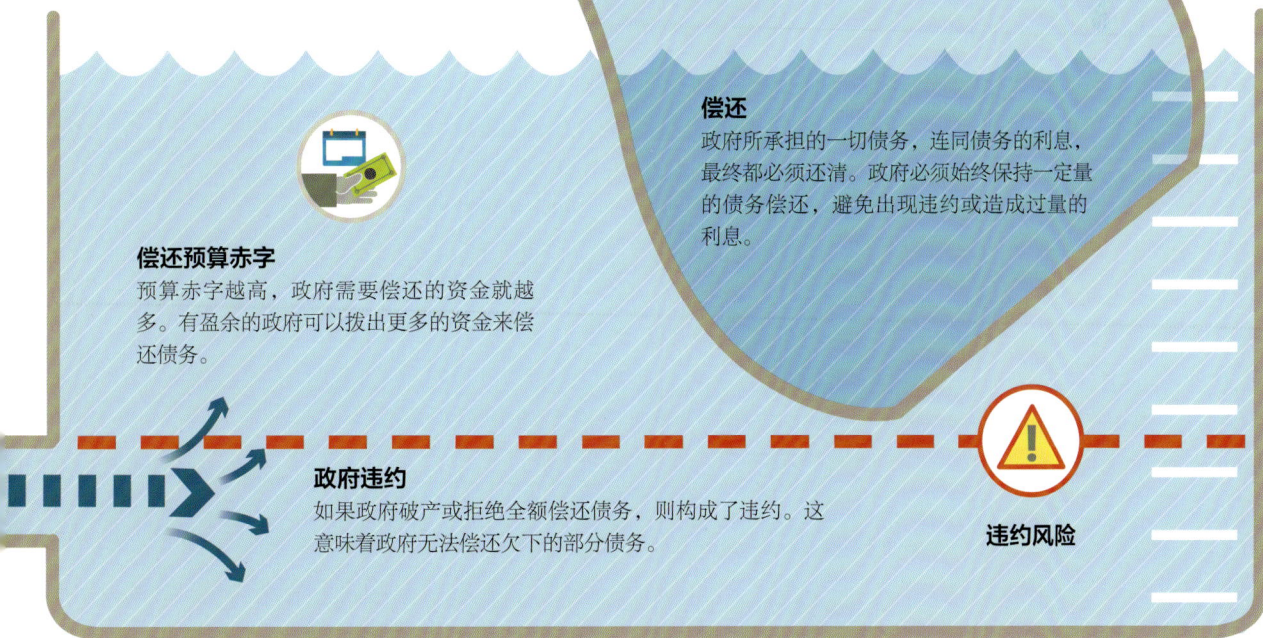

偿还
政府所承担的一切债务，连同债务的利息，最终都必须还清。政府必须始终保持一定量的债务偿还，避免出现违约或造成过量的利息。

偿还预算赤字
预算赤字越高，政府需要偿还的资金就越多。有盈余的政府可以拨出更多的资金来偿还债务。

政府违约
如果政府破产或拒绝全额偿还债务，则构成了违约。这意味着政府无法偿还欠下的部分债务。

违约风险

公共债务

公共债务是一国政府欠下的资金总额，包括该国的历史债务。经济规模大、纳税人口多的国家，比经济规模小、纳税人口少的国家，能够承受更多的债务。

如何运作

一国政府（及历届政府）借入的资金总额被称为公共债务或国家债务。公共债务通常按总债务减去政府的流动资产来计算。债务需要支付利息，利息可能金额巨大。如果政府一年内的支出超过税收，则会出现预算赤字。为了填补预算赤字而借入的资金会使公共债务增加。如果政府一年内的支出少于税收，就会出现盈余，可以用于偿还未来的债务。通货膨胀也能帮助政府减轻债务负担。一国无法偿还债务的情形被称为违约。这时该国会发现，再次借入资金会变得十分困难。

负债

政府通常用税收来偿还债务。筹集的资金越多，偿还得越快。一国的经济规模越大，越能安全地持有更多的债务，因为经济规模越大，能征收到的税款越多。

债务

债务

债务

中等经济体
中等经济体只能支撑较少的债务。

31%
美国的负债占全球债务总额的比例

大型经济体
美国等较大的经济体可以安全地负担更多的债务，因为其提高税收收入的能力更强。

战争时期政府的债务增加

战争对政府支出提出了特殊要求。政府通常会借入资金为战争筹款。17世纪出现的第一笔政府债务就是借入资金资助军事运动的结果。

政府

债务

债务

通货膨胀

通货膨胀

债务

债务

债务

债务

弱势经济体
处于挣扎中的经济体很可能会违约。

通货膨胀有助于减少债务
价格上涨会降低货币的价值，减轻偿还国内债务的重担。

责任感

经济政策的责任，通常由一国的政府与中央银行共同承担。二者向公众和民主机构报告决策，提高对民众的负责程度。

如何运作

通常，民主国家会坚持让政府每年向立法机构报告其税收和支出计划，即财政政策。年度预算已成为政府财政政策的核心。在全国大选中，有关年度预算的内容是公众关注的重点。2008年金融危机之前，改变利率和影响货币供给的货币政策更多地由中央银行进行决策。但是，自金融危机以来，货币政策和银行体系在金融危机中的作用受到了越来越严苛的审视。

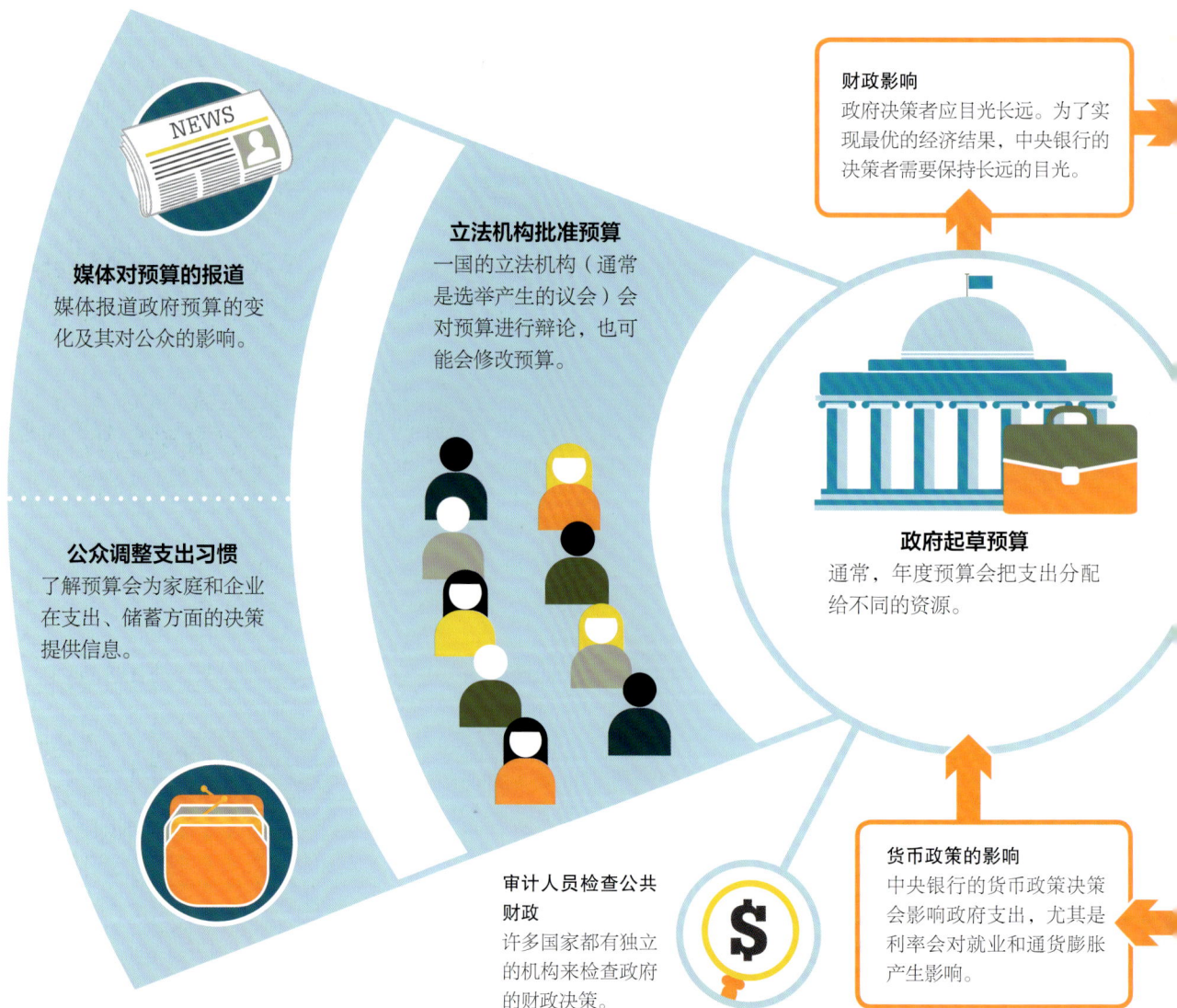

财政影响
政府决策者应目光长远。为了实现最优的经济结果，中央银行的决策者需要保持长远的目光。

媒体对预算的报道
媒体报道政府预算的变化及其对公众的影响。

立法机构批准预算
一国的立法机构（通常是选举产生的议会）会对预算进行辩论，也可能会修改预算。

公众调整支出习惯
了解预算会为家庭和企业在支出、储蓄方面的决策提供信息。

政府起草预算
通常，年度预算会把支出分配给不同的资源。

审计人员检查公共财政
许多国家都有独立的机构来检查政府的财政决策。

货币政策的影响
中央银行的货币政策决策会影响政府支出，尤其是利率会对就业和通货膨胀产生影响。

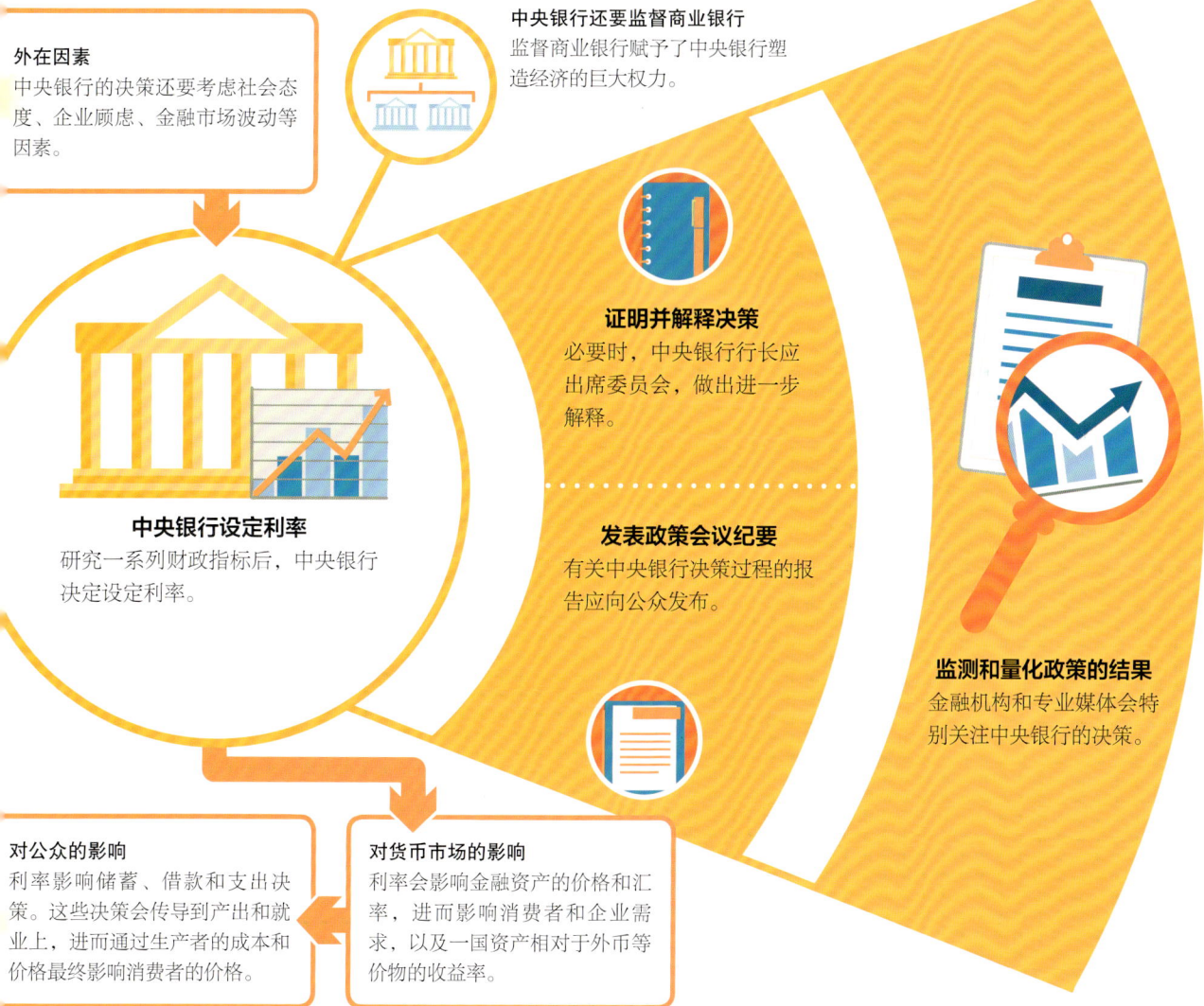

中央银行的透明性和责任感

　　在很多国家，成立独立的中央银行是目前的趋势。独立的中央银行必须有能力同政府进行有效的协调，把对经济的预测传达给政府和公众。为此，中央银行应当同时体现透明性和责任感。

透明性

▶ **扩大开放度**，做出更明智的决策。

▶ 应明确给出**政治、经济和程序性政策**的概要。

▶ 必须向公众和政府提供**定期的、全面的报告**。

责任感

▶ 中央银行应遵循**严格的行为准则**，做出高品质的决策。

▶ 应向公众发布**经审计的财务报表**。

▶ 应披露运营费用与收入。

外在因素
中央银行的决策还要考虑社会态度、企业顾虑、金融市场波动等因素。

中央银行还要监督商业银行
监督商业银行赋予了中央银行塑造经济的巨大权力。

证明并解释决策
必要时，中央银行行长应出席委员会，做出进一步解释。

中央银行设定利率
研究一系列财政指标后，中央银行决定设定利率。

发表政策会议纪要
有关中央银行决策过程的报告应向公众发布。

监测和量化政策的结果
金融机构和专业媒体会特别关注中央银行的决策。

对公众的影响
利率影响储蓄、借款和支出决策。这些决策会传导到产出和就业上，进而通过生产者的成本和价格最终影响消费者的价格。

对货币市场的影响
利率会影响金融资产的价格和汇率，进而影响消费者和企业需求，以及一国资产相对于外币等价物的收益率。

控制措施

政府可通过调整各种政策来管理经济，如通过税收和影响利率等。每项调整都会影响整个"经济机器"的一小部分。然而，经济体通常会超出一国政府的直接掌控，不同的因素会以不同的方式相互交织。因此，预测经济行为和尝试平衡竞争性的资源需求是一项持久的挑战。

"经济机器"

这一设计以一台名为MONIAC的"机器"为基础，它是经济学家比尔·菲利普斯（Bill Phillips）于1949年对英国经济建立的液压模拟装置。这台"机器"是根据国民收入理论，用水箱、泵和管道组成的系统。它体现了经济体不同部分之间的联系，能够对政策变化的结果进行简单预测。

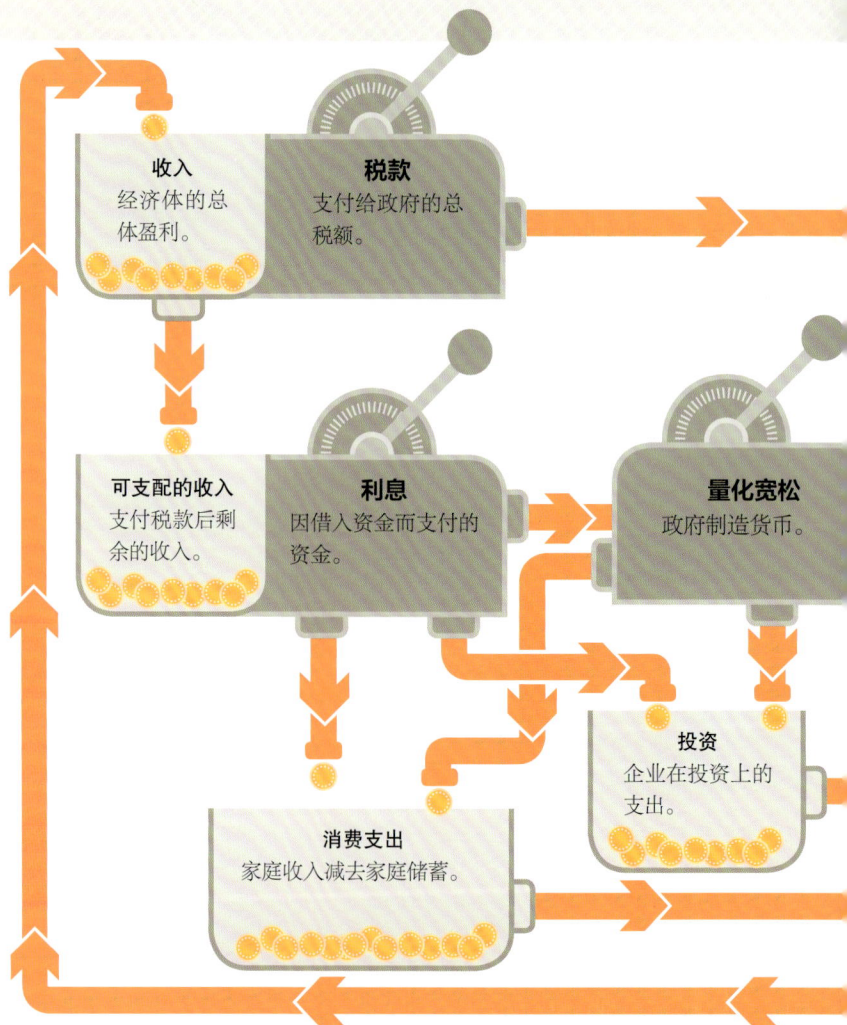

经济指标

"机器"的每个部分都有相应的读数。在实体经济中，这些指标由一国的统计局收集和处理。政府面临的问题是，经济体中的实际事件与指标的处理和接收之间存在延迟。

收入
经济体的总体盈利。

税款
支付给政府的总税额。

可支配的收入
支付税款后剩余的收入。

利息
因借入资金而支付的资金。

量化宽松
政府制造货币。

投资
企业在投资上的支出。

消费支出
家庭收入减去家庭储蓄。

国民收入核算

国民收入

国民收入是经济体各部门和国外收入的总额（后者也被称为国际收支）。国民收入核算是一国政府衡量给定时期内该国经济活动的一种方法。

收入等于支出

国民收入的思想是，花费在经济体某一部分上的每一分钱都必须等于从其他地方赚取的每一分钱，并且经济体的总收入必须与总支出相匹配。这一基本思想使经济学家得以建造并研究MONIAC这样的"机器"。

4.29 万亿美元
2015年日本的国民收入

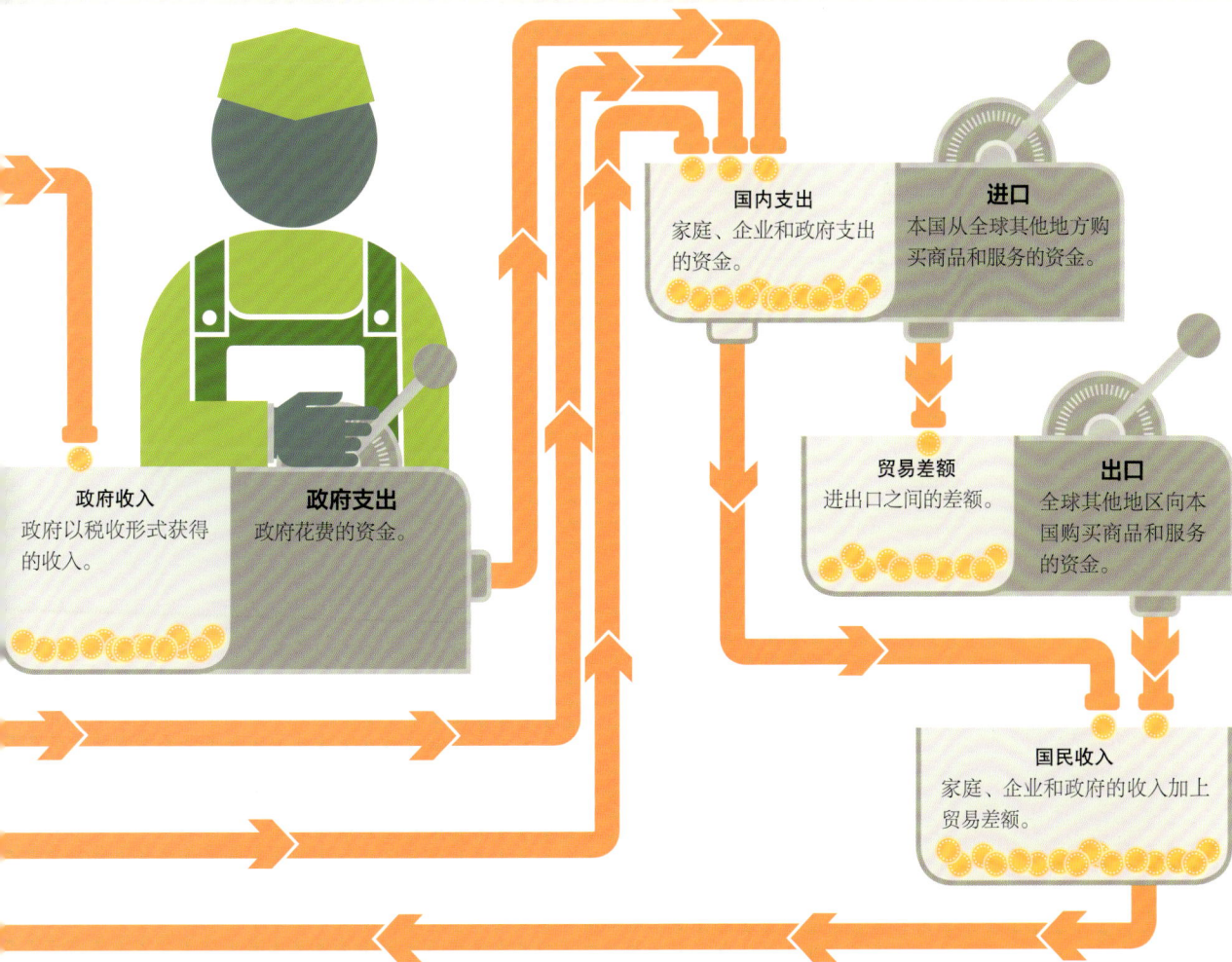

国内支出
家庭、企业和政府支出的资金。

进口
本国从全球其他地方购买商品和服务的资金。

贸易差额
进出口之间的差额。

出口
全球其他地区向本国购买商品和服务的资金。

政府收入
政府以税收形式获得的收入。

政府支出
政府花费的资金。

国民收入
家庭、企业和政府的收入加上贸易差额。

解读经济指标

政府可以通过几个关键经济指标来监测经济体各部分的运行情况，以及未来是否存在潜在问题。不过，解读这些经济指标必须谨慎小心。

绩效的度量

由于经济体的活跃度较高，各项经济指标通常用对时间的变化率来表示。但是这意味着各项指标只是估计值，依据的是特定时间点上的调查数据。

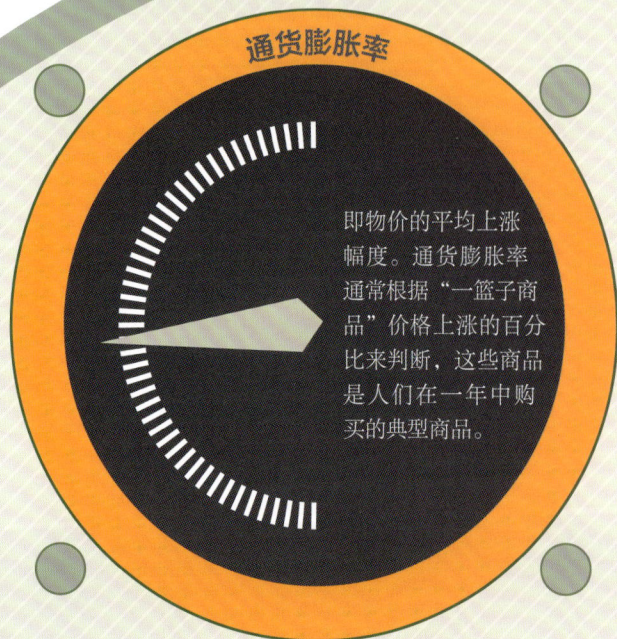

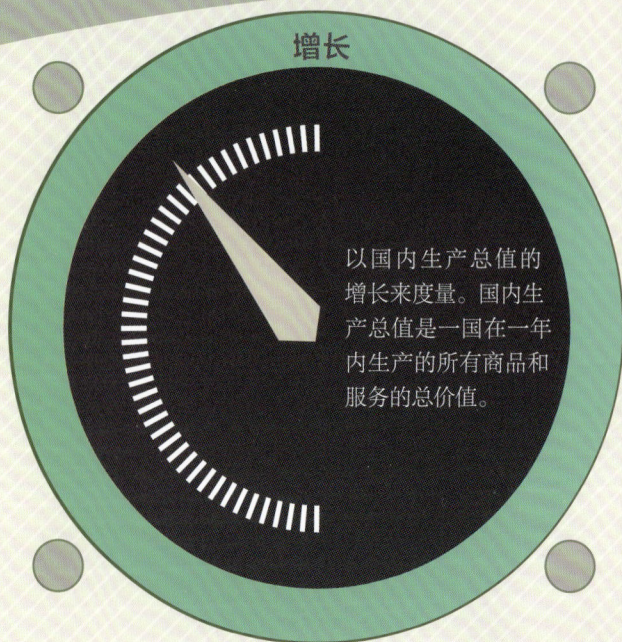

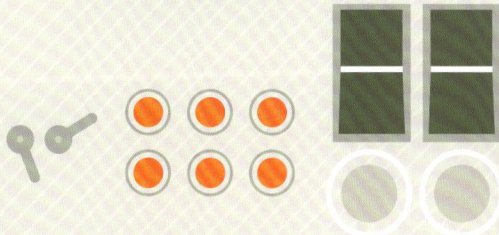

增长

以国内生产总值的增长来度量。国内生产总值是一国在一年内生产的所有商品和服务的总价值。

通货膨胀率

即物价的平均上涨幅度。通货膨胀率通常根据"一篮子商品"价格上涨的百分比来判断，这些商品是人们在一年中购买的典型商品。

如何运作

政府用来监测经济体的主要指标是通过对个人、企业和政府部门的调查得到的。一国的统计机构通常负责开展调查和计算数据。统计机构通常会观察经济、企业、产业和贸易、就业和劳动力市场，以及整个社会。其中一些重点指标一般涉及经济中对人们日常生活影响最大的部分，可能包括对个人就业可能性的评估，以及对个体薪酬是升是降和企业能否扩张的判断。

1884年

美国劳工统计局成立的**年份**，其成立的目的是分析数据

失业率

能够工作、想要工作，但目前没有工作的人口的比例。不同国家之间存在较大差异。

工资

工资通常用增长量来衡量。由于通货膨胀导致价格上涨，为了确保人们生活水平不断提高，工资必须上涨得更快。

5 确定经济政策

各国政府密切监测经济数据，由此确定哪些政策可以改善经济表现。干预经济的方式是多种多样的，每种方式都各有利弊。

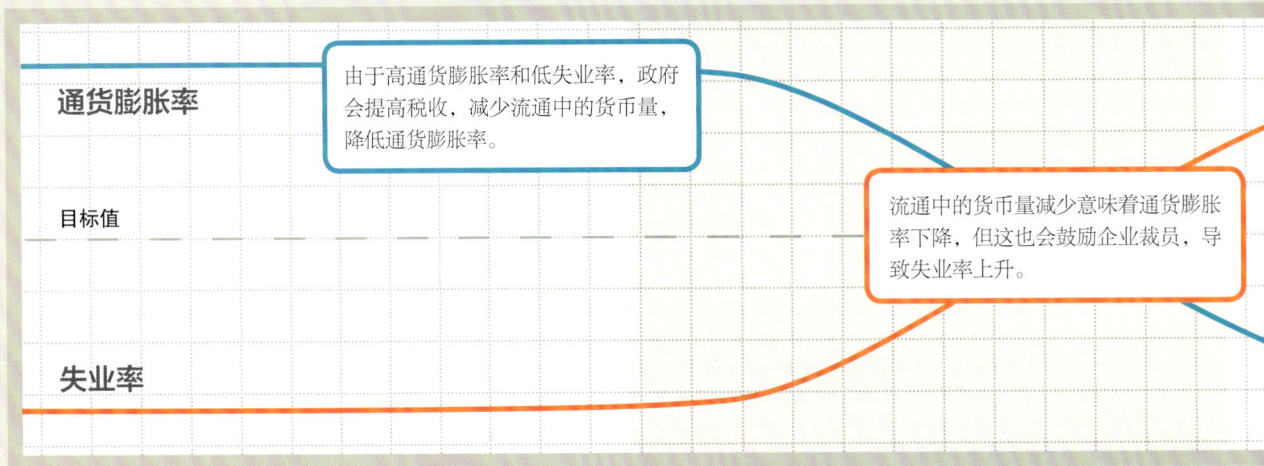

通货膨胀率

由于高通货膨胀率和低失业率，政府会提高税收，减少流通中的货币量，降低通货膨胀率。

目标值

流通中的货币量减少意味着通货膨胀率下降，但这也会鼓励企业裁员，导致失业率上升。

失业率

校准经济机器

政府拥有一系列调控手段来帮助经济平稳运行。最有力的调控手段是调整税收、支出决策和利率。这些调控手段会以不同的方式影响经济。因此，政府在采取行动时必须考虑一系列潜在后果。

> "通货膨胀是一种无须立法就能征税的形式。"
> ——美国经济学家米尔顿·弗里德曼
> （Milton Friedman）

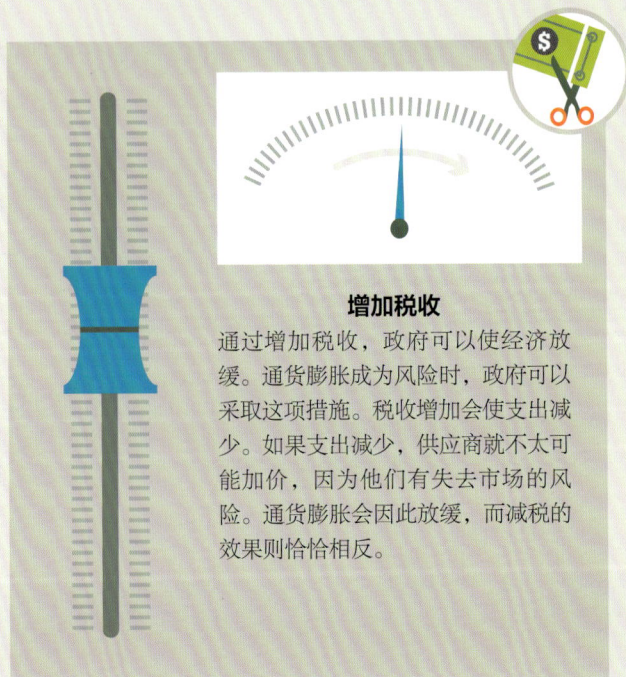

增加税收

通过增加税收，政府可以使经济放缓。通货膨胀成为风险时，政府可以采取这项措施。税收增加会使支出减少。如果支出减少，供应商就不太可能加价，因为他们有失去市场的风险。通货膨胀会因此放缓，而减税的效果则恰恰相反。

如何运作

制定经济决策好比操作一台精密的机器。政府通过调整各种政策瞄准关键经济变量的最优组合，通常是低通货膨胀率和低失业率的组合。然而，经济学家指出，要在通货膨胀率与失业率之间找到平衡，低失业率是以高通货膨胀率为代价的，且反之亦然。最近，经济学家们认为要有中央银行这样的机构来调控货币政策，同时国家要侧重于供给侧政策，例如让市场变得更有效率，这样经济体才会自行达到最佳状态。

为了降低失业率，政府会增加基础设施建设等领域的支出，用以增加建筑业的工作岗位。

失业率较低时，政府会提高利率，增加借款成本，减少流通中的货币量，从而降低通货膨胀率。

支出增加，使更多的资金注入到经济体中，导致通货膨胀率上升。

增加支出

若经济放缓，失业率就有上升的风险。政府可通过增加支出来刺激经济。一国可以通过鼓励公共支出来提高企业雇用更多人力、满足额外需求的可能性。削减开支则有相反的效果。

提高利率

政府制定目标，引导中央银行改变再贷款利率，进而影响利率。若利率上升，借款成本上涨，人们的开支就会减少，企业就会降低商品价格，通货膨胀率会因此而降低。降低利率则有相反的效果。

利率

利息的本质是放款人向借款人收取的资金使用成本。由中央银行制定的国家的再贷款利率会影响一国借款或贷款的难易程度。

如何运作

放款人对贷出的资金或其他资产收取利息。放款人收取利息可以弥补借款人未能偿还贷款的风险。被认为有较大风险不能偿还贷款的借款人，会被收取更高的利息。由于放款人可以把贷出的资金投资在其他地方获取利润，因此利息也是对放款人的一种补偿。银行和其他商业机构的利息通常按借款金额的百分比计算，并用按年计算的数字来表示，即年度百分率（也作"实际年利率"或"年度利率"）。中央银行在设定国家利率方面发挥着关键作用。

如何设定利率

再贷款利率由一国的中央银行按照政府设定的通货膨胀目标来确定。商业银行会调整它们提供的各种金融产品的利率，以应对再贷款利率的变化。

政府

政府每年都会制定经济增长和就业率的目标。使物价稳定便是实现这类目标的一个途径，因为这会带来稳定的经济增长。若通货膨胀率在一定范围内，价格就会保持稳定。因此，政府会设定一个通货膨胀目标，价格的上涨或下跌应在这个目标的限度内。政府每年都要公布通货膨胀目标，并用消费者价格指数（CPI）的百分比来表示。而消费者价格指数用家庭购买的代表性商品和服务的价格来表示，包括食品、交通、衣物和娱乐等。

中央银行

政府把通货膨胀目标传达给中央银行。接着，中央银行设定再贷款利率，即商业银行从中央银行借入资金时，中央银行收取的利率。中央银行此举的目的是鼓励商业银行根据再贷款利率来调整利率。商业银行的利率决定了个人和企业借入资金的难易程度，从而会影响整个经济体的投资、支出、就业率和工资水平。反过来，这些又会影响商品价格，进而对通货膨胀造成影响。

再贷款利率

提高再贷款利率意味着商业银行从中央银行借入准备金要支付更高的利息，借款变得更昂贵了。降低再贷款利率意味着商业银行从中央银行借入准备金的利息降低了，借款变得更便宜了。

通货膨胀如何影响利率

利率和通货膨胀密切相关，其中一个的变化会影响另一个。通货膨胀是货币供给过剩导致的货币购买力下降。商品和服务的供给有限，加之货币的供给过剩，意味着货币贬值，即购买商品需要更多的货币。贷款可视为一种商品，利率是获取贷款的价格。因此，若货币的价值下降，商业银行会对贷款收取较高的利率。费用的增加会使贷款更加昂贵，导致贷出的款项减少。最终，这些会影响支出，导致货币供给和通货膨胀率下降。

✓ 必备知识

➤ **名义利率** 即宣称的利率，未考虑通货膨胀的影响，也未考虑费用和复利的影响。

➤ **实际利率** 投资者对此特别感兴趣，实际利率考虑了通货膨胀的影响，其计算方法是名义利率减去通货膨胀率。

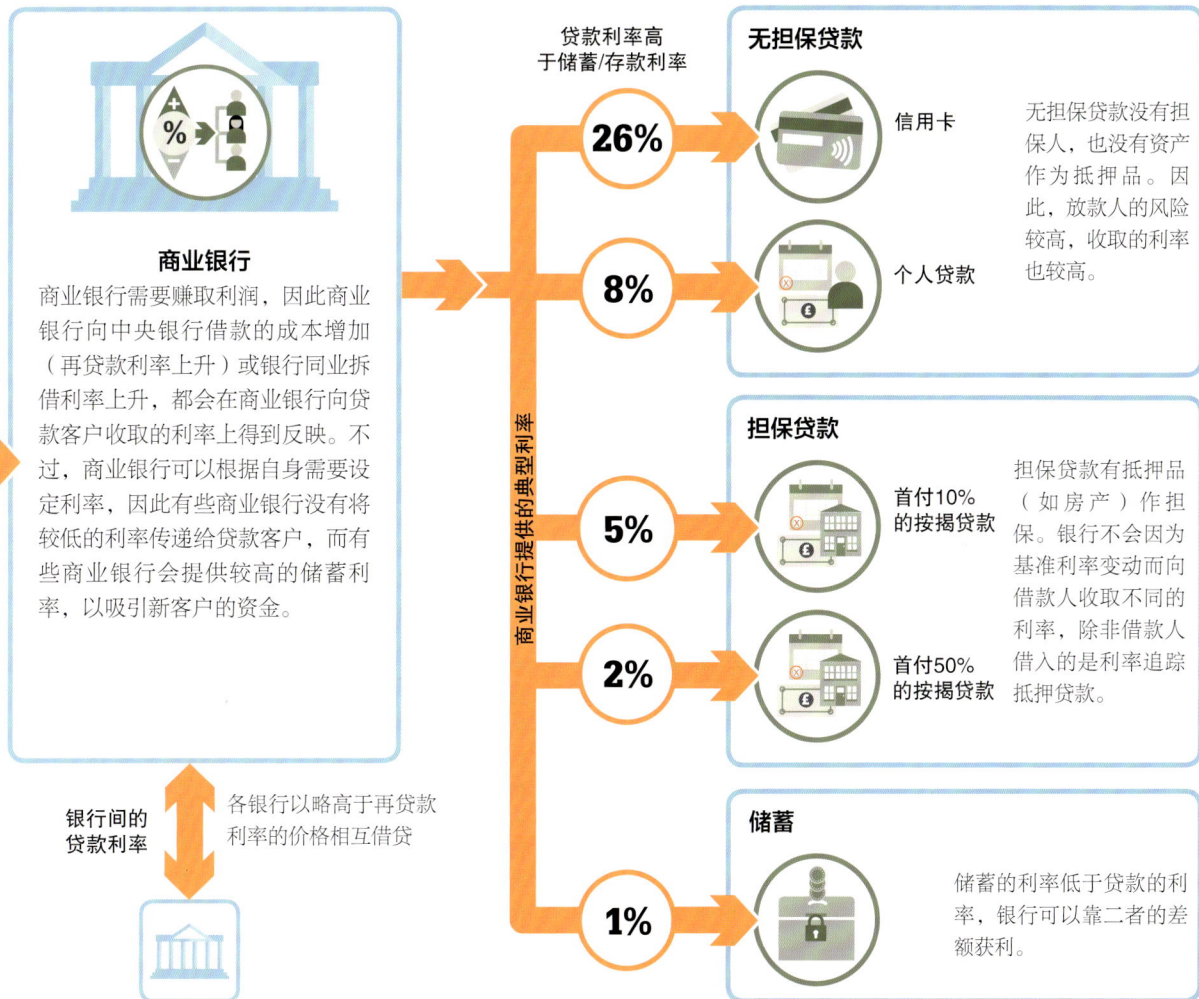

商业银行

商业银行需要赚取利润，因此商业银行向中央银行借款的成本增加（再贷款利率上升）或银行同业拆借利率上升，都会在商业银行向贷款客户收取的利率上得到反映。不过，商业银行可以根据自身需要设定利率，因此有些商业银行没有将较低的利率传递给贷款客户，而有些商业银行会提供较高的储蓄利率，以吸引新客户的资金。

银行间的贷款利率

各银行以略高于再贷款利率的价格相互借贷

贷款利率高于储蓄/存款利率

商业银行提供的典型利率

无担保贷款

26% → 信用卡

8% → 个人贷款

无担保贷款没有担保人，也没有资产作为抵押品。因此，放款人的风险较高，收取的利率也较高。

担保贷款

5% → 首付10%的按揭贷款

2% → 首付50%的按揭贷款

担保贷款有抵押品（如房产）作担保。银行不会因为基准利率变动而向借款人收取不同的利率，除非借款人借入的是利率追踪抵押贷款。

储蓄

1% →

储蓄的利率低于贷款的利率，银行可以靠二者的差额获利。

利率变动的影响

若利率一直上下波动，经济也会上下波动。因此，政府和中央银行要努力协作，保持通货膨胀率和利率稳定。利率的每次变化都会向消费者发出支出或储蓄的信号，使人们对经济状况的信心增强或减弱。利率上涨会鼓励储蓄，因为储蓄得到的利息增加。同时，由于利息增加，贷款的吸引力下降，银行对贷款对象的选择也更为挑剔。这

会影响到获得贷款或偿还现有贷款（如按揭贷款）的能力。相反，降低利率的目的是刺激支出，因为投资者可以以更低廉的价格获得贷款，而储户因为储蓄获得的利息较低，也更倾向于支出或投资。对于追踪再贷款利率的按揭贷款，其利息会下降，人们可以留下更多现金以供支出。用超低利率来鼓励支出的做法或许会刺激经济，但最终会对养老金等长期储蓄计划造成不利影响。

利率上调

较高的利率使贷款难以负担，而储蓄的高利率则会鼓励储蓄，而不是支出。随着经济增长放缓，人们对商品和服务的需求下降。最终，这会对企业和就业水平造成影响。

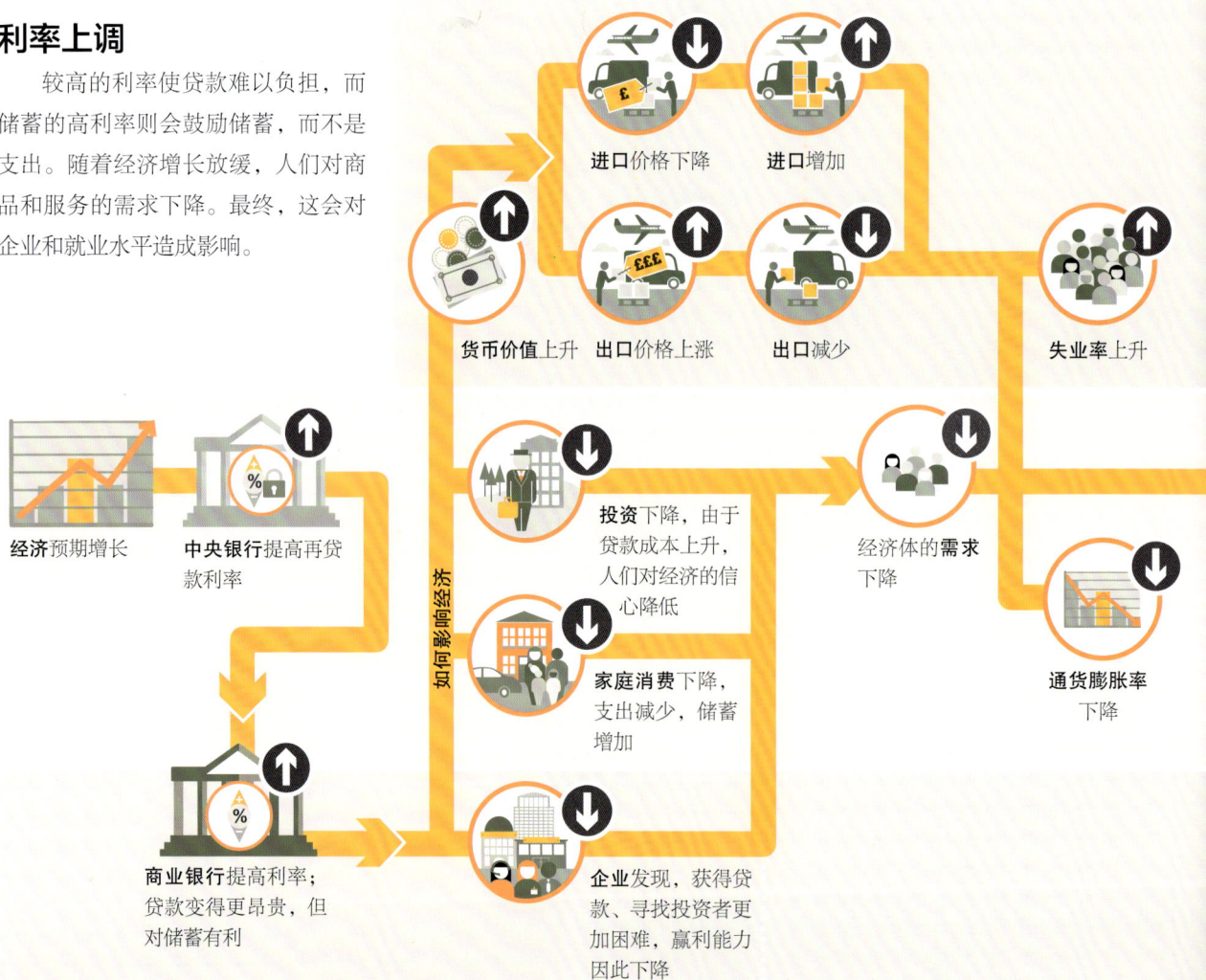

经济预期增长　中央银行提高再贷款利率　货币价值上升　进口价格下降　进口增加　出口价格上涨　出口减少　失业率上升　投资下降，由于贷款成本上升，人们对经济的信心降低　家庭消费下降，支出减少，储蓄增加　经济体的需求下降　通货膨胀率下降　商业银行提高利率；贷款变得更昂贵，但对储蓄有利　企业发现，获得贷款、寻找投资者更加困难，赢利能力因此下降　如何影响经济

负利率政策

在一些国家，中央银行已经把再贷款利率降到了−0.01%这样的负值。商业银行如果把这一利率传递下去，就意味着存款人必须支付一定比例的存款给银行。尽管中央银行可以实施负利率，从而鼓励支出和投资，防止储蓄者囤积现金，但商业银行往往不愿把负利息传递给客户，尤其是小企

业。因为如果存款人受到负利率的驱策，就会以现金形式支取储蓄，从而避免被收费。不过，大储户可能出于安全性和货币账户的稳定性，仍会支付负的利率。

40.5%

2016年4月阿根廷的通货膨胀率，属全球最高

利率下调

降低利率使贷款更廉价，使支出增加，而对储蓄的吸引力降低。流通中的货币量增加，人们对商品和服务的需求上升，从而刺激企业，增加就业。

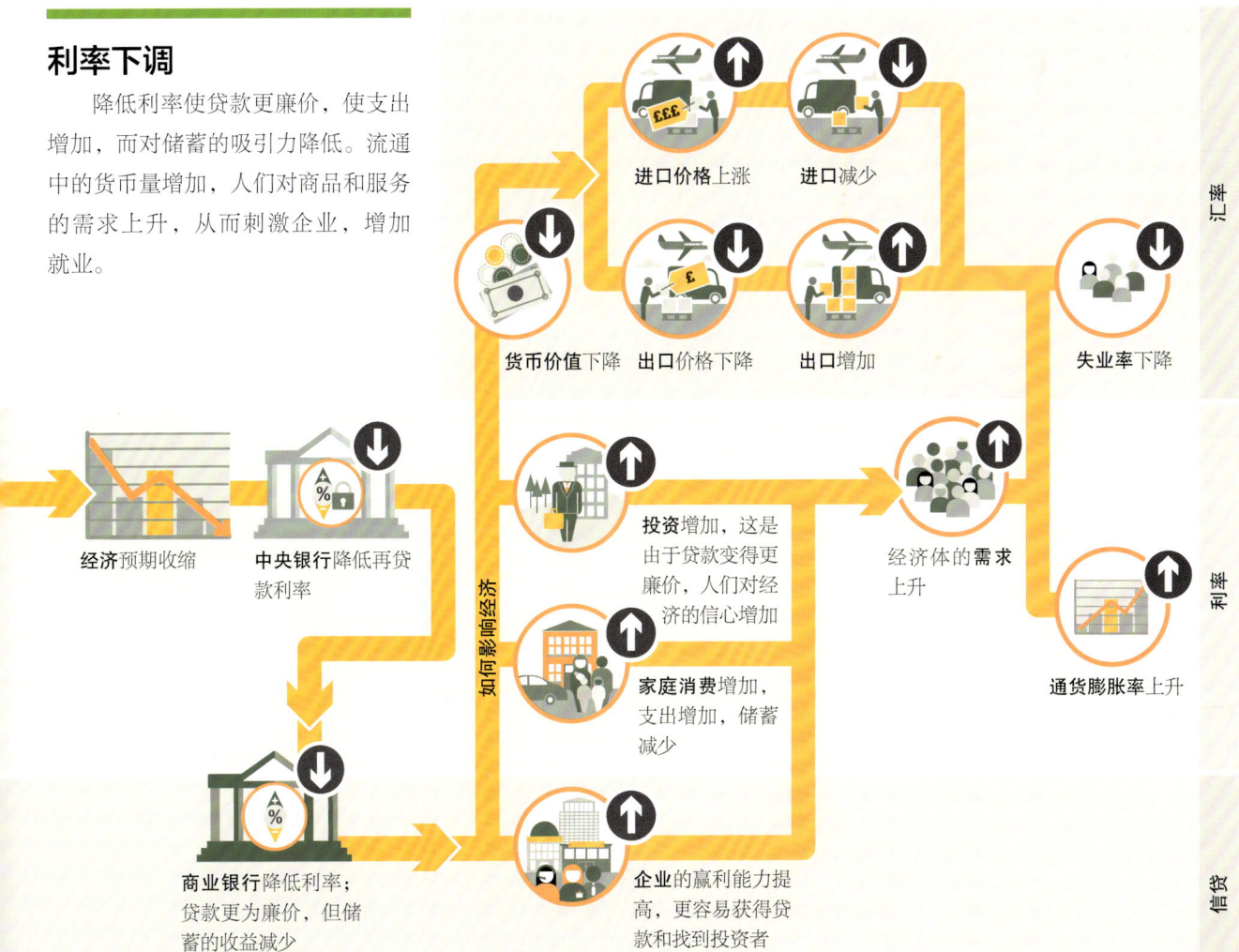

进口价格上涨

进口减少

货币价值下降　出口价格下降　出口增加

失业率下降

汇率

经济预期收缩

中央银行降低再贷款利率

投资增加，这是由于贷款变得更廉价，人们对经济的信心增加

经济体的需求上升

如何影响经济

家庭消费增加，支出增加，储蓄减少

通货膨胀率上升

利率

商业银行降低利率；贷款更为廉价，但储蓄的收益减少

企业的赢利能力提高，更容易获得贷款和找到投资者

信贷

量化宽松

量化宽松（quantitative easing）是21世纪开始的一项战略，其目的是推动经济发展。量化宽松指中央银行通过制造新的货币达到降低利率、增加投资和支出目标的战略。

如何运作

各国政府会采取一些措施，以稳定、均衡的方式来管理经济增长。政府的关键措施之一是通过中央银行施加影响。降低利率能够鼓励金融机构把更多的资金贷给企业和个人，鼓励支出而非储蓄。

近年来，由于经济活跃度不高，人们对通货紧缩和经济衰退表示担忧，量化宽松应运而生。量化宽松涉及制造新货币，通常采取电子货币的形式。中央银行用这些货币购买政府债券，或购买银行和养老基金等机构的债券。量化宽松的目的是提高经济体的资金流动性，进而降低利率，使贷款更容易、更有吸引力。反过来，这又会鼓励企业投资，促进消费者增加支出，从而推动经济发展。

量化宽松是一项正在开展的货币政策试验。有人担心量化宽松会引发通货膨胀问题；一些批评者指出，整个经济体并没有得到量化宽松的好处。

量化宽松的运作模式

在理想情况下，流入银行的资金应该惠及各个行业，促进支出增长，从而刺激经济。

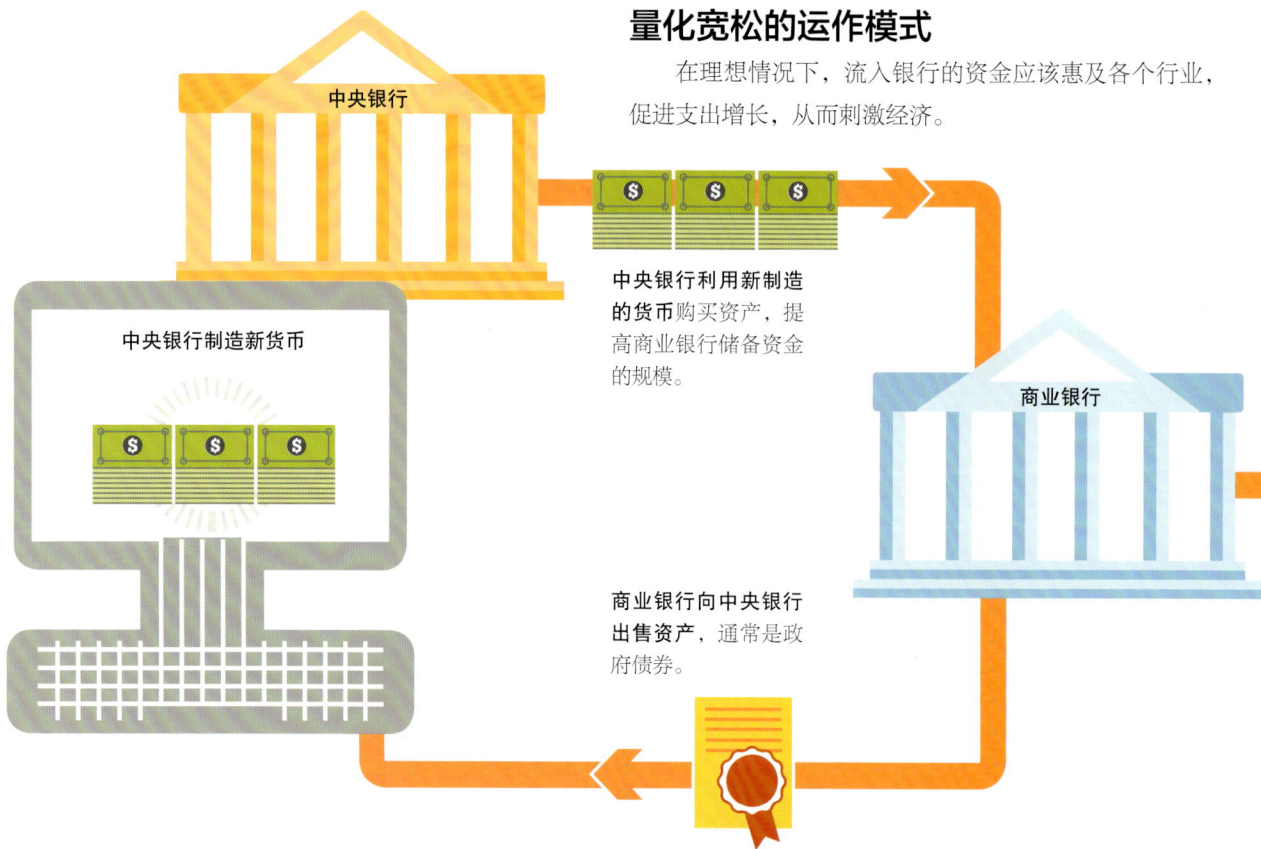

中央银行

中央银行制造新货币

中央银行利用新制造的货币购买资产，提高商业银行储备资金的规模。

商业银行

商业银行向中央银行出售资产，通常是政府债券。

量化宽松的潜在危险

量化宽松是一项相对新颖的战略，其效果还很难衡量。人们尚不清楚量化宽松是否能刺激经济而不带来过量风险。

尽管大量的新货币被制造出来，**经济体**的反应也可能会与预期不符。

由于货币供给量较大，可能发生**通货膨胀**，但不太可能导致恶性通货膨胀。

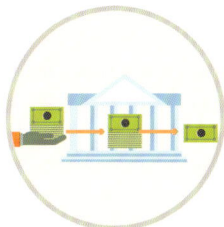

银行并不总是把货币传递给有需要的企业，而是把货币囤积起来或投资到其他地方。

案例研究

英国

2009年初，英国开始实行量化宽松政策，利率降到了接近于零的水平。大部分新制造的货币被用来购买政府债务。量化宽松的效果取决于卖方把出售资产获得的资金传递下去，以及银行把获得的额外流动性资金投资出去。英格兰银行（英国中央银行）认为，量化宽松促进了经济增长，但伴随着物价上涨，其代价是通货膨胀率上升、财富分配不均。

3.5万亿美元
美国政府因量化宽松购买资产的支出

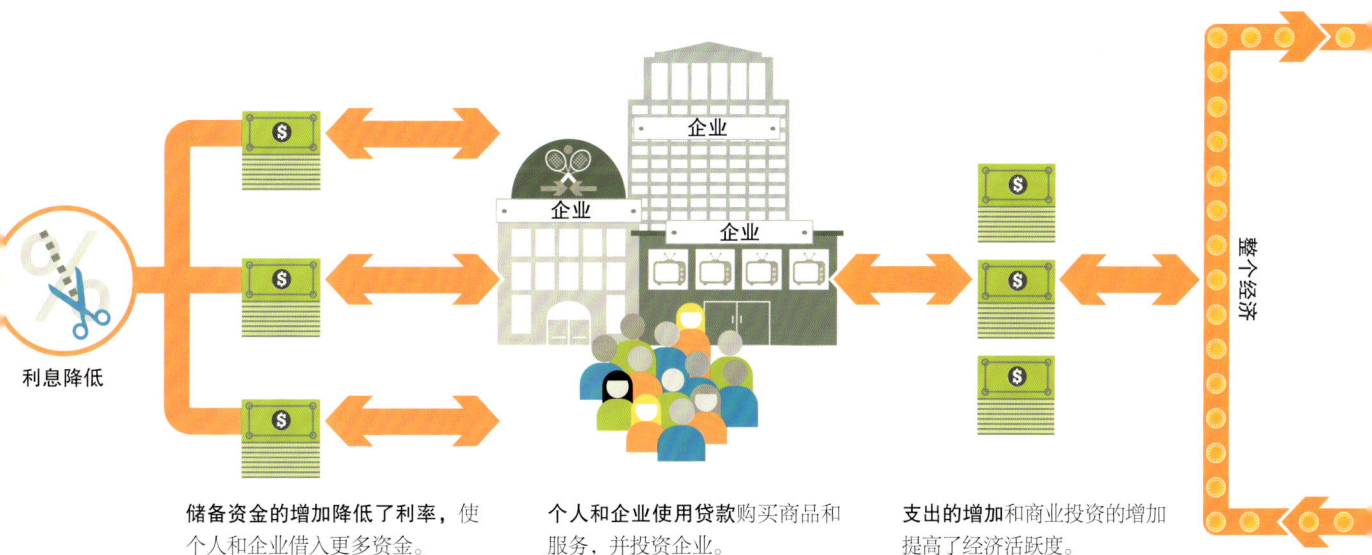

利息降低

储备资金的增加降低了利率，使个人和企业借入更多资金。

个人和企业使用贷款购买商品和服务，并投资企业。

支出的增加和商业投资的增加提高了经济活跃度。

整个经济

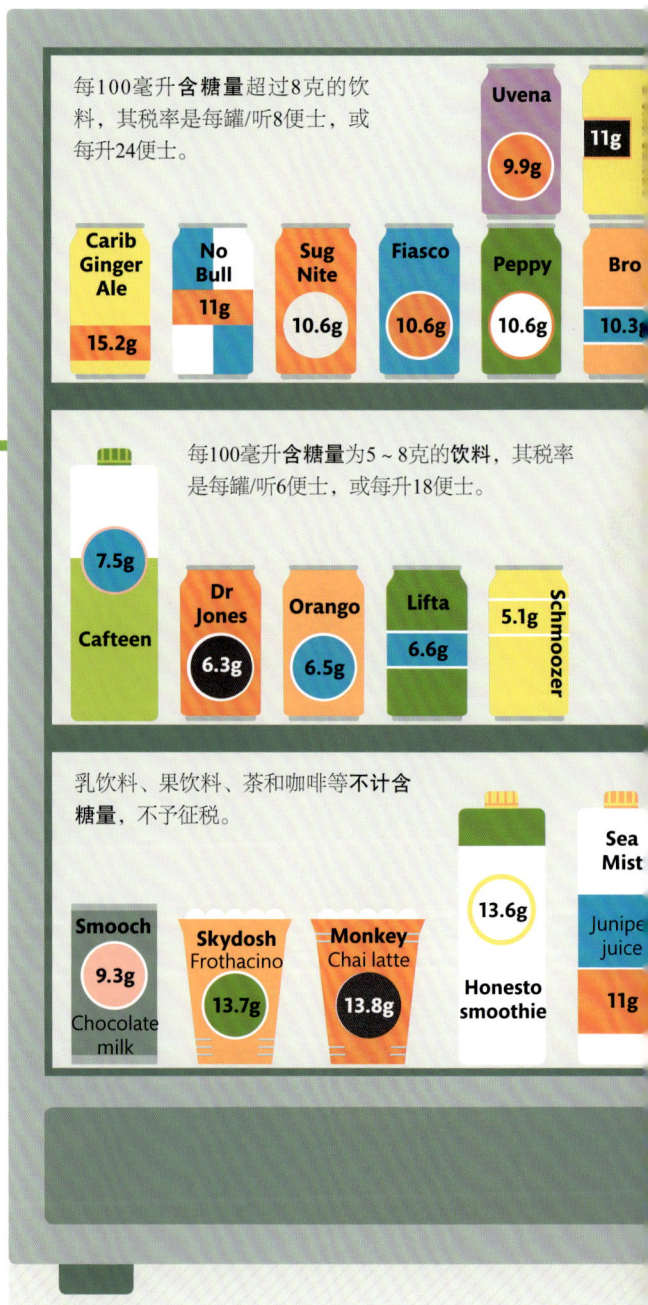

税收水平

政府很难确定要征收多少税款。税太低，政府无法提供人们需要的服务；税太高，人们就不愿意缴纳税款。

如何运作

政府可以对个人的收入、建筑物及住房、储蓄和投资、养老金、继承的财产和支出进行征税。大多数政府都十分倚重所得税，而所得税占收入的比例会因收入水平的不同而异。这使税收制度更公平，但是较为复杂的税制也增加了避税的机会。有些税收的目的是为了改变人们的行为，例如通过对烟草、酒等消极或不健康的商品征税，政府可以劝诫人们减少这类商品的消耗。

实践中的庇古税

标准经济理论认为，如果消费某种商品或服务会造成损害，就应该对其征税，直至税额与所造成的损害成本相匹配。例如，对糖征收的税率应与肥胖造成的公共卫生服务成本相匹配。这是一种庇古税，由经济学家亚瑟·庇古（Arthur Pigou）提出而得名。

✓ 必备知识

▶**有效税率** 指纳税人真实负担的税率。不少税收制度允许不同程度的减免，例如以鼓励投资为目的的税率减免。政府可以一次性征收两种及更多的税种，如收入税和公司税。结果，有效（平均）税率可能与主要（基本）税率存在差异。

▶**边际税率** 对开展少量的额外活动征收的额外税款，例如对1英镑额外收入征收的税款。

每100毫升含糖量超过8克的饮料，其税率是每罐/听8便士，或每升24便士。

Uvena 9.9g

11g

Carib Ginger Ale 15.2g

No Bull 11g

Sug Nite 10.6g

Fiasco 10.6g

Peppy 10.6g

Bro 10.3g

每100毫升含糖量为5～8克的饮料，其税率是每罐/听6便士，或每升18便士。

7.5g **Cafteen**

Dr Jones 6.3g

Orango 6.5g

Lifta 6.6g

Schmoozer 5.1g

乳饮料、果饮料、茶和咖啡等不计含糖量，不予征税。

Sea Mist

Smooch 9.3g Chocolate milk

Skydosh Frothacino 13.7g

Monkey Chai latte 13.8g

13.6g **Honesto smoothie**

Juniper juice 11g

拉弗曲线

　　拉弗曲线（Laffer Curve）以美国经济学家亚瑟·拉弗（Arthur Laffer）命名，它描绘了税收最大化时的最优税率水平的概念。税率较高时，更多的人会寻求避税或降低税款，而不是支付税款。尽管一开始税收会增加，但随着税率的上升，税收最终会下降。围绕这一观点产生了不少争论：一方面，最佳税率很难确定；另一方面，这会让高收入人士不缴纳税款及普通人为了逃税而不申报收入显得合法。

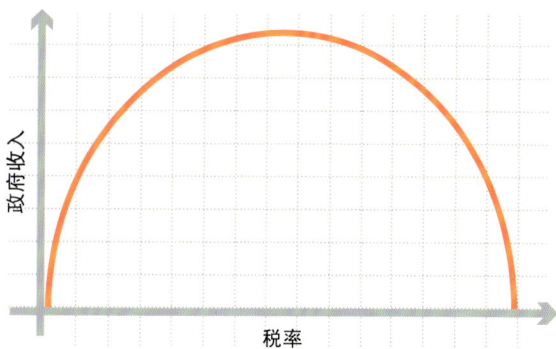

税收的意外影响

▶ 含糖量较高的饮料税率较高，含糖量较低的饮料税率较低。但事实上，前者每克糖被征的税要低于后者。因此，消费者会转向含糖量较高的饮料。

▶ 消费者会转向不被征税的含糖饮料，如奶昔和冰沙。

▶ 增税对贫穷的消费者冲击更大，会导致税收变成累退税（纳税人的收入或财富越多，实际税率越低的税制，如定额税、比例消费税等）。

▶ 饮料公司利润下滑，影响政府税收收入。

▶ 企业受到影响，减少工作岗位。

▶ 墨西哥对软饮料（不含酒精或酒精含量不超过一定上限的饮料）征收10%的税。自2014年以来，此项税收已超过20亿美元。虽然销售额一开始有所下降，但随后又开始回升。

24%

2013年，希腊未申报、未纳税的经济活动占所有经济活动的估算比例

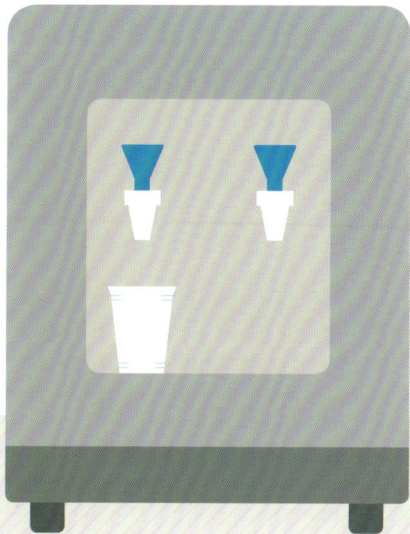

政府支出

如今，各国政府的支出占经济产出的很大一部分，政府使用税收获得的资金优先兑现其政治承诺，潜在地推动国家经济的发展。

如何运作

现代政府要为一系列公共服务付款，通常包括：教育、医疗保险、养老金和社会福利等。人们希望政府能多投资道路和机场建设，水力、电力和天然气供给，以及其他基础设施。

然而，政府不能随心所欲地支出。税收的健康取决于国民经济的蓬勃发展。大多数政府会根据其政治承诺制定各项支出的先后顺序，并且制定年度预算，根据预期获得的税收来分配支出。

典型的政府支出

政府如何支出取决于支出在政治上的先后顺序、政府规模相对于经济规模的大小，以及政府的债务水平。例如，斯堪的纳维亚以优先考虑社会福利开支而闻名。政府支出也可以推动经济的发展。提高在基础设施上的支出有助于政府维持经济活动。资助科学研究有助于新产品的发明，从而推动经济增长。教育方面的支出可以提供一定的培训机会，使劳动力的生产效率更高。

医疗保险 22%

利息支出 5%

交通 3%

国防 6%

支出与削减开支

政府支出能为经济提供直接支持，如运输和通信方面的支出。通常，科学研究由政府资助。有些政府还对国家重点行业提供补贴和支持。然而，自2008年以来，许多政府因财政崩溃而试图削减开支、减少赤字。这些决定具有争议性，因为其对经济的长期影响尚不可知。

"钱未到手，切莫先花。"

——美国前总统托马斯·杰斐逊（Thomas Jefferson）

养老金和社会福利 31%

其他 20%

教育 13%

政府支出相对于经济的规模

　　各国政府支出相对于经济的规模可能有所不同。通常，政府支出约占国内生产总值的40%左右。从下图可以看到一些国家的差异，例如韩国的政府支出占国内生产总值的30%，丹麦则占58%。

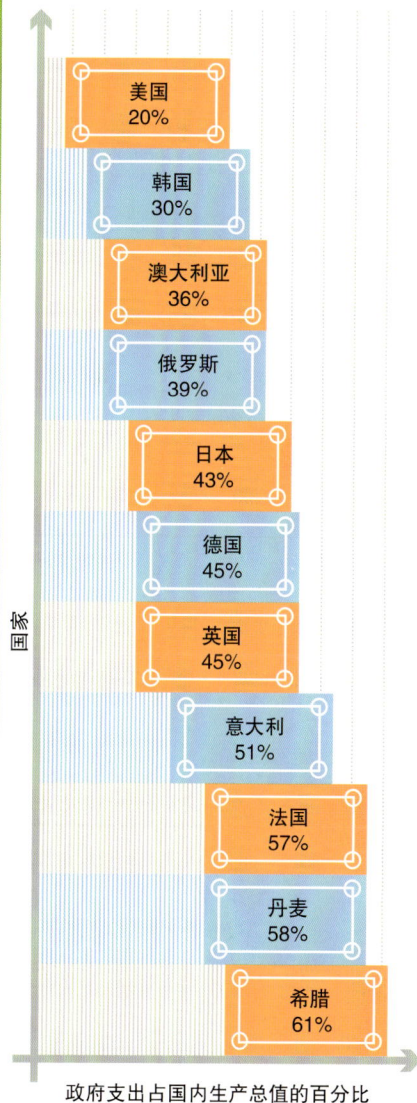

国家	
美国 20%	
韩国 30%	
澳大利亚 36%	
俄罗斯 39%	
日本 43%	
德国 45%	
英国 45%	
意大利 51%	
法国 57%	
丹麦 58%	
希腊 61%	

政府支出占国内生产总值的百分比

政府如何未雨绸缪

政府支出有助于塑造经济体的发展方式。政府通过投资生产活动、日常事务来促进经济的增长。

如何运作

政府通常负责提供公共服务所需的建筑，建设并维护国家基础设施，如铁路和道路建设、电力和天然气供应等。

同时，政府也投资建设新住房或为科学研究提供资助。

这些政府投资在国家预算中算作资本支出，等价于私营企业和个人在机械和建筑等方面的支出。同样，这些政

政府的投资与收益

政府可以对不同的经济活动进行投资。投资获得的收益可以让政府或整个社会受益，如下图所示。

交通

天然气与电力

水、垃圾
与

排污

政府收益

▶ **直接**　乘客的旅费
▶ **短期**　车站周边消费增加，带来更多税收
▶ **长期**　商业活跃度提高
▶ **间接**　经济增长

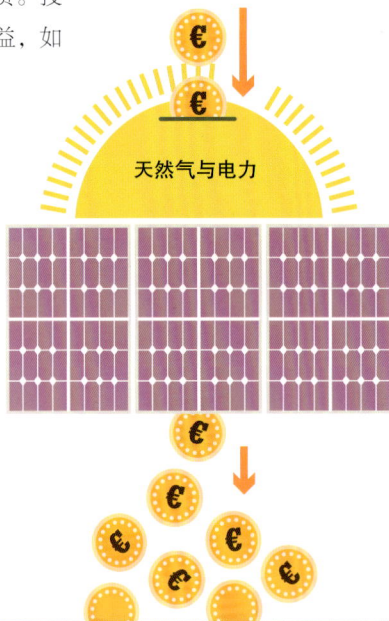

政府收益

▶ **直接**　来自能源账单的现金
▶ **短期**　降低政府的能源成本
▶ **长期**　企业增加对基础设施的投资
▶ **间接**　经济增长

政府收益

▶ **直接**　来自公用事业账单的现金
▶ **短期**　降低政府的公用事业成本
▶ **长期**　健康与环境效益
▶ **间接**　城市扩张

府投资会在其寿命期限内产生收益。在某些情况下，收益是直接支付的（如乘客购买火车票），有些收益则是间接支付的（如修建一条新道路带来的诸多经济利益，包括帮助企业进行交易，进而产生更多的税收）。政府会根据各项投资的收益而调整支出规模。

资本支出与举债

政府（与企业一样）往往会借入资金，为资本支出提供保障。这意味着，政府的整体债务会增加。对此，关注削减债务的政府往往会优先寻找减少资本支出的方法。然而，减少资本支出意味着错失投资收益。为了降低成本，不少政府开始使用私人资金，这就使私人投资者需要分享收益。在某些情况下，这意味着完全私有化，即政府允许私营企业直接创立并经营投资项目。若这种做法行不通或不尽人意，私人投资会以政府和私人投资者之间协商的形式出现，双方分摊成本、风险和利润，共同创立或经营投资项目。

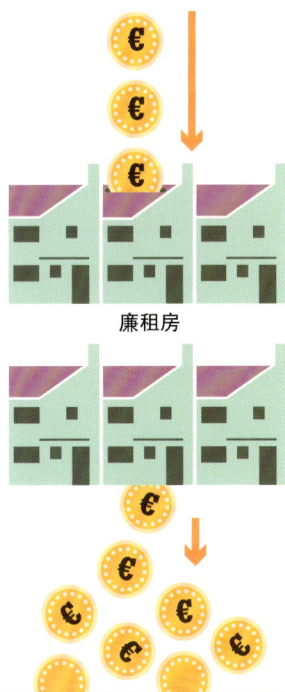

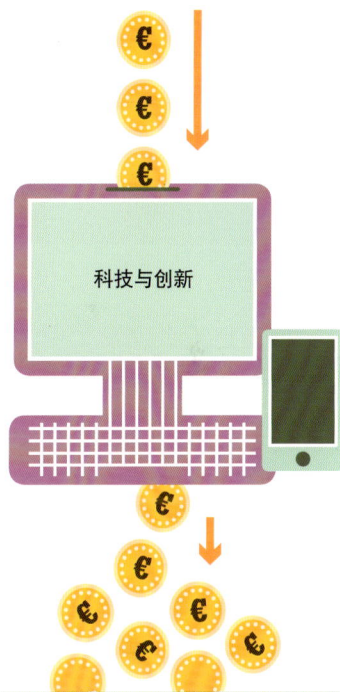

廉租房

学校与教育

科技与创新

政府收益

- ▶直接　租户租金
- ▶短期　廉价租金能够减少无家可归的人士，提高社会稳定性
- ▶长期　城镇扩张
- ▶间接　经济增长

政府收益

- ▶直接　无
- ▶短期　民意
- ▶长期　劳动力的生产效率提高，社会凝聚力提高
- ▶间接　经济增长

政府收益

- ▶直接　研究收益
- ▶短期　税收
- ▶长期　新市场，商业投资
- ▶间接　加速经济增长

通货膨胀

通货膨胀即经济体中商品和服务平均价格的普遍上涨，并伴随着货币购买力的下降。通货膨胀会导致生活成本上涨。

如何运作

通货膨胀即物价的逐年上涨，这种上涨通常用"一篮子"具有代表性的家庭用品的成本来度量。由于购买相同的商品或服务需要支付更多的货币，货币价值下降，日常生活变得更加昂贵。影响通货膨胀的因素有多种，其中最主要的是商品和服务的供需变化，以及货币的供需变化。通货膨胀主要有两种类型：成本推动型和需求拉动型。成本推动型通货膨胀由成本上涨的企业所推动，进而传递给企业的客户。企业成本的上涨有诸多原因，例如生产成本上涨、员工工资增加等。需求拉动型通货膨胀源于人们对商品的需求超出了企业能够生产或愿意提供的数量。面对日益增长的需求，企业并没有增加供给，而是提高价格。不过单就这一点来说，它并不会造成需求拉动型的通货膨胀。但是，如果经济体中的货币供给过剩，消费者就得继续支付更高的价格，并进一步推高价格。

成本推动型通货膨胀

导致成本上涨的因素有很多，例如：原材料价格的上涨会产生连锁反应，导致整个经济体的价格上涨；能源和运输成本的上涨也会推高价格。企业成本的上涨最终会以价格上涨的形式传导到客户身上，薪水和税收的上涨也是如此。

原材料必需品的成本上涨
石油是一种原材料必需品，可获得的数量有限。提高石油价格会导致运输、供暖和制造成本上涨。这对企业的总体成本有直接、广泛的影响，尤其是需要石油进行生产的企业（如汽车制造商）。

零部件的成本上涨
石油价格的上涨会提高生产汽车所需零部件的制造成本，进而提高企业的生产成本。

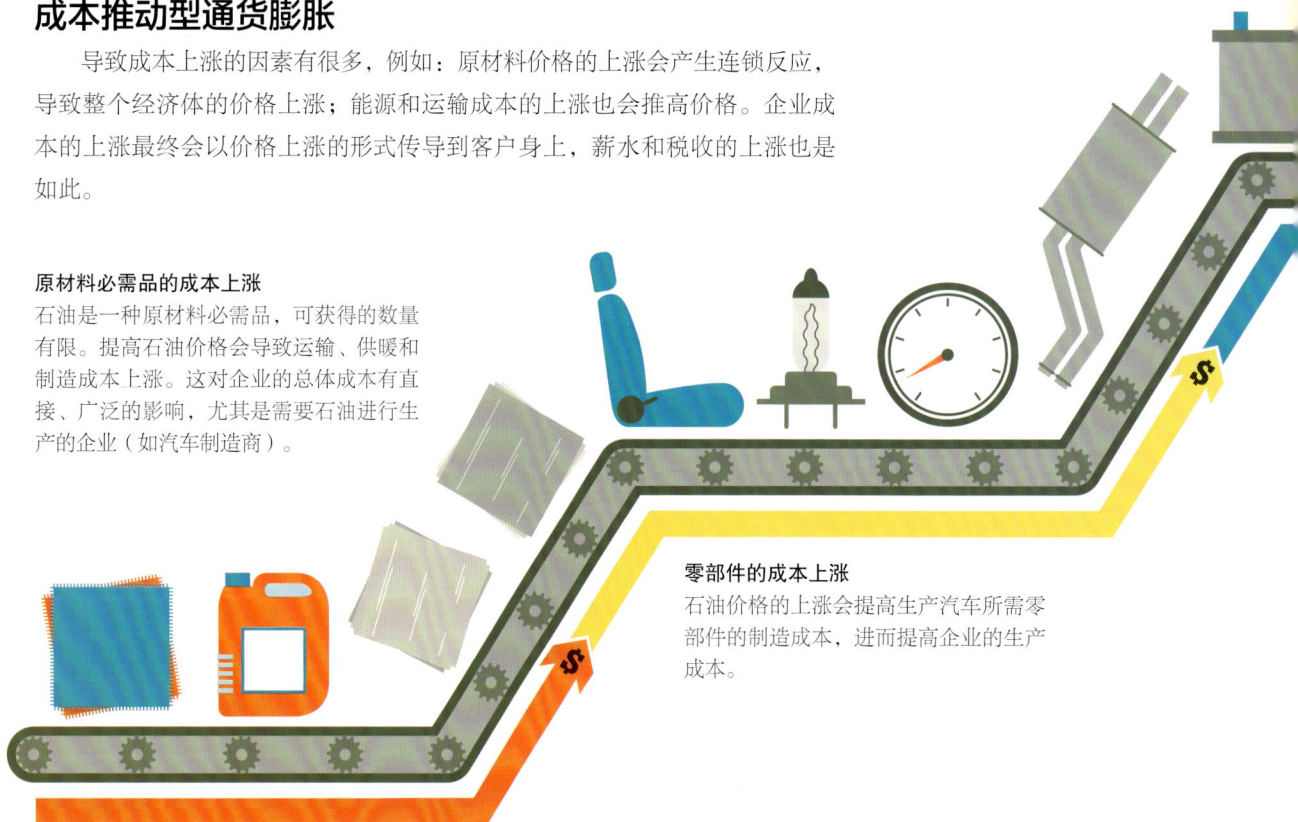

"通货膨胀一直是一种随处可见的货币现象。"

——美国经济学家米尔顿·弗里德曼（Milton Friedman）

产品价格上涨
为了应对生产成本的上涨，制造商把其中一部分成本转嫁给客户。

通货膨胀加速
如果经济体中的商品和服务价格上涨，通货膨胀就会加速。

工资上涨
价格上涨，员工要求更优厚的薪酬。企业答应涨薪，导致总体成本增加。

成本推动型通货膨胀的原因

成本推动型通货膨胀受企业运营成本上涨的驱动，其原因五花八门。

▶**原材料成本**　上涨的原因可能有：自然灾害造成的稀缺或垄断造成的人为限制。如20世纪70年代的石油禁运导致石油价格上涨两倍。

▶**劳动力成本**　罢工、低失业率意味着企业需要支付更高的费用才能吸引到熟练的劳动力。势力强大的工会，以及员工对总体价格上涨的预期，都会迫使企业提高工资，并把额外的成本转嫁给客户。

▶**汇率**　若一国的货币价值相对其贸易伙伴的货币价值下降，该国从国外购买商品就需要更多的资金，进而导致通货膨胀。

▶**间接税**　企业会将政府对商品征收的增值税等税款的上涨转嫁给客户。

✔ 必备知识

▶**名义价值**　未经过通货膨胀调整的价值。

▶**实际价值**　根据通货膨胀进行调整后的价值。用于考查经济变量在一段时间内的情况，从而确定经济变量的增加是否受通货膨胀或经济增长的影响。

通货膨胀与货币流通速度

影响经济增长的不止货币供给量，还有货币流通速度。货币流通速度衡量的是一段时间内单位货币用于商品和服务交易的次数。例如，1年内1单位货币（如1美元）在3个独立的交易中被使用了3次，那么货币流通速度就是3。如果货币供给量和货币流动速度快速增长，商品和服务的供给可能无法跟上需求，将导致较多的货币追逐较少的商品。这种情况会在经济增长过快时出现，可能源于货币政策引起的货币供给量突然增加。企业通过提高价格做出回应，进而引发需求拉动型通货膨胀。

不过，较高的货币供给量不一定会导致货币流通速度增加。如果人们对经济的信心偏低，银行可能会限制贷款，个人和企业就会囤积货币而不支出。如果注入经济体的资金减少，通货膨胀就会下降。

✔ 必备知识

- **市场势力**　企业通过操纵供给或需求，或同时操纵两者来提高产品价格的能力。因强势品牌造成的市场势力增大，可能会造成产出下降。
- **有效需求**　显示消费者在支出意愿、可用的收入和需求的支配下，实际购买了什么。
- **潜在需求**　代表了渴望购买商品的客户的需求，而不是实际购买商品的客户需求。

需求拉动型通货膨胀

在一个正在扩张的经济体中，一家手机制造公司的产品需求量突然增加。然而，由于公司的资源已经达到满负荷状态，供给量因此无法增加。这时，公司会提高产品的价格。

需求上升
一般而言，若经济体中的资金较多，人们就有花更多的钱来购买商品的意愿。该公司的品牌手机是市场的领导者，其需求尤其旺盛。

按最大产能制造
工厂的生产已经达到最大产能，工人也全部满勤。为提高产量而进行投资需要时间，因此，供应商无法提高产量。

需求超过供给
供应商无法在短期内增加产量，因此，消费者的需求超过了可以供给的产品数量。

需求拉动型通货膨胀的原因

若经济扩张过快或不可持续，货币供给过剩就会导致消费者需求超过商品与服务的供给。以下几个因素会引起支出的增加。

▶ **货币政策** 利率下调放宽了贷款限制，这会增加货币供给量，从而使贷款和支出增加。

▶ **政府支出** 国家的投资和支出增加会扩大货币供给量，提高消费者活跃度。

▶ **减税** 降低直接税或间接税可以增加收入。

▶ **消费者信心** 如果消费者和企业对未来充满信心，他们可能会支出本来打算储蓄下来的钱。

▶ **房产价格** 房价高涨使业主感到更富有，使业主的消费意愿增加，从而对消费品的需求增加。

▶ **外国经济的快速增长** 出口销售额的增加会提高流入本国的货币量，使通货膨胀产生连锁反应。

2%
美国联邦政府的目标通货膨胀率

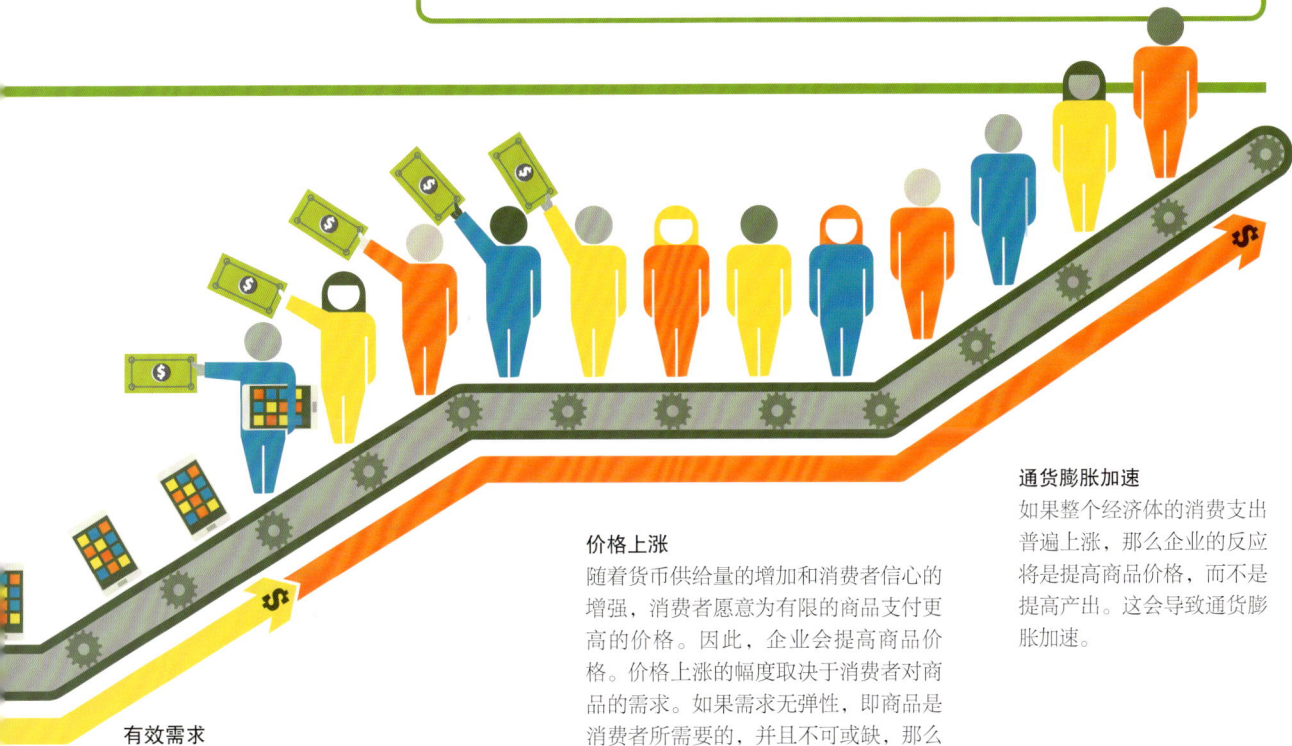

通货膨胀加速
如果整个经济体的消费支出普遍上涨，那么企业的反应将是提高商品价格，而不是提高产出。这会导致通货膨胀加速。

价格上涨
随着货币供给量的增加和消费者信心的增强，消费者愿意为有限的商品支付更高的价格。因此，企业会提高商品价格。价格上涨的幅度取决于消费者对商品的需求。如果需求无弹性，即商品是消费者所需要的，并且不可或缺，那么商品价格会被进一步推高。

有效需求
客户需求的上升会影响商品的价格，因为这属于有效需求：消费者的收入能够承担更高的价格，他们愿意为认为有价值的商品付出更高的代价。

国际收支

一国的国际收支（balance of payments，BOP）即一段时间内国际交易的记录。国际收支追踪的是进出一国的商品、服务和投资。

如何运作

一国的国际收支账户提供了该国所有国际借方和贷方的记录。使货币流入该国的交易记为贷方；使货币流出该国的交易记为借方。国际收支账户有三个部分：经常账户，用于度量商品和服务；资本账户，用于追踪资本和非金融资产的流动；金融账户，用于追踪投资。

从理论上说，一国的国际收支应为零，因为经常账户的每一笔贷记都对应着资本账户的每一笔借记，反之亦然。但在现实中，由于会计实务和汇率的波动，国际收支为零的情况很少发生。

国家

国际资本流动

一国的国际收支包括个人、企业和政府的交易。跟踪这些交易能够帮助政府确定流入和流出该国的货币，以及各经济领域的赤字或盈余是多少。

国际收支账户的三个组成部分

国际收支账户分为三个主要账户，每个账户追踪不同类型的进出一国的国际交易。三个主要账户又可以划分为多个子账户，以列示具体的支出领域。

经常账户

▶ 原材料与商品

▶ 服务，如商务、旅游和交通

▶ 收入，包括产权和股份

▶ 单方面或单向转移，如外国援助和礼品

资本账户

▶ 资金转移，如汇款和移民资产

▶ 非生产非金融资产，如自然资源和土地

金融账户

▶ 本国持有的国外资产，如债券、投资品和外国货币

▶ 外国持有的本国资产，如债券、投资品和本国货币

国际收支		
经常账户	资本账户	金融账户
贷方余额 +20亿欧元	借方余额 -10亿欧元	借方余额 -10亿欧元
总计：0		

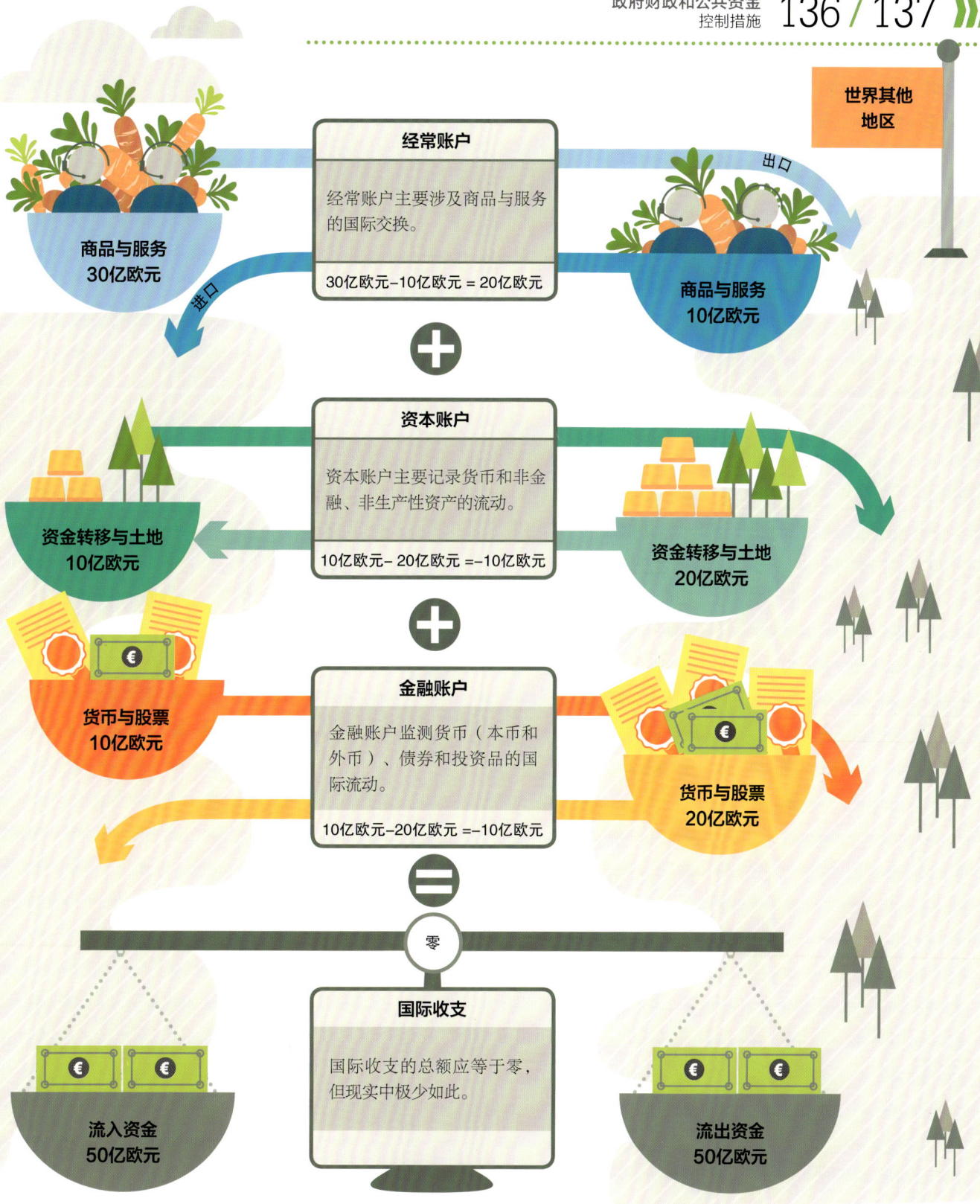

世界其他地区

经常账户

经常账户主要涉及商品与服务的国际交换。

30亿欧元－10亿欧元 = 20亿欧元

商品与服务
30亿欧元

进口

出口

商品与服务
10亿欧元

+

资本账户

资本账户主要记录货币和非金融、非生产性资产的流动。

10亿欧元－ 20亿欧元 =－10亿欧元

资金转移与土地
10亿欧元

资金转移与土地
20亿欧元

+

金融账户

金融账户监测货币（本币和外币）、债券和投资品的国际流动。

10亿欧元－20亿欧元 =－10亿欧元

货币与股票
10亿欧元

货币与股票
20亿欧元

=

零

国际收支

国际收支的总额应等于零，但现实中极少如此。

流入资金
50亿欧元

流出资金
50亿欧元

货币的国际波动

汇率会因供需的变化而波动。如果一个国家的经济比贸易伙伴更强大、更稳定，那么它的货币价值会被高估。

如何运作

一国的经济状况每天都在变化，因此，汇率会不断波动。这些货币的波动是由全球市场上的货币交易（买方出售一种货币以买入另一种货币）决定的。

货币的交易主要依赖于一个国家的经济表现。交易者会参考一些实时数据（如利率），也会参考影响经济表现的政治和商业事件（如选举、金融机构的崩溃，或者某些增加投资的消息）。四个主要经济因素——国内生产总值、通货膨胀率、就业率和利率——体现了一个国家的经济状况，从而确定该国的汇率。

政治稳定也至关重要。如果投资者担心政府无力管理国家经济，他们就会失去信心，出售该国的投资品，并把持有的该国货币兑换为其他货币。这实际上增加了该国货币的供给量，导致该国货币的价值降低、需求减少。

必备知识

> **鸽派** 审慎的政府货币政策，鼓励低利率。

> **鹰派** 激进的政府货币政策，可能导致利率上升。

> **资本外逃** 投资到一国的货币流动到另一国，通常为投资者信心下降所致。

汇率波动

一国的经济状况决定了该国货币是否会相对其他货币升值或贬值。利率、通货膨胀率、生产力和就业率都会对汇率产生影响。投资者的信心也会影响汇率。投资者青睐的国家一般具有健全的政治制度、高效的基础设施、受过教育的劳动力，以及稳定的社会。

货币疲软

一些经济因素，无论因素本身还是因素组合，都会使一国货币价值下降。

低利率
低利率能够促进国内经济增长，但不能吸引外国投资者购买本国货币。

通货膨胀率较高
通货膨胀增加了出口商品的成本，降低了出口商品的需求，减少了出口商持有的货币量。

国内生产总值下降
生产收缩表明，随着对一国的出口需求减少，对该国的货币需求也会下降。

CLOSED

高失业率
失业率上升可能意味着生产率下降，进而使生产缺乏竞争力。

信心低迷
焦虑不安的投资者抛售本国货币，导致货币贬值。

5.3万亿美元
外汇日交易量的通常
价值

银行行动
如果一国的中央银行预计货币的价值会下降，那么中央银行会努力减少货币供给量。

银行

提高利率
提高利率会吸引外国投资者购买该国货币，因为投资者会因利率提高而受益。

抛售外汇储备
抛售外汇储备换回本国货币，会增加人们对本国货币的需求。

货币走强
如果多种经济因素表明一国经济蓬勃发展，那么人们对该国货币的需求就会增加，货币价值就会上升。

高利率
较高的利率能够吸引外国投资者并增加本国货币的价值。

通货膨胀率稳定或下降
通货膨胀率稳定或下降有助于提高本国货币的价值。

国内生产总值上升
高生产率能够促进人们对一个国家的商品及货币的需求。

低失业率
就业率与国内生产总值相关，低失业率表明人们对一国的商品需求较高。

信心高涨
对一国经济的信心足以使人们对该国的货币保持乐观。

储备货币的重要性
储备货币是一国的中央银行和金融机构持有的、公认安全的外汇，被用于对外交易的付款。使用储备货币进行付款免去了用本国货币来支付的必要，最大限度地降低了两国的汇率变动风险。美元是被全球最广泛持有的储备货币。

VIP

管理国民养老金

大多数政府用当前纳税人缴纳的税金来为退休人员提供养老金。一些政府还会用纳税人的税金进行投资，从而增加养老金的总额。

如何运作

在大多数国家，退休人士的养老金由当前的纳税人支付。英国的情况便是如此：退休人士的养老金由当前纳税人的国民保险金供款。政府需要确保有足够的资金周转，但这是一项颇具挑战性的任务，因为大多数发达国家的人口正经历着老龄化。这意味着，不断减少的纳税人要为不断增加的老年人提供养老金。衡量养老金对当前和未来义务的履行程度是成功管理国民养老金的关键。

资金管理

在智利和日本等国家，以及美国的一些州，养老金管理人员向纳税人收集税金进行投资，其目的是使现有资金的数额能够充分满足预期的资金需求。在其他国家，养老金（如英国的国民保险金）产生的任何盈余都可以借给政府，但一般而言，养老金只用来支付退休人士的养老金。

管理投资

在拥有国有投资基金的国家，政府用纳税人的税金进行投资，以增加可用资金。政府的投资对象通常是核心资产，虽然其风险较小，但仍有波动的可能性。如果股市上涨，养老金也会增值，反之亦然。

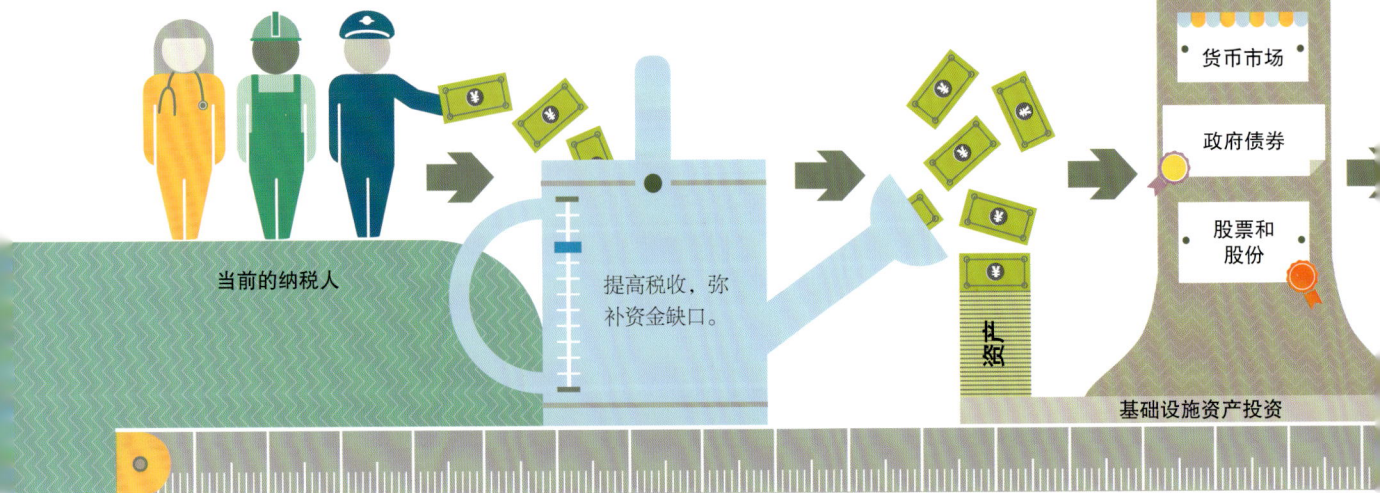

核心投资

货币市场

政府债券

股票和股份

当前的纳税人

提高税收，弥补资金缺口。

基础设施资产投资

"养老金不过是一种延迟的补偿。"

——美国政界人士伊丽莎白·沃伦
（Elizabeth Warren）

注意

▶**政府过度投资股市**可能会有高回报，但对养老金也会构成潜在风险。2015年第三季度，日本政府因将养老金投资股市而亏损了5.6％。这之后，日本政府才意识到过度投资股市的危害。

▶**政府的优先事项**会影响养老金的投资方式。某些投资方式并

不能使养老金的收益最大化，也不能使养老金的未来支付能力最大化。比如，一些国家会把养老金投资到住房等公共项目上。

负债

支付给养老金领取者的款项，在政府资产负债表上显示为负债。人口统计数据会影响履行养老金支付义务所需的金额。例如，如果预计人口平均寿命上升，那么预计未来所需的资金将会增加。

因投资而增加的资产

养老金领取者

对养老金的衡量

养老金必须有足够的资金支持。有两种方式可以评价养老金的表现：

▶**资金水平** 把养老金的资金额与应当支付的金额进行比较，可以用百分比或比率来表示（即资产除以负债）。资金水平为100％或比率高于1意味着有足够的养老金来履行支付义务；资金水平低于100％或比率低于1意味着资金不足。

▶**赤字** 即养老金的负债与持有的资金之间的差额，也就是要支付的资金与流入的资金之间的差额，也被称为未备资金负债。

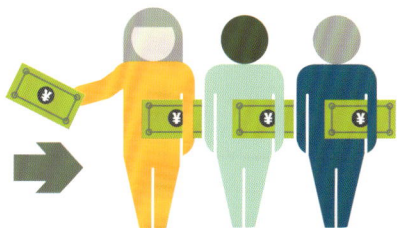

政府的财政破产

政府有遭遇财政破产的可能。财政破产的方式主要有两种：第一种是政府丧失了履行偿债义务的能力，这会导致政府违约；第二种是政府无法向公众保证本国货币或货币本身的价值依旧是可信的，这可能会导致恶性通货膨胀。从根本上说，二者均源于政府丧失了公信力。也就是说，如果政府得不到信任，就有可能破产。

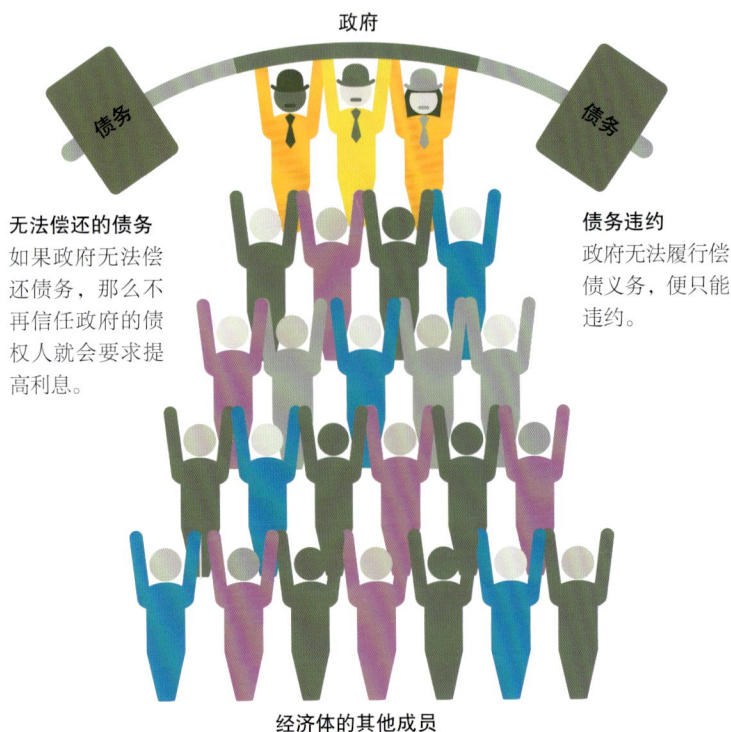

政府

债务

债务

无法偿还的债务
如果政府无法偿还债务，那么不再信任政府的债权人就会要求提高利息。

债务违约
政府无法履行偿债义务，便只能违约。

经济体的其他成员

无法控制的债务与违约
如果政府借入过量的资金，但无法向债权人还款，政府可能会削减开支、增加税收。如果政府不能转移债务负担，违约便不可避免。

丧失公信力与财政破产

若政府和政府机构因为自身的无能、腐败而丧失公众的信任，一场重大危机就会发生。

A
后果

对政府的信任

信任的重要性

获得信任

信任对于获取利润和政府的正常运转至关重要。信任对经济增长也十分重要。如果人们不信任政府的财政承诺，政府就会失去对经济的掌控。获得信任并非易事，而信任通常源于一段时间内的政治稳定。

失去信任

导致民众对政府失去信任的情况有多种。弱势政府可能会通过增发钞票来满足资金需求，而不是通过提高税收。无法偿还债务的政府，尤其是拖欠其他国家债务的政府，可能认为债务违约比征税更容易。在这两种情况下，对政府及其货币的信任均会受损。

6个国家

一些国家从未对债务违约，例如：**新西兰、澳大利亚、加拿大、泰国、丹麦和美国**

印钞
弱势政府会印钞，而不是征税。

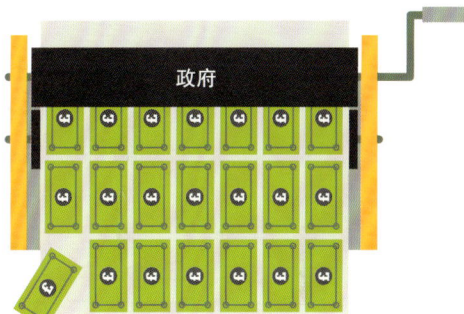

B
后果

丧失信任
如果经济体充斥着大量的货币，货币的价值就会越来越低，直至人们对货币的信任完全崩塌，引发恶性通货膨胀。

政府

恶性通货膨胀
如果货币价值急剧下降，价格迅速上涨，商品就会变得稀缺。政府会通过印制更多的钞票来稳定价格，但这会破坏信任。

政府如何破产：恶性通货膨胀

如果人们对一国货币的信任崩塌，就会引发超高的通货膨胀率。恶性通货膨胀较少出现，但后果十分严重。

如何运作

让人们对货币的价值有信心是维持现代经济体价格稳定的关键。因此，各国政府力求控制货币供给，以防止巨大的价格波动侵蚀信任。然而，如果政府较为弱势或不受信任，这些控制措施就会失效。例如，为了应对公共支出，弱势政府不愿意增税，而是通过印钞来支付。由于人们不认为本国货币具有价值，所以商品价格迅速上涨。在出售商品时，人们会索要更高的价格。随后，为了维持经济的运转，政府会有增发货币的压力。若发生这种情况，恶性通货膨胀就会发生，政府重新掌控局面将变得十分困难。

案例研究：德国恶性通货膨胀（1921—1924）
第一次世界大战后，德国经历了臭名昭著的恶性通货膨胀。

信任崩塌

战争债务

公共服务

赔款

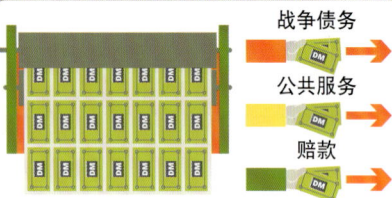

1. **第一次世界大战后**，德国的新政府尚未稳定下来。新政府靠印钞来支付战争债务、公共服务和赔款。

2. **德国政府**开始用新印制的钞票来购买外币，这导致德国马克的价值崩溃。

3. 到1922年，德国无力支付赔款。法国和比利时占领了德国的鲁尔区，强制德国用实物支付赔款，而不是货币。

罢工　罢工　罢工

4. 德国鲁尔区的工人举行**罢工**。为了支付工人工资，德国政府印制了更多的钞票。

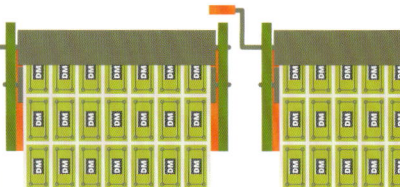

5. 由于**经济崩溃**，德国政府继续印钞。

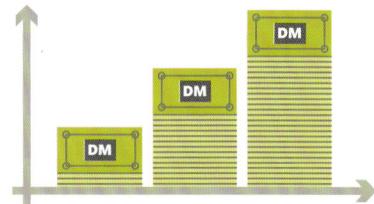

6. 由于人们对货币的信心荡然无存，德国**国内物价**飞涨。

200,000,000,000 马克

恶性通货膨胀

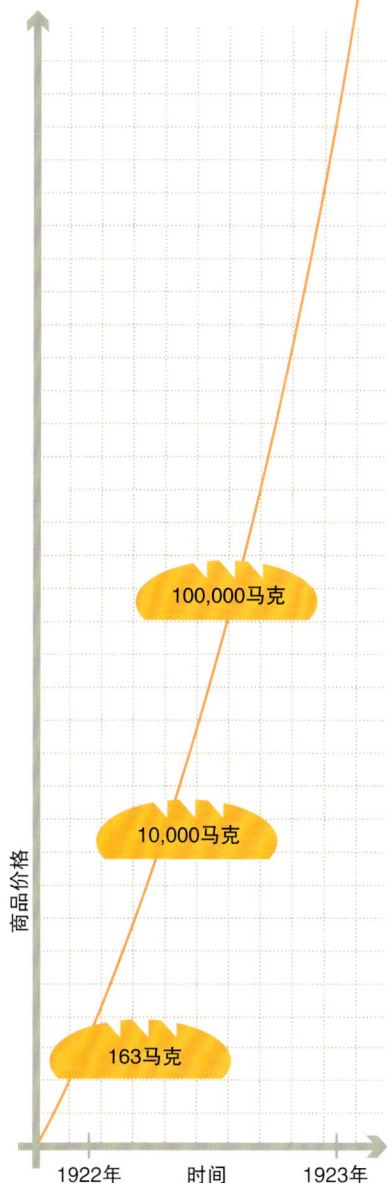

100,000马克

10,000马克

163马克

商品价格

1922年　　时间　　1923年

7. **恶性通货膨胀**来袭，商品价格的上涨速度超过了人们赚钱的速度。1922年，一个面包需要花163马克，而到1923年11月，价格上涨到了200,000,000,000马克。

遏制恶性通货膨胀

可信度

　　恶性通货膨胀源于人们对未来的悲观期望，即人们认为价格将会继续快速上涨。如果政府做出可信的承诺（例如发行新货币和执行严格的发行制度），政府就能以有限的成本阻止恶性通货膨胀。然而，履行这些承诺颇具挑战性，特别对于弱势政府而言。

专制

　　一个颇具争议的观点是：由于恶性通货膨胀是弱势政府导致的，那么终结恶性通货膨胀就需要一个强势的政府，甚至是一个终结民主的政府。针对20世纪20年代的中欧，经济学家托马斯·萨金特（Thomas Sargent）提出了这种论断。当时，威权政府终止了中欧的一系列恶性通货膨胀事件。

460×10^{24}

1946年7月，匈牙利恶性通货膨胀达到顶峰时，1美元可兑换的**匈牙利帕戈**的数量

新政府

8. 1923年11月，**新政府成立**，德国中央银行的新行长也走马上任。中央银行终止了通过印钞支付政府债务的做法。德国发行了名为"地租马克"的新货币，用以取代几乎一文不值的"纸马克"。地租马克由土地按揭贷款支持。中央银行的新行长承诺，会固定德国货币与美元的汇率。这些措施使公众恢复了对德国货币的信心。1924—1925年间，德国的一些战争债务被核销，赔款也降低了，局面得以稳定下来。

政府如何倒闭：债务违约

如果利息的增速超过了税收的增速，政府就会发现债务失去了控制。一旦债务失控，政府就离违约不远了。

如何运作

在理想情况下，政府的借款应该保持稳定。但有时，哪怕政府运转良好，也会受到意外事件的冲击，例如货币危机、经济突然衰退等。如果发生这种情况，政府会发现：由于已有的债务即将到期，为了还款和支付利息，政府借入的资金越来越多。

为了缓解还款压力，政府可以增加税收、削减公共开支，从而增加资金储备。在实践中，政府可能会被迫减少公共服务，或用欠条代替现金来支付雇员的薪资。如果这些措施失败，政府将被迫违约，承认其无法偿还债务。违约的政府未来很难借入资金，因为人们对该国经济的信心不高。不过，债务违约的国家有时也会很快恢复。

利息支付

对于出借资金给国家的人，如果他们认为违约风险较高，就会索要更高的利息作为风险补偿。对于背负大量债务的国家，其危险在于债务螺旋会成为自我实现的预言。债权人失去信心，要求得到更高的利息，会使债务变得难以控制，政府违约的可能性增加。

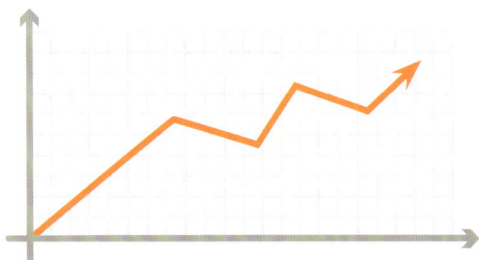

阿根廷（1998—2001）

阿根廷1998—2001年间的债务螺旋导致了当时历史上金额最大的违约（但与2012年希腊的债务重组相比，还是相形见绌）。阿根廷欠下了大笔资金，并从其他国家和国际货币基金组织（IMF）借入了更多的资金，直到经济衰退导致阿根廷无法全额偿还债务，从而造成违约。

借款增加
债务增长

IMF、世界银行和美国

债务

萧条

1. **阿根廷**在经历20世纪90年代的一段恶性通货膨胀之后，试图实施国际货币基金组织的规则。阿根廷被迫从国际货币基金组织、世界银行等官方机构及美国等国借入大量资金。

6. **经济下行**加剧。

5. **阿根廷的政府**实施紧缩措施，试图削减成本。

1070亿欧元
2012年**希腊核销**的债务量

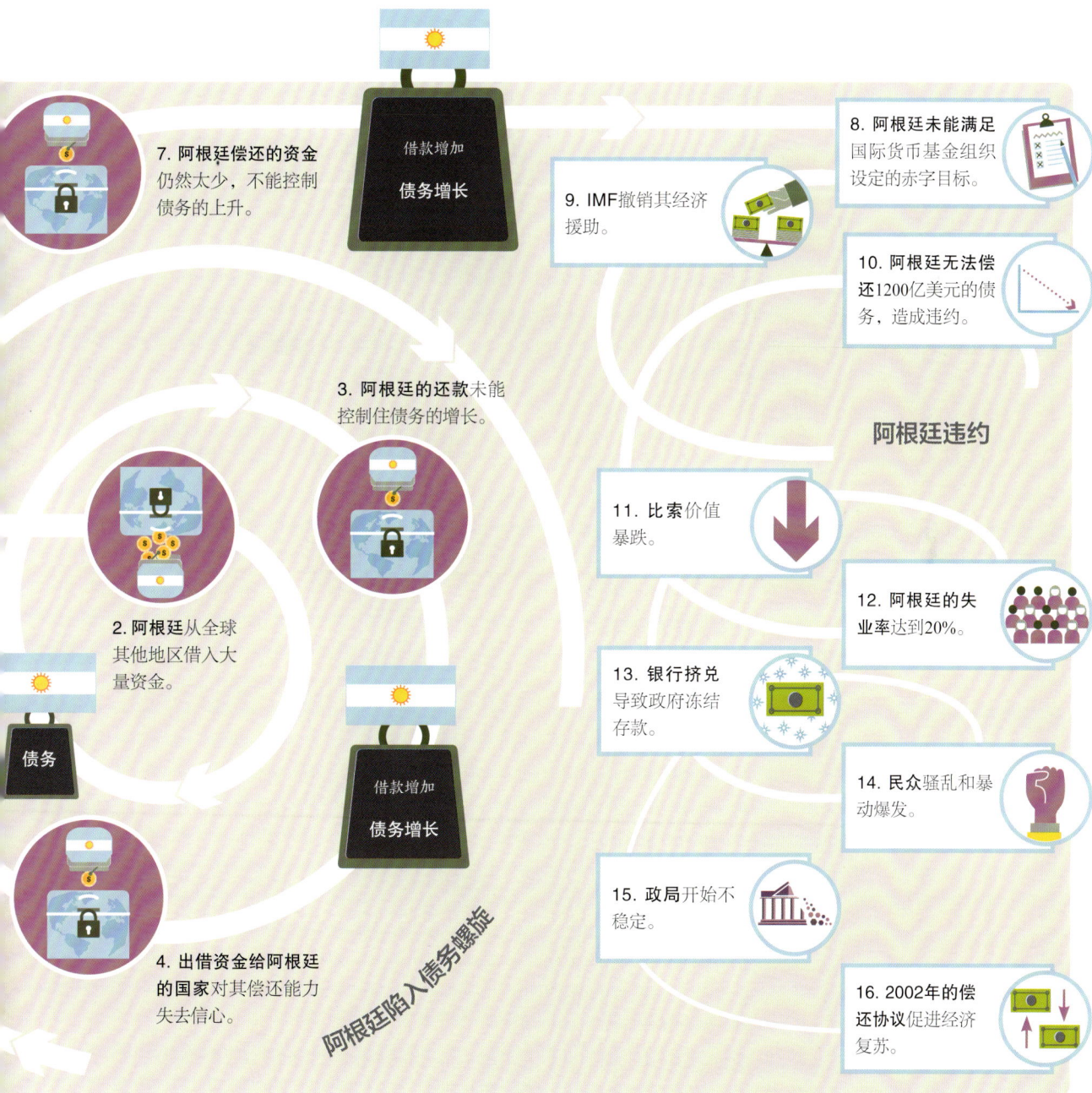

7. 阿根廷偿还的资金仍然太少，不能控制债务的上升。

借款增加
债务增长

9. IMF撤销其经济援助。

8. 阿根廷未能满足国际货币基金组织设定的赤字目标。

10. 阿根廷无法偿还1200亿美元的债务，造成违约。

3. 阿根廷的还款未能控制住债务的增长。

阿根廷违约

2. 阿根廷从全球其他地区借入大量资金。

11. 比索价值暴跌。

债务

借款增加
债务增长

12. 阿根廷的失业率达到20%。

13. 银行挤兑导致政府冻结存款。

14. 民众骚乱和暴动爆发。

4. 出借资金给阿根廷的国家对其偿还能力失去信心。

15. 政局开始不稳定。

阿根廷陷入债务螺旋

16. 2002年的偿还协议促进经济复苏。

个人财务

› 价值、财富与收入 › 为获得收益而投资
› 以积累财富为目的的投资 › 投资品管理
› 退休与养老金 › 债务 › 数字时代的货币

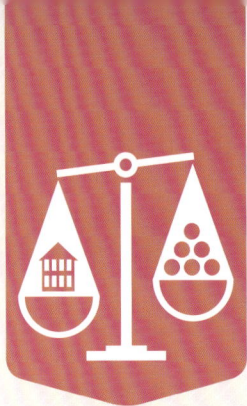

价值、财富与收入

　　财富是对个人、团体或国家拥有的资产价值的度量。一个人的净值（net worth）即拥有的资产价值减去负债。收入可以通过工作赚取，也可以从拥有的资产中获得。如果一个人了解自身的净值，就更容易设定财务目标、构建有效的投资策略，并在退休时或退休前实现财务独立。

对财务独立进行规划

　　一个人要想获得财务独立，必须有充足的资金，且能够在不工作的情况下（如退休后）支付得起生活费用。财务独立可通过合理的储蓄和投资来实现，由此积累足够的财富以继续生活，或是在退休期间拥有足够的被动收入，获得持续的回报。

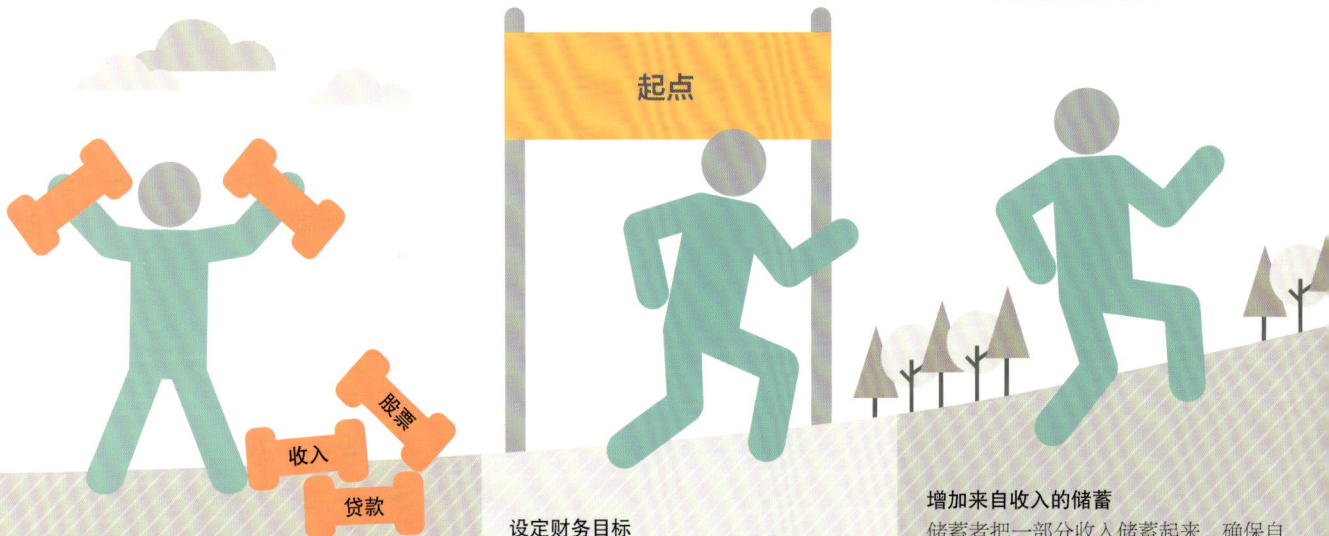

起点

股票

收入

贷款

评估状况
投资者需要计算持有的现金、股票、债券、房产和退休基金（retirement funds）等资产的价值，然后减去负债，即贷款、信用卡欠款和按揭贷款。

设定财务目标
储蓄者必须设定一个现实的退休年龄。为此，他们应评估退休时要达到多高的收入才能维持较高的生活水平。

增加来自收入的储蓄
储蓄者把一部分收入储蓄起来，确保自己的投资品有较好的表现，从而有更大的把握实现财务目标。

使用财务顾问的优缺点

优点

　　财务顾问会评估其客户的状况，确定最符合客户财务目标的按揭贷款、养老金和投资产品。对于没有时间研究市场的人士而言，这十分有用。如果客户认为财务顾问故意给出糟糕的建议，或是向其销售不合适的产品，客户可以诉诸法律。

缺点

　　对于日常资金问题，例如寻找最优储蓄率、削减家庭开支，财务顾问的作用有限，财务顾问也不会对此提供建议。不过，在报纸或网络上，人们可以很容易找到这类信息。财务咨询可能价格不菲，财务顾问通常对其管理的资产收取约1%的费用。

52%
美国退休人士中，使用财务顾问的比例

财务独立

房产

股票 **债券** **养老金**

债务 **债务**

管理债务
明智的储蓄者会尽快偿还贷款和信用卡欠款，寻找较低的贷款利率，从而降低贷款成本，更快地减少按揭债务。

使用投资给付
如果投资品产生了额外收入，人们就可以用这笔钱来减少债务，并且进行再投资以积累资产。

财务独立
一个人一生中的有效投资能够帮助他积累财富或获得被动收入。如果一个人成功地实现了财务独立，就可以维持较高的生活水平而不用工作。

净值的计算与分析

要计算一个人的净值，可以把此人拥有的全部资产进行加总，再从总额中减去负债的数额。

净值报表

从资产中减去债务，人们就可以计算任何时点上的净值。接着，就可以比较几个月或几年内的数据，由此追踪净值的变化。

资产 – 负债 = 净值

资产

流动性资产

易于获得的现金来源

➤ 手中的现金
➤ 流动账户中的现金
➤ 人寿保险的现金价值
➤ 货币市场基金
➤ 存单
➤ 短期投资

投资性资产

可在短期或长期转换为现金

➤ 银行定期存款
➤ 证券、股票、股份或债券
➤ 房地产投资
➤ 定期人寿保单
➤ 养老金

负债

短期负债

未来12个月内的应付账款

➤ 信用卡欠款和由欠款产生的利息
➤ 个人贷款或学生贷款
➤ 家庭生活月度账单，如水电费、通信费和保险费
➤ 当年个人所得税的未缴纳额

长期负债

超过12个月的应付账款

➤ 按揭贷款或租金
➤ 因分居或离婚产生的赡养费或子女抚养费
➤ 子女教育费
➤ 养老金供款
➤ 汽车租赁费

如何运作

金融机构可以通过净值来了解个人财务状况。随着时间的推移，个人的净值会出现波动，例如：如果通过银行存款赚取了利息，个人的资产就会随之增加；如果申请了新的按揭贷款，个人的负债就会随之减少。如果个人的净值增加，就意味着个人的财务状况良好；如果个人的净值下降，就意味着个人的财务状况不佳。

与收入或财富相比，净值是一项更有意义的财务健康指标，因为它考虑了所欠的债务。

3000万美元
超高净值人士的流动资产价值

个人资产

可以变卖以换取现金，但售出需要时间

- 家庭住宅
- 额外的房产，如度假屋
- 艺术品、珠宝等贵重物品
- 家具，尤其是收藏品
- 车辆（会迅速失去价值）

情境负债

未来可能出现的欠款

- 对资本收益等征收的税款
- 购车贷款及其他贷款的担保，主要针对未成年人，因为他们可能无法还款
- 损害赔偿，如因诉讼而产生的赔偿费
- 个人因法律纠纷而产生的诉讼费

必备知识

- **高净值人士** 持有的流动资产价值超过100万美元的人士。
- **超高净值人士** 持有的流动资产价值超过500万美元的人士。

净值

资产减去负债后得到的数额，可用于评估个人在任何时点的财富。

- 如果这一数额为负值，即负债大于资产，那么此人的财务状况欠佳。

- 如果这一数额为正值，即资产大于负债，那么此人的财务状况良好。

- 财务顾问建议人们每年计算一次净值。

流动性与净值

净值是度量当前财富的一个有用的指标，而流动性告诉储蓄者和投资者，在紧急情况下能够获得多少现金。以易于转换成现金的形式持有一部分投资，始终是值得的。

收入与财富

收入和财富是个人财务的两个关键概念，它们代表着个人财务的不同状态。收入通常不稳定，而财富基本上是静态的、稳定的。

收入

收入是流入家庭的资金。收入可以用于支付住房、账单、食品等基本需求，以及度假等非必需品。

把收入变成财富

除非继承大量财富或中了彩票大奖，否则大多数人都需要通过储蓄来创造财富。储蓄虽然简单，但需要耐心和自律。每周或每月的出项（支出）必须低于当期的进项（收入），二者的资金差额应尽快用于储蓄或投资。

收入（税后）

收益

收入包括所有收益、免税额（tax allowance），以及投资回报。

工资

租金收入

利息

股票红利

流出

成本

家庭支出可通过预算进行管理，预算有助于确定可以节约的地方。

食品

住房

交通

衣物

如何运作

　　财富是家庭或个人已经拥有的资产的价值，而收入是定期得到的回报，来自工作、投资，或者社会福利和养老金。认识这两个概念的差异是积累、保护财富的关键。随着时间的推移，得到细致管理、认真投资的收入，会创造更多的财富。

财富

财富是家庭或个人已经拥有的资产的价值。财富的形式可以是单纯的储蓄，也可以由储蓄、投资和继承的资产积累而来。除非没有收入，否则人们很少用财富来支付日常开支。

财富

⊖ 债务

债务应尽快偿还，除非分期偿还更有利。

信用卡

贷款

住房按揭

教育

⊜ 储蓄

收入（税后）扣除成本、履行债务承诺之后剩余的资金就是储蓄，也可用于投资资产。

投资到

资产

最有用的投资品不仅能增值，还能产生收入。

房产

股票

艺术品

珠宝

将收入转化为财富

　　单靠较高的盈利并不能保证持续的财富。支出持续低于收入、积累储蓄，并明智地投资，是长期财务安全的关键。

如何运作

　　要确定需要多少财富才够退休之后用并没有简单的方法，这因人而异。高收入人士对生活方式的预期要高于收入较低的人士。高收入人士必须储蓄得更多、投资得更多，才能获得所需的财富，在退休后维持原先的生活方式。

　　高收入群体的危险之处在于：高收入会产生虚幻的富足感，导致他们在生活上靡费颇多，而剩下的储蓄则不多。

　　如果要积累财富，人们就应当定期存下一部分税后收入。不少财务顾问建议，可以设定一个把税后收入的三分之一攒下来的财务目标。

高收入未能产生财富

　　即使人们能赚取较高的收入，如果储蓄习惯欠佳，也不能保证安全退休。攒下税后收入的三分之一看似可能性不大，但哪怕攒下10%，随着时间的推移，也能够积累一笔可观的资金用作投资。

高收入人士

同一企业的两名高级管理人员赚取的薪水相同，但是他们花钱的方式不同，最后的结果截然相反。

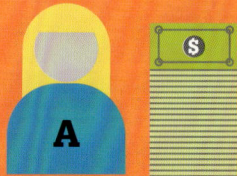

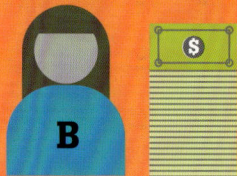

A

B

支出水平

高收入人士A习惯把钱花在没什么长期价值的物品上。

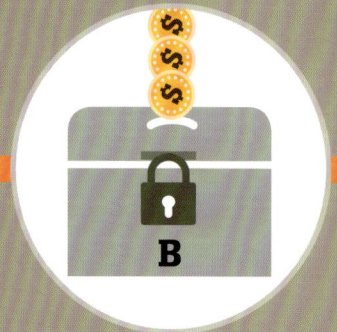

A

高收入人士B投资一笔退休基金，并把积蓄存入利率较高的银行账户里。

B

70%
美国顶级富豪中宣称白手起家的比例

个人预算

要积累财富，有多种方式可以减少家庭支出。哪怕是微小的变化，经年累月之后，也会产生截然不同的结果，因为省下的开支可以悉数放在储蓄或投资上。做好个人预算有助于实现储蓄目标。还有一些策略包括：

▶ **设定财务目标**，如购买房屋或为攻读硕士学位筹集资金。

▶ 为住房、食品、交通、偿还债务等**拟定支出计划**。

▶ 每周或每月查看一次预算，**掌握支出情况**。

▶ **确定**每月要攒下的收入**百分比**，并为这笔资金设置直接转账，资金直接进入储蓄账户。

▶ **寻找便宜的住所**，或对按揭贷款进行再融资，获得更低廉的贷款利率。

▶ **比较保险费率**，转到价格较低的保险产品。

▶ **按购物清单采购**，消除冲动购买。同时，抓住促销机遇，节省开支。

对待债务的态度	投资	退休
由于高收入人士很容易获得信用卡，A债台高筑。	A因为收入较高，没有感觉到为退休而储蓄的需要。	退休后，A发觉其收入急剧下降。由于没有财富可以依靠，A的退休生活一直处在贫困中。

B一直使自己的支出低于收入。

B用自己的一部分储蓄投资了一套房屋。

退休后，B一直享受舒适的退休时光。

获得收入

获得足够的收入及确保定期进行储蓄和投资是积累财富的基础。收入的来源越多越好，并且最好有一些收入是被动的或非劳动所得的。

如何运作

财富的积累方式多种多样，但几乎所有方式都要依靠收入。继承一笔资金、房产或其他资产是迅速积累财富的途径，但对于无法依靠大笔遗产的人士而言，储蓄和投资是两个主要途径。收入可以通过两个主要方式来获得。最常见的方式是通过主动收入或劳动收入获得，例如工资，而要得到工资通常需要付出一定的努力。另一种方式是通过被动收入获得。被动收入包括房地产和投资组合收益，如股票和股份的红利或债券利息。无论收入的来源是什么，如果个人的收入不够高，无法在支付开销后剩下结余，就几乎不可能积累财富。考虑到这一点，积累财富的目标必须以获得足够的收入进行储蓄为基础。

赚取主动收入
即靠工作换取金钱。主动收入是指为雇主、客户或顾客提供服务以换取财务奖励，即薪酬或工资、小费、佣金等形式的收入。

赚取被动收入

储蓄能够提供一定的收益，但要知道，取走储蓄账户里的资金也很容易。

针对流行话题**撰写博客**，可通过多种途径变现。

可以对个人摄影、写作或其他创意作品收取**版权使用费**。

房屋或闲置房间的租金可以为个人提供定期的资金来源。

通过**网络二手市场**出售闲置的物品，由此获得资金。

参加新产品的试用或**市场调查**可以获得一定的报酬。

必备知识

▶**投资组合收入** 靠利息、红利或资本收益赚取的资金。在美国等国，投资组合收入被税务机关认定为单独的一类收入。

▶**资本收益** 出售房屋、艺术品等资产的利润。这些资产在首次买入后，其价格有一定的上涨。

▶**非劳动收入** 来自投资、养老金、赡养费、利息或房产租赁的被动收入。

赚取被动收入

即靠少量持续的努力就可以换取金钱。被动收入从投资中获得，需要启动一些工作，但不需要花太多的精力。被动收入也可以指主业之外的赚钱活动的收入。

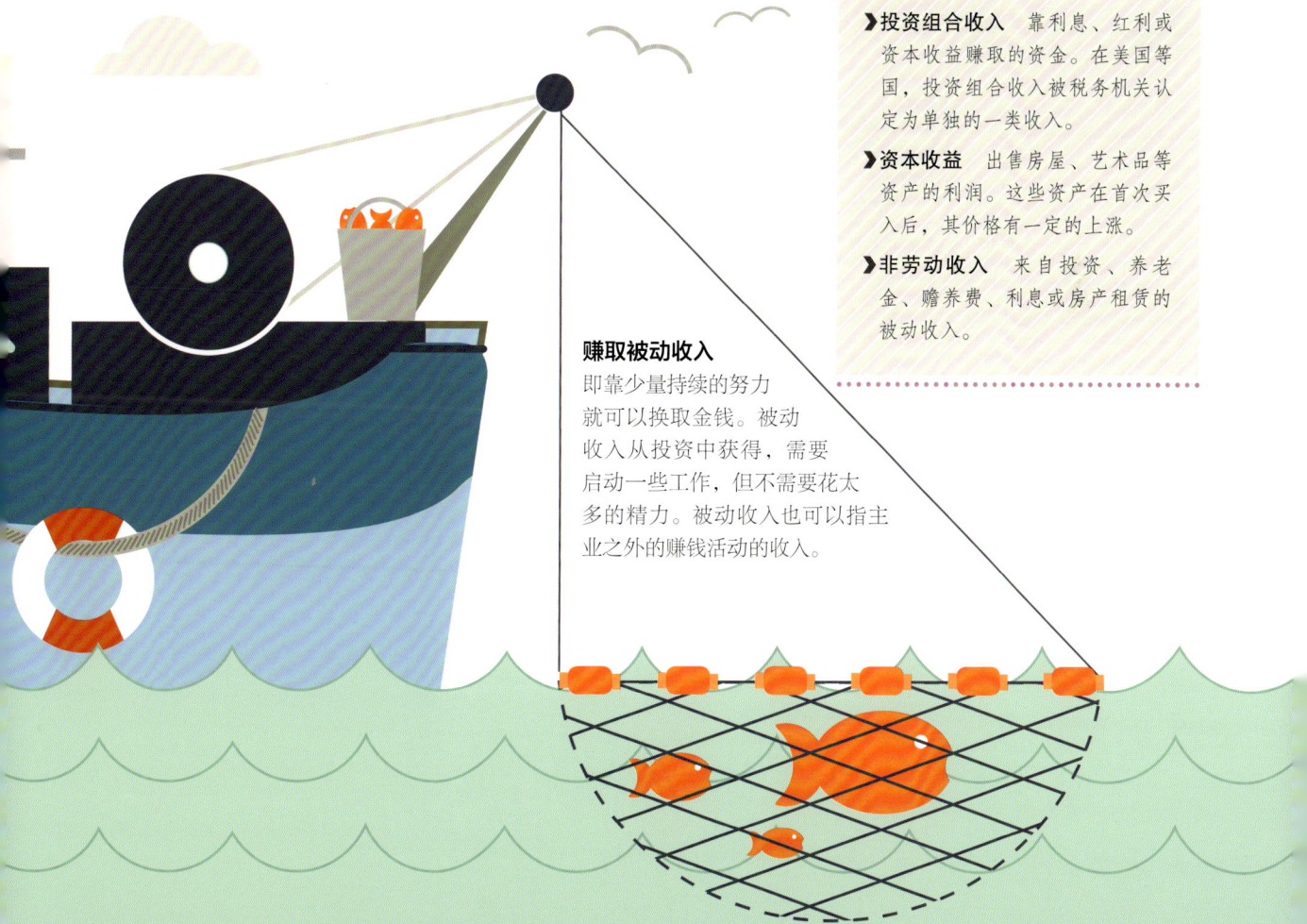

创造财富

位列全球年度富豪榜的亿万富翁建立"帝国"的方式或许各异，但大多数人都是从少量的现金投资起家的。

积累财富

大多数人的财富创造之路都是从获得收入和攒下部分收入开始，这确保了他们未来的财务安全。获得足够的资金用于创业或投资与财富的创造是齐头并进的。对生活方式进行微小的调整就可以限制消费、增加储蓄。这样，即使是收入较低的人也能在通往财富的道路上迈出第一步。

2. 储蓄和节省开支

严格的家庭预算有助于减少支出，从而进行再投资。

▶ **追踪支出** 通过监控支出的资金可以更容易看到能够削减成本的地方。

▶ **做好预算** 坚持一项计划会让个体更容易看到通往个人财富之路。

▶ **建立信用** 较高的储蓄和较低的债务能够确保良好的信用评级，为未来贷款投资提供保障。

1. 获得收入

把收入转化为财富十分关键。为了获得收入而工作，无论主动收入还是被动收入，或二者兼而有之，都能为家庭带来必要的资金。

▶ **主动收入** 储蓄能够使获得的资金发挥最大的作用。人们会为了更高的潜在收入而迁移到其他地方。

▶ **被动收入** 可以靠投资品或买卖拥有的物品来增加收入。

如何运作

　　创造财富需要一定的持之以恒，以及一个为达到最优结果而实行的长期策略。对大多数人而言，随着时间的推移，从收入中攒下的资金会被积累成财富，而用这些资金进行投资可以赚取更多的资金。把投资分散到多种金融工具上也是个好办法。如果你一开始对此缺乏信心，寻求专业人士的指导是很有必要的。

3. 明智地投资

投资需兼顾各方因素，越接近退休，能够承受的风险就越小。

▶ **考虑退休年龄** 早一些开始储蓄，人们就有更大的灵活度。

▶ **考虑多种选择** 现金储蓄、股份、股票、房地产投资和养老金提供的收益各不相同。

▶ **评估风险因素** 平衡每种选择的收益率与风险是十分重要的。

> "要想致富，请考虑储蓄和赚钱。"
>
> ——本杰明·富兰克林
> （ Benjamin Franklin ）

4. 维持和管理财富

投资者应当定期重新评估投资组合，确保投资组合有较好的表现。

▶ **监测投资** 适时转移资金可能意味着更高的回报、更低的费用。

▶ **关注时机** 全球政治和经济事件会影响卖出或再投资的时机。

▶ **立下遗嘱** 节税的遗嘱能够确保财富的传承。

创造财富的不同途径

　　投资的目的是赚钱，不同的途径适用于不同的生活方式。

传统投资 资产价值会随着经济变化而波动，投资者应密切关注各类事件，把握时机进行投资。

房产 住宅能够带来资本增长或稳定的租金收入。度假屋不会带来太多资本增长，但会产生较高的租金收入。

企业 投资初创企业可能会带来丰厚的收益，但很多初创企业都以失败告终，因此风险很高。

为获得收益而投资

个人理财规划的主要目标是确保有足够的资金，使个人在家庭成员增多时能够购买较大的房屋，为子女提供良好的教育，最终在退休后有稳定的收入。为了实现这一目标，个人应当对能在未来产生现金流的资产进行投资。不少投资者使用管理服务来代管资金，并支付一定比例的收益作为佣金；另一些投资者倾向于自己直接进行研究和投资。

收益与风险

投资品可以使人们逐步积累财富，也可以提供收益。承诺高收益的投资通常具有高风险；而较安全的投资，例如把多余的资金存入储蓄账户，提供的收益水平通常较低。一种常见的策略是构造投资组合，即把资金分散在风险水平各异的资产上，如股票、房地产和债券。

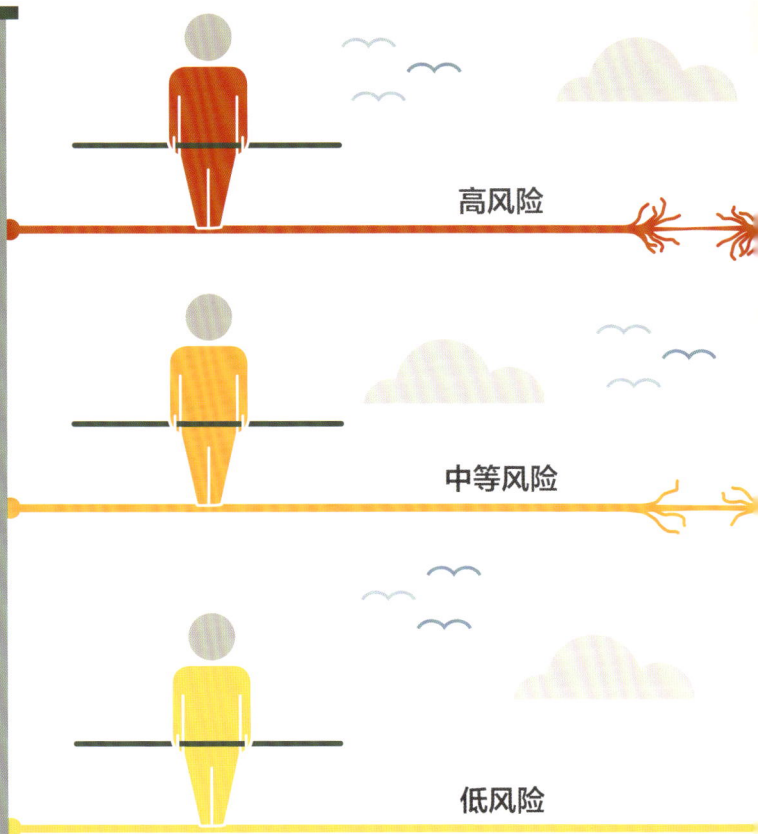

高风险

中等风险

低风险

> "风险源于你不知道自己在做什么。"
>
> ——沃伦·巴菲特
> （Warren Buffet）

改变生活方式

一种投资策略是根据个人的年龄调整不同资产的比例。可以预先设定好，使资金自动从高风险的投资转移到低风险的投资上。例如，投资者年轻时可以把100%的资金投到高风险的投资品（如期货）上。之后，则把更多的资金投到安全性较高、风险较低的投资品上，例如在临近退休时，把资金转移到政府债券上。

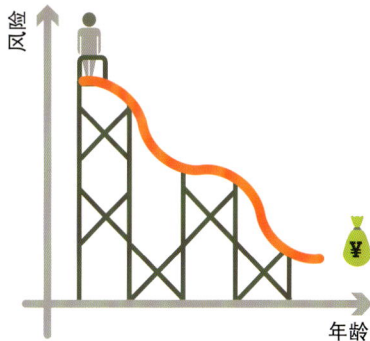

股票
高风险，有获得较高收益的潜力

- 普通股
- 优先股
- 期权
- 期货
- 管理型股票基金

房产
中等风险，有获得稳定收益的潜力

- 来自住宅、商住楼、商业用房、工业用房和办公用房的租金
- 买卖的利润

利息
较低风险，有获得一定收益的潜力

- 活期存款
- 定期存款
- 企业担保债券
- 债券

必备知识

- **定期存款** 银行或金融机构持有的现金投资，期限固定，通常为一个月至数年。通常，定期存款提供的利率要高于活期存款。

- **企业担保债券** 企业发行的长期担保债券，收益率固定。在英国，这种债券有企业资产作为抵押；在美国，这一术语指的是无担保债券。

股票分红

股息（dividend，也作"股利"或"红利"）是面向公司股东定期发放的款项，通常根据公司当年赚取的利润而定。股息为很多投资者提供了可靠的收益来源。

如何运作

投资者购买股票有两个主要原因：其一是预期股价会上升，这意味着出售股票可以赚取利润；其二是从发放的股息赚取收益。对依靠股息收益的投资者而言，选择股票时应优先考虑为股东发放丰厚股息的公司。投资者还应考虑购买的股票类型，因为并不是所有的股票都发放股息。投资者可以选择优先股，或者通过自身的研究和判断选出能够支付股息的股票。

3%以上
富时100指数的平均股息收益率

可能产生丰厚的股息

▶公司支付的**股息数额**占收入的比例（股息支付率）较为稳定。

▶公司的**股息支出**每年同比增长超过5%。

▶**股息收益率**（股息除以股价）高于2%。

▶**公司**拥有适宜的**利润屏障**（足以支付股息而不必借入资金）。

▶公司的**额外利润**足以维持当前的股息水平。

公司支付股息的因素有哪些？

投资者可以采取多项措施来确定投资哪些股票较为保险，并且能在现在和未来产生定期收益。一般而言，投资者会寻找财务状况良好且有多年支付稳定股息历史的公司。

投资者

A公司

▶有多年支付稳定股息的历史，股息支付并无大涨或大跌。

▶有良好的现金储备。

一家公司能否承受得起承诺的股息？

把公司的利润与几年内支付的股息相比较，投资者就能判断这家公司是否能在未来提供收入流，以及长期来看是否靠得住。成立时间长、规模较大、地位稳固、盈利稳定的公司往往会支付稳定的股息，尽管其股票价值不会上涨太多。

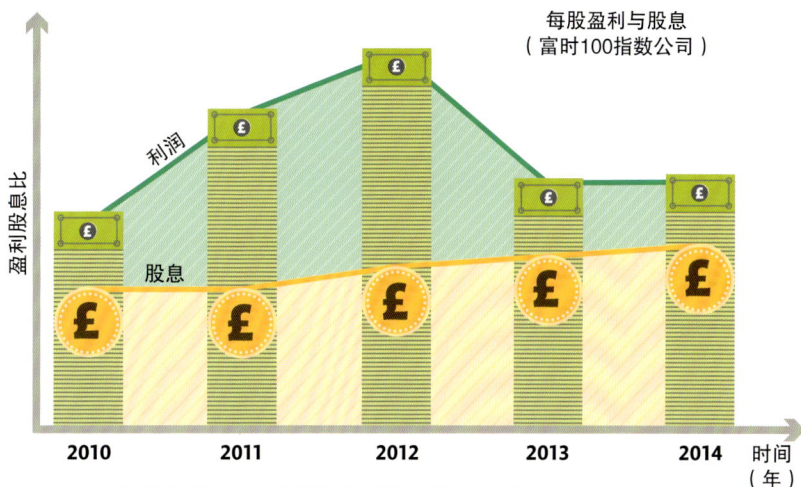

每股盈利与股息
（富时100指数公司）

盈利股息比

利润

股息

£ £ £ £ £

2010   2011   2012   2013   2014   时间（年）

B企业

▶ 对在股票交易所上市一事大肆炒作。

▶ 发放较高的股息，但股票价值下降较快。

✔ 必备知识

▶ **优先股**　会把固定股息派发给持有人的股票，派发的顺序优先于普通股。

▶ **盈利股息比**　一家公司能够派发的利润是股息的多少倍。

可能产生较低的股息

£ £

▶ **公司降低股息**——财务状况不佳的信号。

£ £ £

▶ **利润下降**，公司必须通过借款才能支付股息。

£ £ £

▶ **股票价值下跌**，意味着一开始的高股息收益率不能持久。

通过储蓄获得收益

把资金存入活期储蓄账户和存为定期存款的风险较低，对谨慎的投资者来说，这是更安全的选择。不过，投资者还要考虑自己的资金是否能赚取足够的收益用于生活。

合理选择

所有投资都涉及对风险和收益的权衡，储蓄或存款也不例外。一般而言，这类投资品的风险较低，但不能提供较高的收益，且收益可能抵不过通货膨胀。而储蓄型产品中收益较高的往往风险也较高。

活期储蓄账户
- 低收益、低风险
- 不设最低投资额
- 可按需要支取现金

通知存款账户
- 中低收益、低风险
- 可能有最低存款要求
- 支取现金须提前安排

最低月度存款账户
- 中低收益、低风险
- 利率较高，但有限制条件
- 只有大额存款才能赚取丰厚的收益

定期存单
- 中低收益、低风险
- 固定利率
- 固定期限（一个月至五年）内不可即时支取现金

如何运作

传统上，活期储蓄账户和定期存款能提供保底收益，并且没有波动较大的投资产品（如股票或管理型基金）所具有的风险。不过，利率较低时，很难找到提供丰厚收益的储蓄或存款产品。许多投资者会利用利率的波动为自己牟利，不断关注最新的投资产品，以确保其资金总能获得较高的利息。对于大额存款，哪怕是微小的利率变动，也会对其收益产生显著的影响。

11%
欧盟家庭过去10年间的总储蓄率

货币市场存款	免税存款	固定利率债券	P2P借贷
▶中高收益	▶中高收益	▶中高收益	▶中高收益
▶高风险，但有些银行提供存款保险	▶有节税优势，这意味着收益不会被税款耗尽	▶可能风险较高，但有些银行提供存款保险	▶中等风险，但收益潜力巨大
▶高利率，但大额存款通常期限有限		▶高利率；一些基金会对利息进行再投资	▶提供本金和利息支付

税收

通货膨胀

投资管理型基金

　　管理型基金（managed funds）的投资者不直接控制其资金。相反，他们依赖投资经理替他们进行投资。

如何运作

　　投资者把资金投到管理型基金后，其资金会与其他投资者的资金汇集在一起。接着，投资基金经理把所有资金投资到股票、债券、房地产等资产上。基金赚取利息后，会按初始投资额把利息支付给各个投资者。

　　投资者可以选择单一资产基金（single asset fund）或多元资产基金（multi-sector fund）。多元资产基金会把资金投资到不同的资产上，其优势是：一种资产的糟糕表现可以被另一种资产的高收益所抵消。基金有主动型和被动型之分。主动型基金试图打败市场，而被动型基金的目的则是以低成本依循市场。

投资过程

　　投资者决定投资管理型基金后，需要做出一系列决策，以确保其投资尽可能多地获利并确保资金安全。

① 管理型基金的类型

主动型基金
基金经理积极买入和卖出，从而打败市场。

被动型基金
资产的表现依循某个特定基准，如"标准普尔500指数"。

单一资产基金
将所有资金投资在单一类型的资产上，如债券或股票。

多元资产基金
投资被分散在不同类型的资产上。

上市基金
投资的基金在股票市场上市并进行交易。

非上市基金
只能通过股票经理来买卖基金。

② 选择基金

风险　投资者必须确定他们能够承担多少风险。

时间　投资的期限会影响投资条款。

产品披露　投资者在投资前需要对费用、罚金、保险及绩效担保的细节进行研究。

长期业绩　投资者需要研究市场，识别出表现一贯良好的基金。

管理型基金行业的风险与收益

　　一般来说，资产的波动性越大，收益可能越丰厚。分散投资有助于实现高收益，同时使风险最小化。

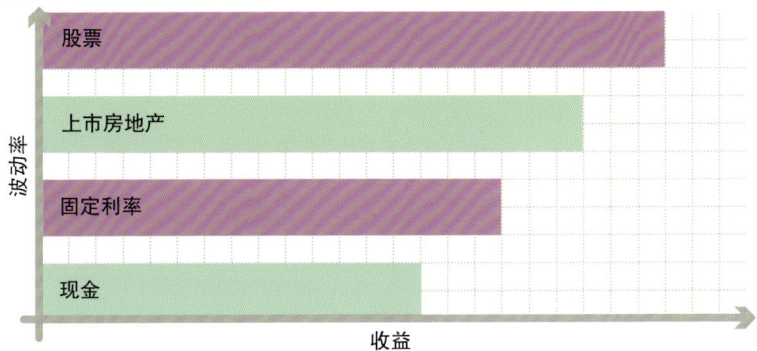

波动率

- 股票
- 上市房地产
- 固定利率
- 现金

收益

✓ 必备知识

▶ **市场指数** 反映单个市场上的股票、股份和债券表现的统计指标。

▶ **指数套利** 一种投资策略，指买卖同一股票指数的不同期货，从中赚取价差而获利。

▶ **指数基金** 一种投资基金，其涵盖的股票构成特定的市场指数，如标准普尔500指数。

指数必备知识

▶ **富时100指数** 涵盖英国百强企业。

▶ **富时综合指数** 涵盖在伦敦证券交易所上市的所有公司。

▶ **道·琼斯指数** 涵盖美国三十强公司。

▶ **标准普尔500指数** 涵盖美国五百强公司。

▶ **威尔逊5000指数** 涵盖美国的全部公司。

③ 购买基金

注册 购买基金首先应在证券监管机构注册。

直接投资 可以通过网络经纪人购买和出售基金。

专家建议 投资顾问会对投资多少、买入何种基金给出建议。

分散投资 通过投资不同基金来降低潜在风险。

费用 投资者应努力降低费用。费用较高可能意味着收益较低。

赎回权 提前出售基金可能会有罚金。

④ 管理基金

定期业绩报告 每月或每季度收到的数据，提供了有关利润或损失的最新情况。

警惕 需要注意高收益、低风险或无风险的承诺，并展开调查。

报表 经纪公司的收据、年度总结和其他报表都应当完好保存。

来自房产的租金收益

要获得收益，房产投资可能是最有利可图的投资之一。但投资房产同样有风险：与债券等金融产品不同，房产会产生费用，并且需要维护。

租金收益	业主支出

高租金收益率

已售出
200,000英镑

租金
14,400英镑

1,200英镑的支出

投资者在季节性工人较多的城镇购买一套房屋，成为业主。短租需求旺盛。

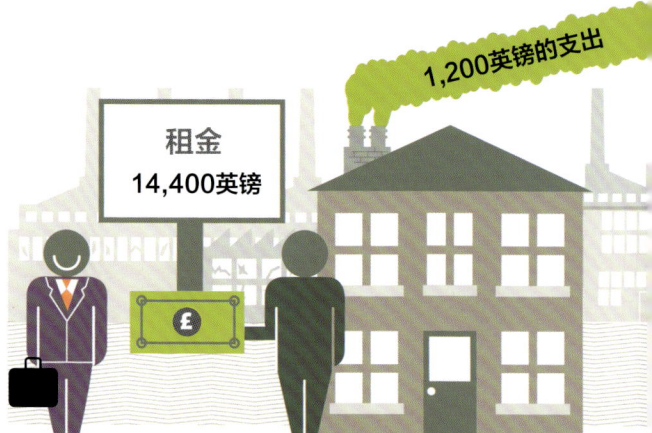

第一年，投资者兼房主除缴纳保险费、支付按揭贷款利息以外，还必须维修供暖系统。

低租金收益率

已售出
500,000英镑

租金
17,000英镑

2,000英镑的支出

投资者在一个蓬勃发展的城市购买一套房屋成为房东。尽管房价较高，但人们只在买房之前短期租住。

投资者兼房主必须支付重新粉刷房屋的费用。由于定金数额小、贷款数额大，支付的利息较高。

如何运行

由于按揭贷款利率较低、租金相对较高，购买房屋以供出租已经成为世界很多地区颇受欢迎的投资选择。然而，房主需要定期支付按揭贷款的利息、保险、中介费、维护和维修费等，还需要花时间管理房产。如果房屋长期空置、租客没有缴纳租金或房屋损坏，房主还会遭受财务上的损失。通常，房主用房屋租赁产生的租金收益和房价是否上涨来衡量投资是否成功。

房产成本 ✖ **100%** ＝ **租金收益率**

$$\frac{14,400英镑-1,200英镑}{200,000英镑} \times 100\%$$

6.6% 租金收益率

租金收益扣除费用（业主支出）后，占房产成本的百分比（也就是租金收益率）要高于全国平均水平。

较高的租金收益率表明：

▶ **有大量的移民或暂住人口**，他们在寻找短期住房的同时，希望利用当地的工作机会，但不愿意或无法购买房产。

▶ **租金稳定，房价下跌。**例如，某个城镇正在蓬勃发展，它提供高工资，吸引了新居民，使本地租金需求上涨。

$$\frac{17,000英镑-2,000英镑}{500,000英镑} \times 100\%$$

3% 租金收益率

租金收益扣除费用（业主支出）后，占房产成本的百分比（也就是租金收益率）要低于全国平均水平。

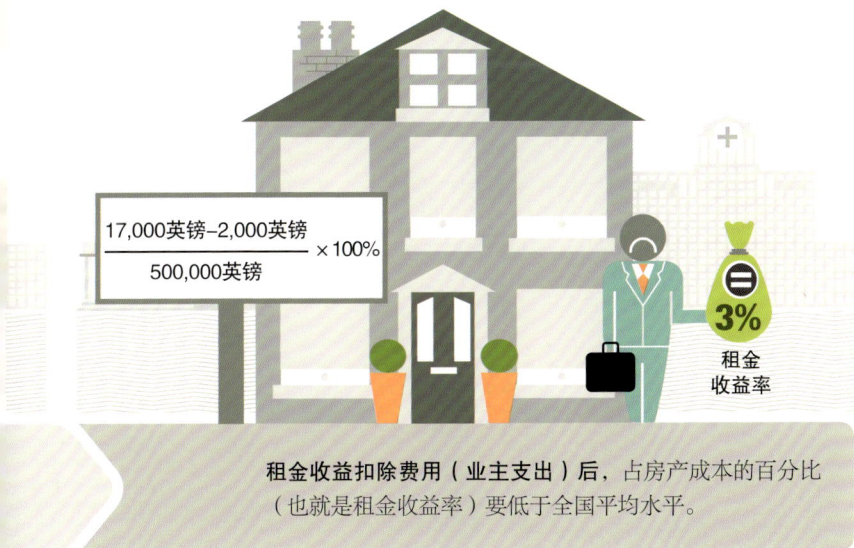

较低的租金收益率表明：

▶ **租金稳定，房价上涨。**例如，低利率加重房地产泡沫，使住房成本相对于租金和收入上升。

▶ **租房需求下降，使租金比房产价格上涨得更缓慢。**例如，在低失业率的城市，低利率会鼓励租房者购买房屋。

人寿保险

虽然人寿保险（life assurance）通常在被保险人死亡后才产生收益，但这对被保险人的家人（通常情况下的受益人）有利，他们可以得到定期给付赔款或一次性补偿。

如何运作

虽然assurance和insurance两个术语有时可交替使用，但人寿保险（life assurance）和生命保险（life insurance）并不相同。必然事件险（assurance）保护的是被保险人无法避免的事件（即死亡），而不确定事件险（insurance）保护的是被保险人在特定时间内死亡的可能性，例如从保单生效日起50年内。因此，如果被保险人拥有50年期的生命保险，但在保单到期之前死亡，那么其受益人就会得到赔偿。如果被保险人在50年以后死亡，那么受益人就不会得到赔偿。

相比之下，无论被保险人何时死亡，人寿保险都会对受益人进行赔偿。若保单到期后，被保险人仍然在世，则受益人可得到一次性补偿。

出售人寿保险保单

▶ **保单贴现**　指把人寿保险保单出售给第三方，出售的价格高于现金价值，但低于净死亡赔偿额。买家承担剩余的保费，并在原始被保险人死亡时获得赔偿。人们出售保单的原因有：希望购买其他保单，或是无法承担当前保费。

▶ **大病贴现**　与保单贴现相似，区别在于保单持有人出售保单的原因是身患绝症，无法医治。

生命保险

减额定期保险
保费随时间的推移而减少，这意味着保费低于定额定期保险。

家庭收入保险
在保单期限内，每月支付约定的保费。保费较低，但这种保单不能用来清偿按揭贷款。

生命保险
也作"定期保险"（term insurance），即对被保险人进行固定一段时间的承保。如果被保险人在保单约定的期限内死亡，受益人就会得到赔偿。保费较便宜，但如果被保险人在约定期限外仍然存活，则受益人得不到赔偿。大多数按揭贷款协议规定，贷款人必须拥有生命保险。

变额保险
这是一种永久保险，具有投资品的成分。这种保单有一个现金价值账户，有税收减免的功能（因为该账户的增值部分不计为普通收入）。保费会被投资到现金价值账户的多个分立账户中。

定额定期保险
若被保险人在保单约定的期限内死亡，则受益人会得到一次性赔偿。这笔赔偿不随时间的推移而发生变化，因此被保险人知道自己死亡后会留下多少资金。

人寿保险

养老保险
本质上属于一种投资计划，附带终生保障。只付利息的按揭贷款人曾经非常青睐这种保险。他们用养老保险积累储蓄，用以偿还按揭贷款的本金。

获利型养老保险
获利型养老保险具有投资的成分，投保额为对被保险人死亡的赔付，以及保费的投资利润。

50岁以上人士的保险
这种保险面向的是50岁以上、尚未投保任何类型的人寿保险或生命保险的人士。其目的是在被保险人死亡后，保证受益人能得到适当的赔付以覆盖殡葬等费用。

二者兼有

人寿保险
人寿保险承诺，在被保险人死亡后或者保单到期后向受益人赔款。它也可用来支付未来的遗产税。因为有赔款的保障，人寿保险的月保费或年保费不可避免地要高于生命保险，属于一种长期投资。

终生保险
这种保单对被保险人的整个生命周期承保，并无预设的期限。只要从一开始就不断支付保费，就可确保被保险人死亡后，受益人可得到一次性赔款，而不论被保险人年龄如何。

最大覆盖保险
这种保单最初的保费低、覆盖范围广，一直持续到再评估日之前。之后，要想得到同等水平的覆盖范围，保费可能会大大增加。

平衡覆盖保险
保险公司设定的保费比较高，从而能使保费在保单有效期内保持不变。一部分保费被用作投资，因此随着时间的推移，保单能够提供更大的覆盖范围。

万能人寿保险
覆盖范围较灵活，具有储蓄的成分。保费被用来投资，提供现金价值。积累的储蓄可以获得利息，保单持有人可用利息来支付保费。

以积累财富为目的的投资

投资的目的是获得收益（例如供退休之用）或积累财富，而这两个功能通常是重叠的。如果投资的资产产生了收益，包括利息、股息、租金等形式，人们就可以用这笔收益进行再投资，从而积累财富，而非提取现金来支付生活费用。某些类型的投资能够创造财富，但不能产生收益，只会随着时间的推移而增值，人们可以为了牟利而出售。

通过投资积累财富

财务顾问们认为，积累财富的最佳途径是用储蓄进行投资，赚取更多资金，同时购买随时间推移而产生收益或会增值的投资品。为了积累财富，投资品应匹配或高出生活成本。因此，投资者需要密切关注市场，紧跟最新的经济资讯，尤其是利率和通货膨胀的变化。

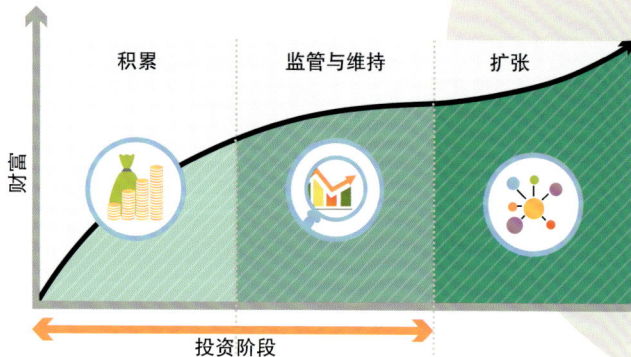

产生收益的投资品

这些投资品以年度、季度或月度收益的形式产生收入。如果用收益进行再投资，而不是花掉，那么资产价值会持续增长，通过长期积累成为更多的财富。

银行账户中的现金
长期账户一般会支付较高的利息，但会对提前支取现金处以罚款。

养老金
也称退休金，是一种最主要的社会养老保险待遇，通常有税收减免的激励，能增加潜在收入。

管理型基金
这类基金的风险高于银行储蓄，但如果基金经理投资成功，将会带来更丰厚的收益。

积累　　　　监管与维持　　　　扩张

财富

投资阶段

产生收益的投资品
和其他投资品会随着时间的推移而增值，它们是积累财富的基石。

密切监管投资品，出售表现不佳的投资品，维持并增加财富。

对于**提供利息、租金或股息的投资品**，可以把它们带来的收益进行再投资，从而使收益最大化。

7%~9%
第二次世界大战以来，股票投资组合的年均收益率

通过投资积累财富

▶ **起步要早** 起步较早的年轻投资者在承担风险上通常有更大的灵活性，也有更多的时间从投资损失中恢复。

▶ **方法有度** 个人在选择投资组合之前，必须评估自身的财务状况和投资目标。

▶ **简单计划** 计划的复杂程度越低，监督和管理越容易，越有可能达成目标。

▶ **平衡的投资组合** 定期调整和重新平衡投资组合有助于维持风险水平，使之与投资者最初的计划相一致，但这可能会产生一些费用。

股票
股票定期支付股利，在长期可能升值，积累财富的潜力最大。

古董
投资者必须有能力鉴别出真品，并且愿意花时间去市场上淘古玩。

艺术品
由新锐艺术家创作的作品是投资艺术品的好起点。

会升值的投资品
这类投资品不产生收益，但随着时间的推移，会大幅升值。

房产
房产能够升值，并且如果出租，还能定期产生收益。

宝石
宝石的价值通常随通货膨胀而上升。最好从批发商那里购入裸石。但是，宝石不容易立即卖出。

黄金
黄金这种贵金属不会随时间推移而贬值，最好被视作长期投资品。与宝石不同的是，黄金很容易立即卖出。

投资房产

通过房产赚钱的方式多种多样，但每种方法都涉及大量的研究和管理，并且包含潜在的风险。

如何运作

与其他投资（如购买股票或债券）不同，投资者不需要全款购买房产，只需要有足够的首付款即可。大多数人大约需要支付总房款的25%~30%作为首付款，其余用贷款（按揭）来支付。

以积累财富为目的的投资房产的运作方式是：在房价较低时买入，然后卖出房产获得利润，再用利润购买其他房产。达成这个目标的途径有多种：可以买下房产，翻新后出售以获利；在房价低的区域购买房产，等待该地区房价上涨；在市场萧条时买入房产，待情况改善后卖出房产获得收益；以租养贷能够产生收益，一部分可用于支付按揭贷款，而结余部分可用于支付另一处投资性房产的首付款。

30%

2004—2009年，美国房产价值下挫的幅度

必备知识

▶**市场价值** 特定时间点上，买家愿意为房产（或其他资产）支付的金额。

▶**低于市值** 房产的价格远低于该地区的同类房产（其他以市场价值计价的房产）的平均价格。

▶**以租养贷按揭贷款** 一种按揭贷款，面向购买房产并将房屋出租的投资者。

▶**速买速卖按揭贷款** 一种按揭贷款，面向购买房产并迅速卖出的投资者。

▶**资本化率** 投资房产的潜在收益率（越高越好）。

▶**运营费用** 日常管理房产（或企业）的成本。

▶**信用报告** 有关个人信用记录的详细报告，包括以数字来表示、用以显示信誉度的信用评级。

监测市场价格

有时，每年的房价会出现大涨大落。投资者可以在最佳时点上出售房产，靠房价的大幅攀升而获利。

如何投资

靠房产赚取利润是一个充满起落的游戏，可能会遭遇短期挫折，也可能会在终点线上获益。长期成功取决于投资者的策略。投资需要考虑如下几个因素：细致的财务规划；良好的时机（利用房地产市场的涨跌）；对选址的详尽研究；评估投资各类房产的利弊；清楚地了解利率等经济指标。

开始

持有还是出售?

若价格停滞或涨幅甚微，持有房产直到市场好转是明智之举。

无论长期投资还是短期投资，在适当的时间出售房产能够释放房产净值，以供后续购买新的房产。

出售

结束

房价下跌

房价到顶

再投资

维护房产

对于资本投资，维护是至关重要的。投资者必须定期检查房产，做好维护。

购买

投资者应比较各种房产（包括公寓和别墅）的价格、风险和收益率，并考虑卧室的数量。

创建良好的团队

按揭贷款经纪人和律师从一开始就必不可少。此外，找到一个会计师、一个交易员，甚至一个物业经理，也是有好处的。

专注于一种类型

专注于单一类型的房产（如住宅）是不错的选择。

已售

优秀的按揭贷款经纪人会帮你找到合适的按揭贷款

研究

房价被低估的地区，如建了新的购物中心的地区，是很好的投资对象。

检查预算

运营费用、按揭贷款的还款额应与租金收入和资本收益相平衡。

利息

利率的上升和下降会影响按揭贷款的还款成本。

利息

无法承担按揭贷款的还款额

付款违约，贷方收回

继承遗产用于投资

选择按揭贷款

开始按揭贷款前，投资者必须考察各种按揭贷款的不同，确认自己的资格，弄清可供选择的按揭贷款类型。

储蓄

存款越多，获得优惠利率按揭贷款的概率就越高。

保护信用评级

投资者应明确自己的信用评级，并找到提升信用评级的方法。

为获利而买卖

清楚何时买卖是通过房产积累财富的关键。房地产市场与金融市场一样,其价格具有周期性,上涨还是下跌取决于经济状况。利率、通货膨胀率、国内生产总值增长率、就业率、基础设施建设和移民等因素都会影响房地产价格。成功进行房地产投资的诀窍在于:知道如何评估市场,能识别出适当的投资时机、适当的投资类型和适当的出售时机。

房地产周期

经济学家们研究了一个多世纪以来的房地产走势,得出了如下结论:房地产价格的上涨和下降由经济、社会事件和趋势所引发,并依循特殊的模式。房地产市场繁荣过后,接着是放缓和下挫。最终,房地产市场会复苏,再次蓬勃发展。

商业房产与住宅房产

商业房产

商业房产作为一种投资,可以提供高于住宅房产的租金收益,以及期限更长的租约,但是资本增值的可能性不大。商业房产获得按揭贷款的难度较大,但可以通过商业房产基金来投资。

住宅房产

与商业房产相比,住宅房产的租金收益和转售收益更容易预测。当然,住宅房产的地理位置始终很关键。与商业房产相比,住宅房产更容易估价,这对出售十分有利。

可负担性危机;获得按揭贷款十分困难

买家多于卖家

人们对市场信心高涨

建房热潮

卖方市场

繁荣

复苏

买方市场

销售价格上涨房产价格上升

建房活动放缓

更容易获得按揭贷款

租金上涨

房屋过多；
减少建房；
租金下跌

随着建房价格下降，
销售人员增多

估值下降

卖方多于买方

建房活动频繁

租金趋于稳定

人们对市场缺乏信心

投资者
开始购买房产

拖缓

下挫

卖方市场

买方市场

房地产的18年周期

美国经济预测家菲利普·J.安德森（Phillip J. Anderson）提出，房地产市场存在18年的周期性起伏。这个说法依据的是对过去两个世纪以来房地产市场的研究。安德森指出，土地销售和房屋建设平均每18年达到一个顶峰，其中14年上升，4年下降。

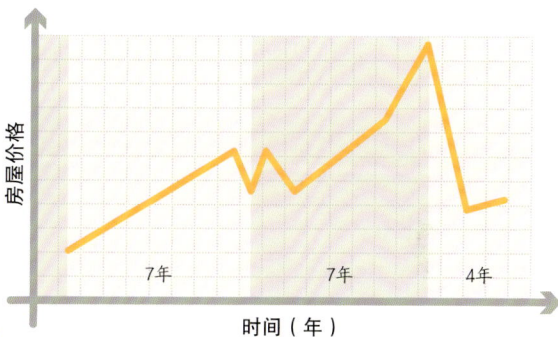

房屋价格

7年　　　　7年　　　4年

时间（年）

8.75%

1968—2015年的47年间，英国房价的年均涨幅

✔ 必备知识

▶ **升值** 房产价值随时间的推移而上涨。

▶ **折旧** 房产价值随时间的推移而下降。

▶ **资本收益** 扣除买入价之后，房产（或其他资产）价值的增加；可以是短期的（一年以下），也可以是长期的（一年以上）。

▶ **BRR** （Buying, Refurbishing, and Refinancing strategy）购买、翻新及再融资策略。

房屋净值

房屋净值是房产价值的一个度量。房屋净值是指出售房产时，债务被扣除后，业主的预期可变现金额。

如何运作

房屋净值的计算方法是：用房产的当前实际价值减去所有与房产相关的未偿还债务。随着按揭贷款得到偿还，以及（或者）房产价值上升，房屋净值就会增加。金融机构用贷款价值比（loan-to-value，以下简称LTV）来计算房屋净值，即用未偿还的贷款额除以当前的房产价值。LTV较低（低于80%）意味着继续贷款的风险较低。

必备知识

➤ **抵押品** 贷款人未能偿还贷款时，放款人可以占有的房产或资产。

➤ **房屋净值贷款** 使用房屋净值作为抵押品的贷款。

➤ **房屋净值** 等于房产的当前实际价值减去未偿还债务。

11.9万亿美元
2008年底，美国的按揭贷款金额

债务
随着按揭贷款得到偿还，LTV下降。

正净值

如果房产的实际价值大于债务（以按揭贷款形式持有），那么该房产具有正净值。

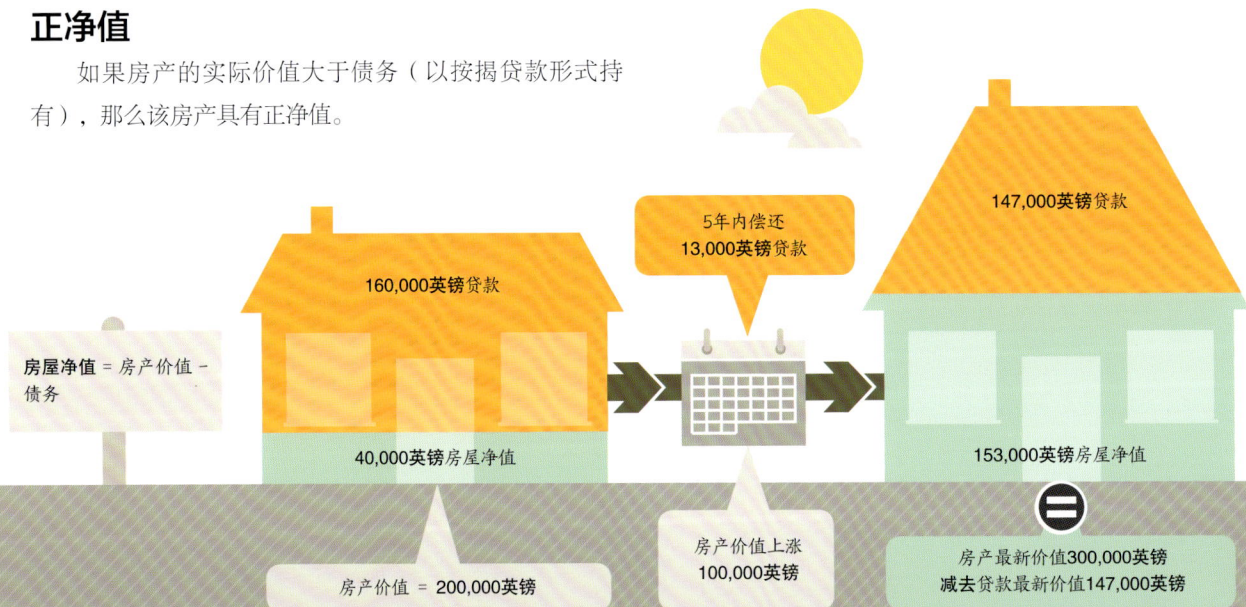

房屋净值 = 房产价值 − 债务

160,000英镑贷款

40,000英镑房屋净值

房产价值 = 200,000英镑

5年内偿还
13,000英镑贷款

房产价值上涨
100,000英镑

147,000英镑贷款

153,000英镑房屋净值

房产最新价值300,000英镑
减去贷款最新价值147,000英镑

贷款偿还

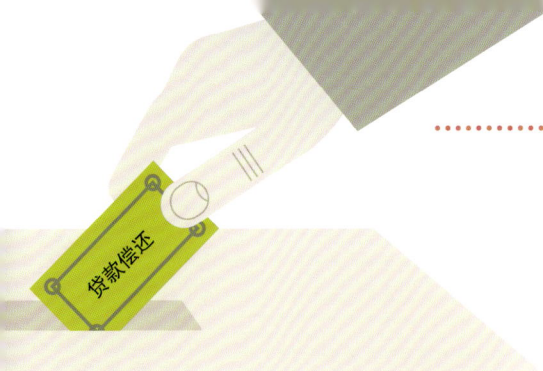

债务（贷款）、房产价值与房屋净值

房屋净值随着房产价值、持有的按揭贷款金额而波动。如果一套房屋的买入价格是50万英镑，贷款为40万英镑，那么房屋净值为10万英镑。如果5年后，贷款因为得到偿还而下降到30万英镑，而房产价格下跌到了30万英镑以下，那么该房产就具有了负净值，因为贷款金额大于房产价值。

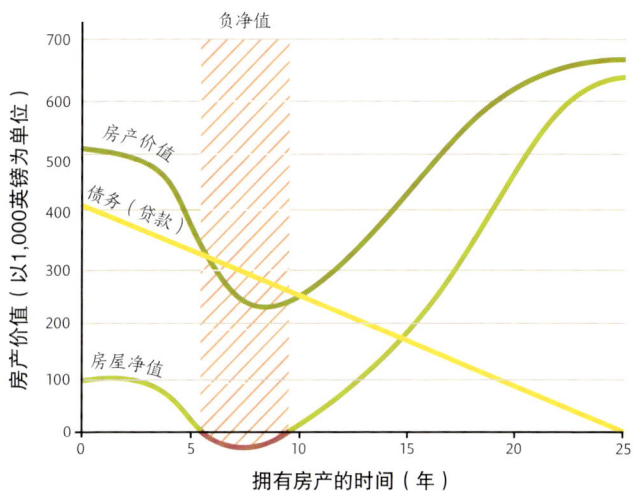

负净值

房产价值（以1,000英镑为单位）

700
600
500
400
300
200
100
0

房产价值
债务（贷款）
房屋净值

0   5   10   15   20   25
拥有房产的时间（年）

房屋净值
随着按揭贷款的偿还和（或）房产价值的上升，房屋净值增加。

负净值

通常，由于房地产市场的萧条，房产的价值会下降。如果房产价值降到了按揭贷款的金额以下，那么就说该房产具有负净值。

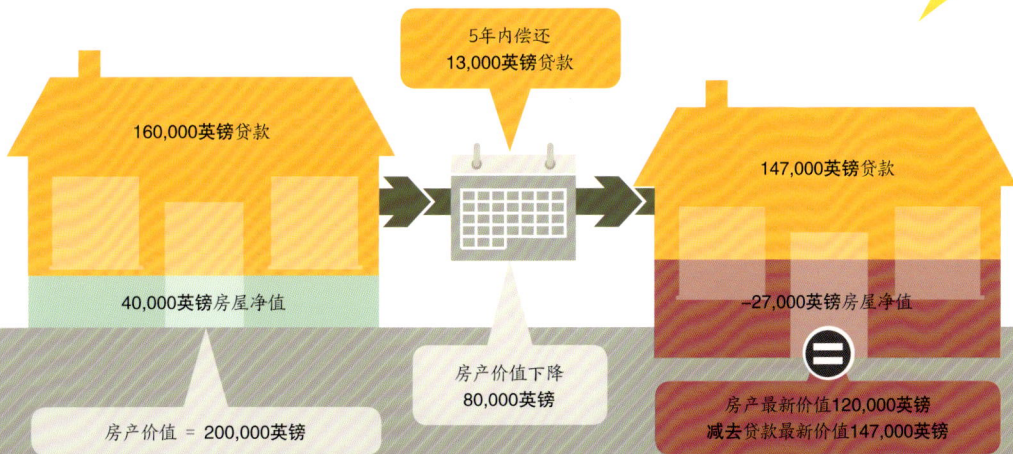

160,000英镑贷款

5年内偿还
13,000英镑贷款

147,000英镑贷款

40,000英镑房屋净值

−27,000英镑房屋净值

房产价值下降
80,000英镑

房产价值 = 200,000英镑

房产最新价值120,000英镑
减去贷款最新价值147,000英镑

股票

个人投资股票等于购买了企业的股份，这意味着个人拥有企业的部分所有权。股票可以买卖，股票的价格也有涨有跌。

如何运作

企业靠发行股票来筹集资金。投资者购买股票是因为他们相信企业会有更好的表现，想要分享企业的成功。

企业发行股票并不意味着该企业要在股票市场上市。一些初创企业向少数外部投资者募集资金。作为回报，这些投资者会得到企业的股份。

如果企业希望在更大的范围内筹措资金，就可在证券交易所上市或挂牌。企业需要通过一套审批流程才能上市。企业一旦上市，就称其股票"有牌价"，因为证券交易所每天都会报出股票的价格。股票交易可由股票经纪人执行，他们代投资者买卖股票。

股东在其持股的企业拥有经营方面的话语权，例如股东可以投票表决董事的任命和薪酬。

如何购买股票

投资股市是积累个人财富的一个好方法。购买和持有股票有多种方式。

在线股票交易平台

低成本的在线股票经纪人、在线股票折扣经纪人，或仅限于执行的在线股票经纪人，能让投资者轻松购买和出售股票，但通常不对投资提供具体的指导或建议。

股票储蓄计划

一些企业会为员工提供机会购买本企业的股票，并按股票市场价的折扣价提供给员工，通常用抵扣员工月薪的方式进行发放。

必备知识

牛市

股价数月或数年内持续上涨，同时交易量增加，整个经济势头强劲。投资者十分乐观，买入价格有持续上涨预期的股票。

熊市

一段时间内，股市行情普遍下滑、价格下跌、销量停滞，投资者的乐观情绪所剩无几。这会导致经济疲软，企业利润下滑，失业率上升。

£ £

通过线下股票经纪人

提供全方位服务的线下股票经纪人会针对股票买卖和交易提供建议。他们的收费要高于在线股票经纪人，通常会按交易金额的一定比例收取费用。

首次公开募股

一家公司在股票市场首次上市时，投资者可以直接向该公司申购股票。投资者不一定需要通过股票经纪人，但需要提交申购表，并为购买股票付款。

投资者

对基金进行投资

投资者可以购买管理型基金，从而间接购买股票。这类基金可能侧重于一些特定的行业或地理区域，以此作为投资组合多样化或风险管理的一种方式。

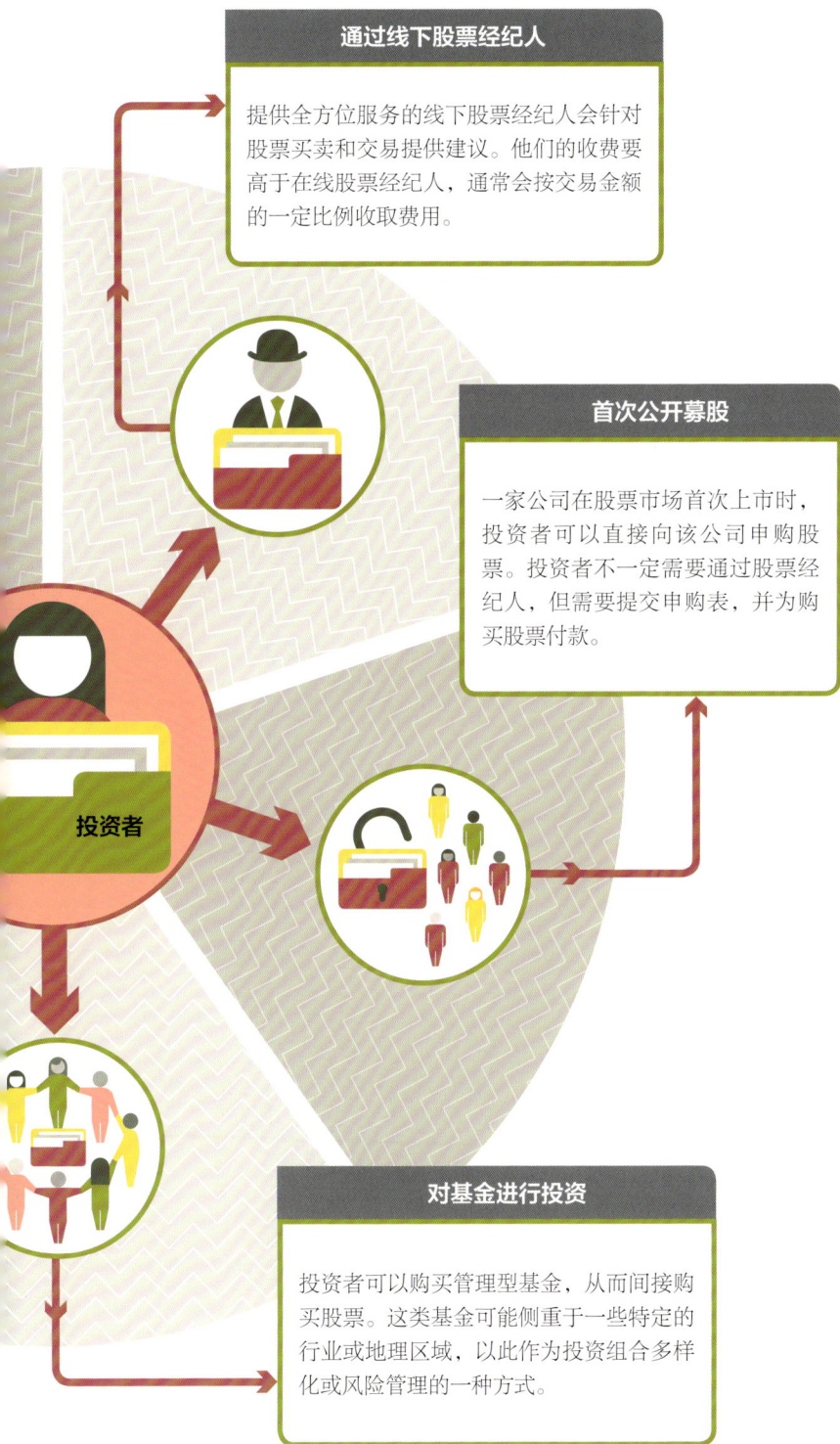

股票价格为何重要

▶ **注重资本增长的投资者**只有在股价上涨的情况下才能获利。如果股价下跌，他们会亏损。

▶ **股价下跌**会影响企业及其管理层的声誉，还会影响企业的贷款能力。

▶ 股价下跌的**上市公司**会成为富有股东或对手企业的收购目标。

▶ 与股市挂钩的**养老基金**，其资金池的价值会因股价下跌而下降。对临近退休的人士而言，这是个坏消息。

▶ 若一国的**股市下跌**，外国投资者会从该国彻底撤资，导致该国的货币价值下降。

1987年
美国迄今为止**最长牛市**的开端，持续达13年之久

管理型基金

经验不足或时间有限的人士通常会选择管理型基金进行投资。管理型基金使人们把资金汇集起来，投资到各类市场上。这类基金一般由专家进行管理。

如何运作

管理型基金为投资者提供了一种进入各类投资市场的简单途径。管理型基金的优势是，它由投资专家进行管理，且投资管理型基金是一种显而易见的分散化投资方法。在很多情况下，投资者起步只需要一小笔初始资金，可以通过一次性付款或定期（如每月）付款来追加投资。传统上，管理型基金按单位信托的方式来设置，每个投资者拥有多个基金单位。

单位信托

投资管理型基金时，投资者会按投资额和当前的单位价格来配置基金单位数。单位价格反映了基金的投资品的价值，并随投资品的涨跌而起伏。投资者通过出售基金而使管理型基金的收益变现。

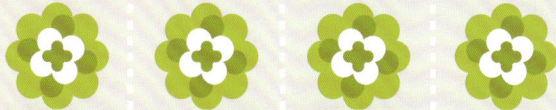

投资者
买入基金。投资者获得的基金单位数取决于当天的单位价格。

基金经理
把投资者的资金汇集起来，投资到各类股票、资产和全球各地金融市场上。

大部分基金在封闭之前的一段时间内，会向投资者发行新的基金单位。投资者向基金经理定期支付管理费用，以获得服务。

现金

企业

房产

股票

待售
今日价格
1单位＝×××英镑
1单位价格＝基金总价值÷基金单位数

基金总价值（英镑）

基金经理把汇集的资金分配到一系列投资项目上，如股票、房产、企业和现金。

投资管理型基金的策略

指数基金

投资此类基金要盯准特定金融指数（如富时100指数）的表现。

积极管理型基金

投资此类基金的目标是获得高于平均水平的收益。基金经理会分析、研究并预测市场，对买入和卖出做出投资决策。

绝对收益型基金

投资此类基金的目标是获得持续的收益，无论股市是涨是跌。

！ 注意

▶ **投资品的价值**会随股市一起波动，导致基金价格起伏。

▶ **波动**意味着投资者可能无法收回最初投资的本金。

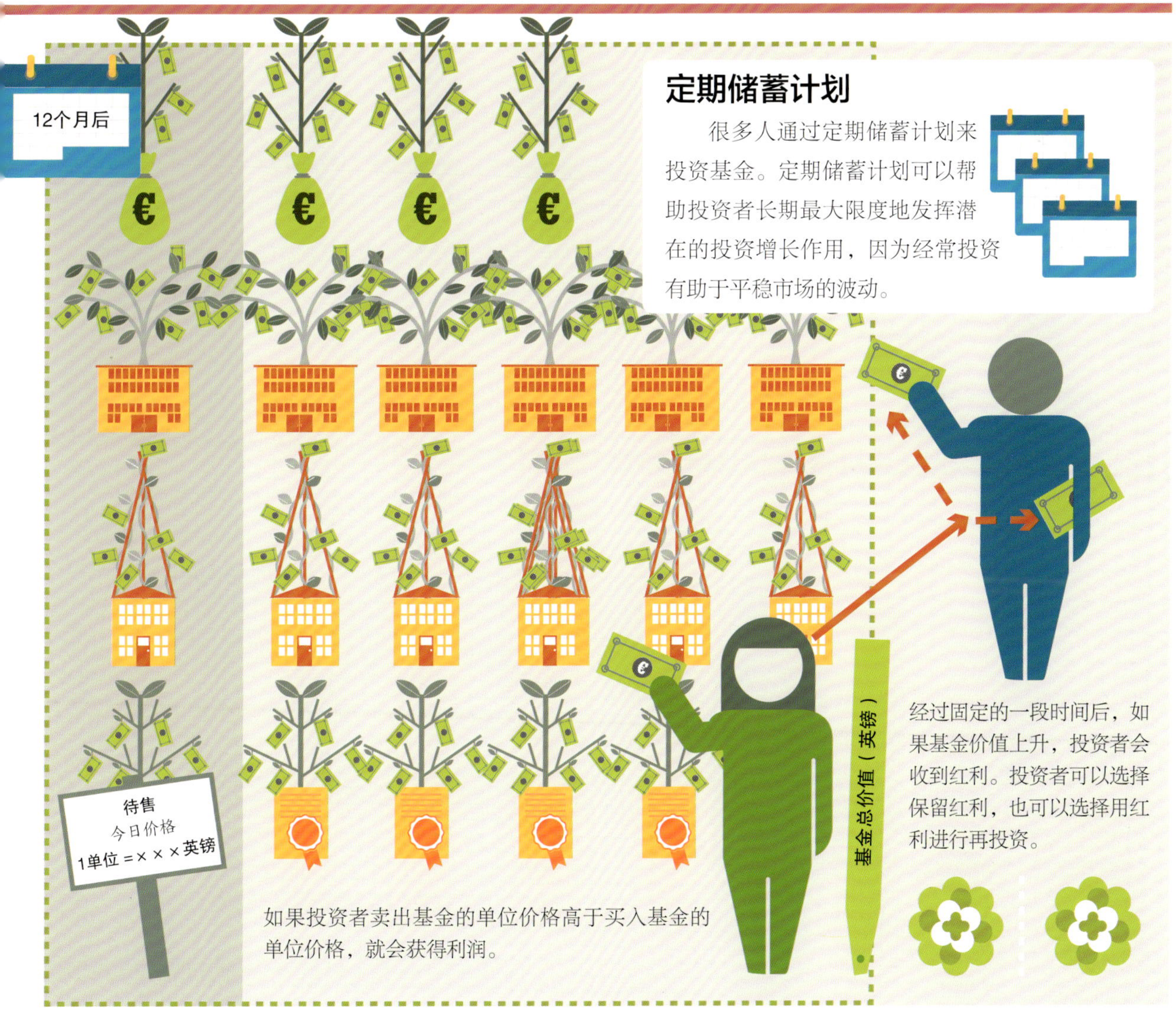

12个月后

定期储蓄计划

很多人通过定期储蓄计划来投资基金。定期储蓄计划可以帮助投资者长期最大限度地发挥潜在的投资增长作用，因为经常投资有助于平稳市场的波动。

待售
今日价格
1单位＝×××英镑

如果投资者卖出基金的单位价格高于买入基金的单位价格，就会获得利润。

基金总价值（英镑）

经过固定的一段时间后，如果基金价值上升，投资者会收到红利。投资者可以选择保留红利，也可以选择用红利进行再投资。

投资品管理

　　投资品是个人购买或投入资金的东西，投资的目的是赚取利润或收益。投资品有很多种类，即资产类型，每种类型的资产提供不同类型的收益。投资者出售资产时，可能会收到利息（由现金或债券产生）、红利（由股票产生）、租金（由房产产生）或资本收益（买卖价格之间的差额，也作"资本利得"）。投资者可以自行管理投资品，或付费由他人代为管理。

个人投资基本知识

　　首次投资的准备工作至关重要。投资意味着要冒财务上的风险，有可能会失去部分或全部资本投入。投资者在决定要投资什么之前，必须评估自身的财务状况。投资者应当首先支付未偿还的债务和贷款，维持获得现金来源的渠道，以防出现紧急情况。

资产配置

　　资产类型即投资品的不同类别。现金、债券（或固定收益证券）、股票和房产是四个主要资产类型。

现金
支票账户中持有的资金，安全、可即时支取，然而收益偏低，会被通货膨胀抵消。

债券
固定收益证券，如公司债券和政府债券，提供定期收益。一般而言，风险低于股票等投资品。

股票
购买股票意味着向企业投资，由此拥有企业的部分所有权。股票可能定期派息，也可能带来资本收益。

房产
住宅和商铺能够提供丰厚的租金收益，并在出售时产生较高的收益，但房产的流动性相对较差。

资产分散化

　　资产分散化意味着投资不同的资产类型。把资金分散到多种资产上，有助于分散风险。如果情况不妙，相比把资金投在一种资产类型上，资产分散化发生全损的可能性较小。

"投资哲学中最重要的一条是，你得有一条可以坚守的投资哲学。"

——美国商人丹尼尔·布斯（Daniel Booth）

如何投资

▶ **采取DIY方式** 一种投资方式，投资者在没有专业建议的情况下，自己创建并管理投资组合。

▶ **咨询投资顾问** 投资顾问是投资专业人士，能根据投资者的目标和风险承受力提供何时购买、购买何种资产的建议。

▶ **从基金平台或折扣经纪人那里购买** 这些金融平台或中介提供仅限于执行的服务，不提供投资建议。

▶ **投资基金公司** 这类投资公司把投资者的资金汇集起来，投资到多种资产上，从而分散风险。

平均成本法

平均成本法也称为单位成本平均法，即随着时间的推移，不断购买金额固定的投资品，而不是一次性投资一个总额。这种策略可以降低投资品的平均单位成本，因为价格较低时，可以买入更多的基金单位，而价格较高时，可以买入较少的基金单位。

▶ 平均成本法也被称为资金的"滴灌"。

▶ 采用这种方法意味着：投资者不必监测市场动向，不需要采取策略把握投资的时机。

▶ 大多数投资公司提供定期储蓄计划，这使投资者能够利用平均成本法，从而每次节约一点资金。

第4个月

第3个月

第2个月

第1个月

投资品

风险承受力/风险和收益的权衡

用投资术语来说，风险指的是失去部分或全部资本投资的可能性。在选择投资品之前，必须确定可接受的风险水平。

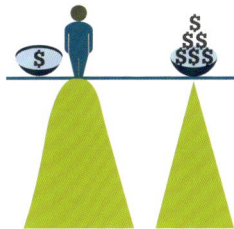

▶ 所有投资品都有一定程度的风险，但有些投资品的风险要高于其他投资品。

▶ 投资顾问能够帮助投资者构造与其风险承受力相匹配的投资组合。

最优投资组合

在投资组合中，能够产生最高收益的组合被称为最优投资组合。最优投资组合因投资者风险承受力的不同而异。

风险 报酬

▶ 投资组合权重是指投资组合中特定资产持仓量所占的百分比。

▶ 投资者应每年重新评估、重新平衡投资组合。

资产配置与分散化

投资者为了降低投资风险，通常会使投资组合多样化，即通过投资不同的资产、行业或地区，分散其面临的风险。

策略性资产配置

防御型投资者会采用策略性资产配置。这涉及投资多种资产类型的组合，考虑每种资产类型的预期收益，进而考虑投资的总体预期收益。右图中股票的预期回报率为10%，若把投资组合的20%分配给股票，投资者可以预期：股票将贡献2%的收益率。

股票

股票

股票

股票

股票

债券

债券

债券

债券

£££

£££

其他资产

对冲基金 投资复杂投资品的集体基金。

红酒 对红酒的投资，或通过红酒基金进行的投资。

艺术品 对新兴艺术家和著名艺术家作品的收藏。

邮票 买卖珍稀或有收藏价值的邮票。

众筹 与他人一起投资各种项目。

投资品

股票 20%

债券 40%

市场资本化

市值即一家企业的总价值，它等于股票总数乘以每股价格。例如，一家企业有100股股票，每股价值50英镑，则该企业的市值为5,000英镑。

投资业提到大型（或蓝筹）、中型和小型企业时，看的就是市值的大小。大盘股通常更稳定，但为投资者提供的增长机会有限。中小盘股风险较高，但会快速增长。

如何运作

投资者进行多样化投资的方式有：投资不同的资产类型，或投资不同的企业、行业、市场、地区或国家。还有一种策略被称为策略性资产配置，即根据投资者的风险承受能力、投资目标和投资期限，为投资组合中的各种资产（包括股票、债券、房产、现金和其他资产）设定一个百分比，试图平衡风险与收益。在投资组合中，持有的特定资产所占的百分比被称为投资组合权重。多样化投资有助于降低投资组合中每种资产类型的风险。

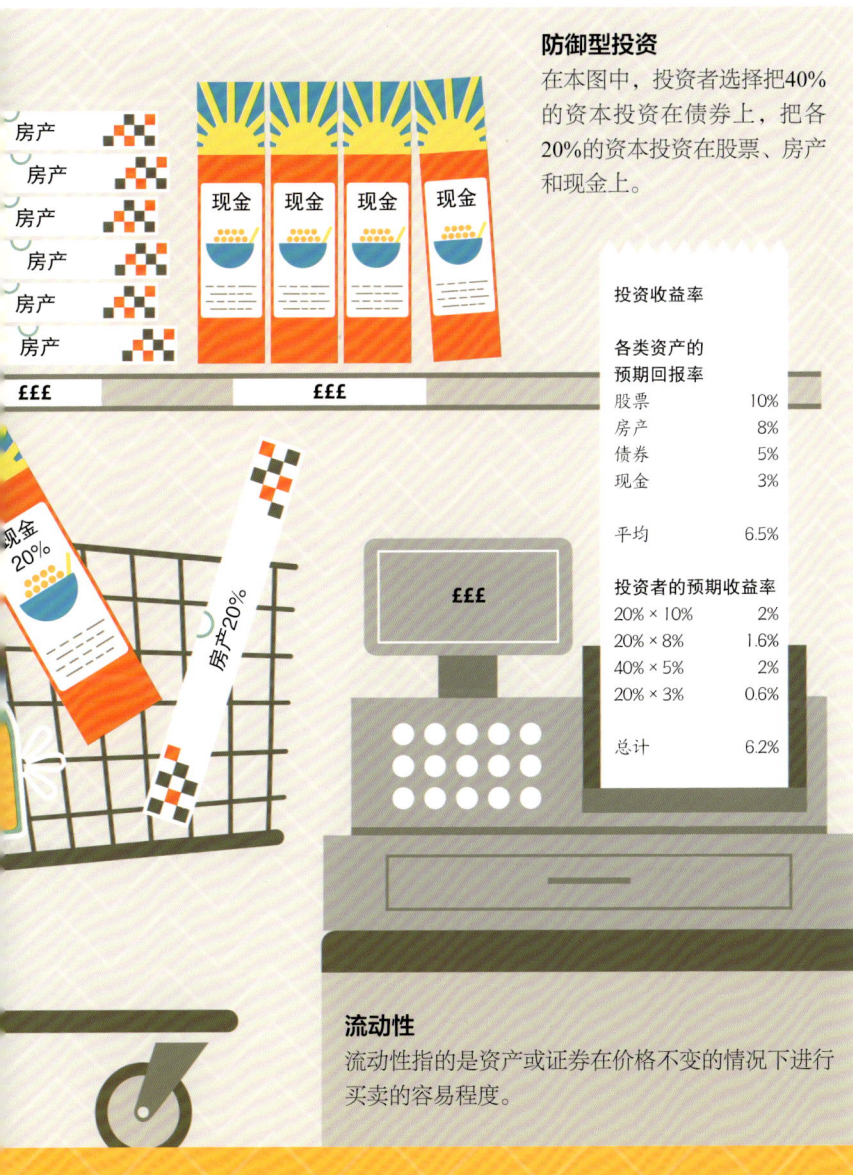

防御型投资

在本图中，投资者选择把40%的资本投资在债券上，把各20%的资本投资在股票、房产和现金上。

房产
房产
房产
房产
房产
房产

现金 现金 现金 现金

£££   £££

现金 20%

房产 20%

£££

投资收益率	
各类资产的预期回报率	
股票	10%
房产	8%
债券	5%
现金	3%
平均	6.5%
投资者的预期收益率	
20% × 10%	2%
20% × 8%	1.6%
40% × 5%	2%
20% × 3%	0.6%
总计	6.2%

流动性

流动性指的是资产或证券在价格不变的情况下进行买卖的容易程度。

> "你应当拥有一个策略性的资产配置组合，因为你不知道未来会发生什么。"
>
> ——美国商人雷·达里奥（Ray Dalio）

资产配置模式

▶ **防御型**　把小部分资金投资到股权（股票和股份）上，而把大部分资金投资到债券、现金等波动性较小的资产上。

▶ **收益型**　把大部分资金投资到债券和其他资产上。这一类型是为愿意承担合理风险、寻求一定收益的投资者而设计的。

▶ **收益兼增长型**　把约一半的资金投资在股权上，而把剩余的资金投在债券和其他资产上。这一类型的侧重点是，收益由资本增长和资本收益（或投资收益）两部分组成。

▶ **增长型**　把大部分资金投在股权上，一小部分投在债券和其他资产上。这一类型旨在实现长期资本增长。

平均成本法

平均成本法是随时间的推移而逐步积累投资资本的策略，而不是从一开始就投资一大笔资金。

如何运作

在市场探底时抓住机会，得到最优的单位价格并非易事，哪怕专家有时也会出错。对投资者而言，要平衡市场的高点和低点，其中一种方法是：把资金分散或滴注式投到各种投资品上，而不是一次性购买。这被称为平均成本法。例如每月把100美元投到一个基金上：成本较高时，购买的基金单位较少；成本较低时，购买的基金单位较多。随着时间的推移，每单位的平均成本是高点和低点的平均值。这种做法不仅让投资者从猜测市场变化中解放出来，还鼓励投资者每个月定期进行投资。在市场下跌时，平均成本法尤其有利，因为此时购买的数量较多，且随着市场回暖，收益会上升。

平均成本法与一次性投资法

平均成本效应是进行滴注式投资的关键之一。平均成本法能使投资者从市场波动中受益，因为投资者定期投入少量资金，使得他们能以更低的平均价格购买基金或股票。

投资者A
一次性投资法

投资者A一次性投资1,400美元，试图一次性把握市场时机。在进行投资时，每股花费20美元，投资者A一次性购买了70股。

对比

投资者B
平均成本法

投资者B同样拥有1,400美元，但决定每个月投资200美元。因此，投资者B每个月购买的股票数量都不相同。

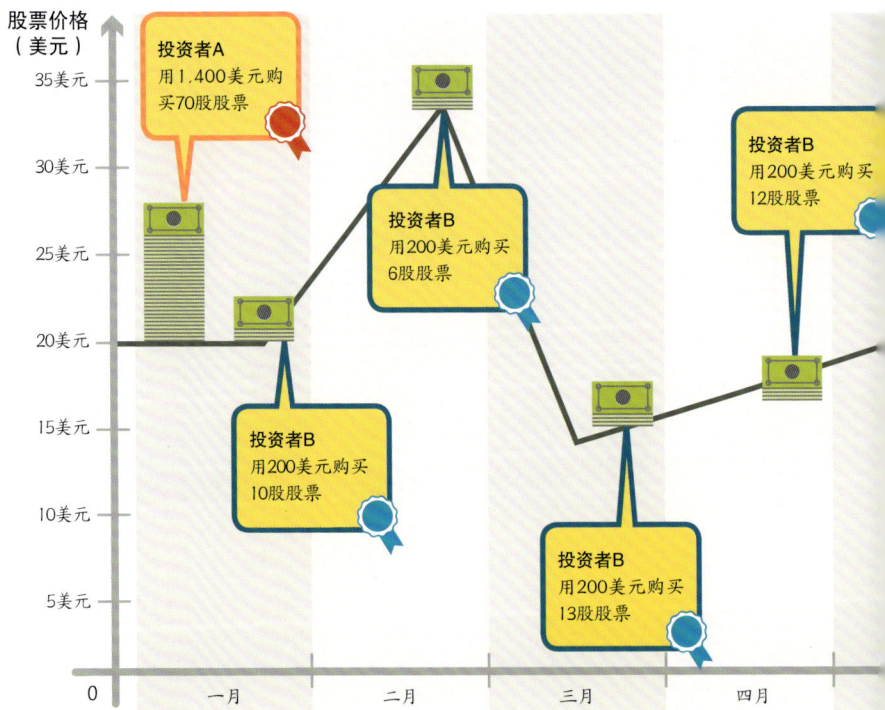

股票价格（美元）

投资者A
用1,400美元购买70股股票

投资者B
用200美元购买6股股票

投资者B
用200美元购买12股股票

投资者B
用200美元购买10股股票

投资者B
用200美元购买13股股票

35美元
30美元
25美元
20美元
15美元
10美元
5美元
0

一月　二月　三月　四月

市场波动率

市场波动率即股票交易价格随时间的变化程度。市场波动率用收益的标准差来度量，即收益率对股票平均价格的偏离程度。市场波动率较小意味着股价不会大幅波动，股价的变动较为平稳。

✓ 必备知识

▶ **一次性投资** 尽管把大额的单笔资金一次性投入市场有可能获得高收益，但是风险也较高。

▶ **市场情况** 采用平均成本法意味着，投资者并不需要研究市场行为的细节就可以最大限度地提高收益。

▶ **用收益投资** 投资者定期从经常性收益中拨出资金直接投资，从而确保有足够的现金供其他目的或紧急情况之用。

"个人投资者应当始终表现得像个投资者，而不是投机者。"

——英裔美国经济学家和投资者本杰明·格雷厄姆（Benjamin Graham）

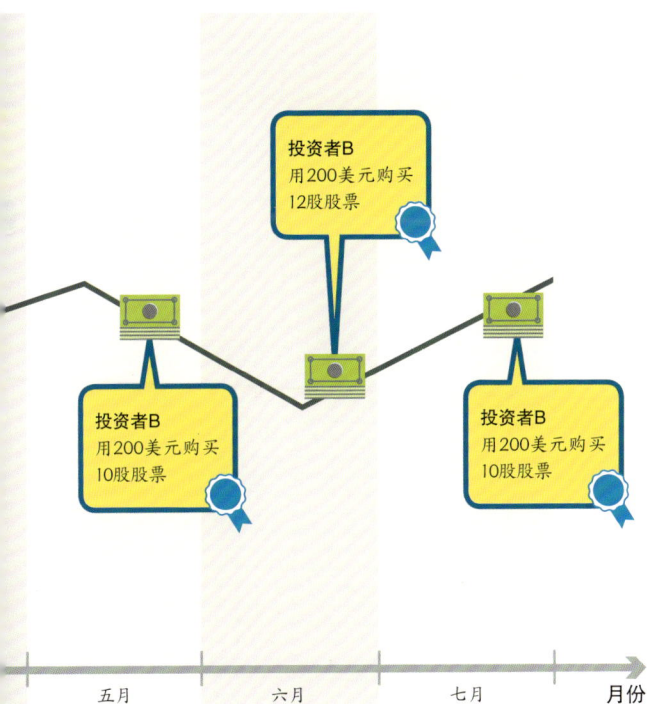

投资者B
用200美元购买12股股票

投资者B
用200美元购买10股股票

投资者B
用200美元购买10股股票

五月　　六月　　七月　　月份

投资者A
用1,400美元买入70股

20美元

对比

投资者B
用1,400美元买入73股

平均价格
19.18美元

投资额相同，但多得3股

！ 注意

▶ **把握市场时机**以获得最优的单位价格是非常微妙的。

▶ **股价上下波动**意味着，一次性投资支付的每股平均价格可能更高。

！ 注意

▶ **平均成本法**在市场繁荣时会使收益受限。

▶ 如果**股价**随时间推移而逐步上升，那么平均成本法意味着平均每股要支付更高的价格。

风险容忍度

投资者在进行投资之前了解自身的风险容忍度十分重要。风险容忍度指，随着时间的推移，投资者对投资组合价值大幅波动的应对能力。

如何运作

要评估风险容忍度，投资者应审视不同资产类型最糟糕的情况，看在不景气的年份会损失多少资金，进而衡量他们对这类损失的适应度。影响投资者风险容忍度的因素包括：时限长度、个人境遇，以及未来的赢利能力。一般而言，时限越长，投资者能够承受的风险越高。投资者还应评估在不影响生活方式的情况下，能够承受多大的损失。即使是拥有大笔资金作为流动资产的高净值人士，投资一小部分资金也比投资大部分资金更为明智。

投资者类型

基金经理和投资顾问通常会向个人投资者提供风险背景调查问卷，帮助投资者确定哪种投资最合适。调查问卷会考察投资者的风险容忍度、投资期限、投资目标和对投资的了解程度。

保守型

投资者不愿意冒太大的风险，乐于接受较低的收益，更倾向于选择现金或收益有保障的资产（如债券）占较大比例的投资组合。

影响风险容忍度的五个关键因素

投资者需要考虑以下因素，选择符合其风险容忍度的投资品。

投资期限 时间越长，需要承担的风险也越大。

风险资本 可供投资或交易的资金，如果出现损失，也不应影响投资者的生活。

投资目标 投资的目的，例如为教育或退休筹集资金。

经验 投资者过去投资的经验，以及对资产和风险的理解。

风险态度 投资者失去投资资本时所持的立场。

必备知识

▶**资本风险** 损失最初投资资本（资金）的可能性。风险投资品越多，资本越可能会大幅上涨，但也可能会大幅下跌。

▶**通胀风险** 价格上涨损害货币购买力的风险。如果投资回报赶不上或不能弥补通货膨胀带来的损失，那么投资品的实际价值会逐年降低。

▶**利率风险** 如果利率上升，固定收益的投资品（如债券）的价值就会下降。如果新债券的发行利率较高，那么现有债券的市场价格就会下降。

▶**负利率** 目前，已有众多资产以负利率投入欧洲，原因是风险低、安全性高。

高风险型
愿意接受较高风险以获得更高收益的投资者，会考虑把新兴市场和其他资产类别纳入其投资组合。

均衡型
对股票和房产投资较多的投资者，很可能只想把一小部分资本以现金形式存到固定利率账户中。

谨慎型
愿意承担一定风险以获得收益的投资者，可能会选择增长型和防御型资产配置的组合，对股票的投资要多于债券。

"不冒任何风险是唯一一个注定失败的策略。"
——Facebook创始人马克·扎克伯格
（Mark Zuckerberg）

最优投资组合

投资组合是指投资者投资的一组不同类型的资产。最优投资组合由投资者的期望收益和对风险的态度决定，是潜在风险和可能回报之间的理想平衡。

如何运作

最优投资组合理论是一个数学模型，它指出，只有较高的预期收益才能弥补较高的风险，投资者才愿意承担较高的风险；反过来，如果投资者想要获得较高的预期收益，则必须接受较高的风险。

最优投资组合通过统计手段对资产的多样化进行量化，使投资者选择并平衡资产，达到降低风险的目的。选择最优投资组合的一个关键是：不应孤立地评价某一种资产的风险和收益，而要看这种资产对投资组合的整体风险和收益有何贡献。最优投资组合的主要目标是：给定风险，获得最高的收益，或者给定收益，达到最低的风险。这些是最常见的投资目标。

有效边界

有效边界是风险和收益的最优比率，即给定风险水平下的最高预期收益，或给定预期收益水平下的最低风险。位于有效边界以下的投资组合是次优的，因为在该风险水平下，这些组合提供的收益不够高，或者在给定的预期收益水平下，这些组合的风险水平过高。资产相关性度量的是投资品之间的相对变动，对确定有效边界至关重要。如果在相似的条件下，投资组合中各种投资品的变动方向不同，那么这个投资组合就具有较好的平衡性，能有效平衡投资组合的风险。

年平均收益率

1952年

这一年，哈里·马科维茨（Harry Markowitz）（1990年诺贝尔经济学奖获得者）提出了"有效边界"的概念

有效边界

风险和收益的最优比率

投资者A处在有效边界上，在其接受的风险水平下，获得了最高的收益率。投资者A的明智之处是，在最大化收益的同时，限制住波动率的风险敞口。

投资组合的重新平衡

投资组合中不同资产的表现因市场而异。一开始，投资组合中每种资产类型所占的百分比是根据投资者偏好的风险敞口水平而定的。随着时间的推移，不同资产类型所占的百分比会发生变化。如果不进行调整，投资组合要么风险太高，要么过于保守。要使投资组合的风险状况合理地接近于投资者的风险容忍度，投资者就应定期审视自己的投资，并在必要时重新平衡各项投资。

重新平衡的目的是调整资产配置，使各资产的比例与之前的计划保持一致。这种方法是动态资产配置的主要策略之一，被称为"恒定混合策略"。

投资者C同样处在有效边界上。投资者C的投资组合风险较高，但有较高的收益率作为补偿。

有效边界的上升会逐渐趋于平缓，因为投资者能够获得的收益是有限的，那么承担更大的风险并无好处。

投资者B的投资组合是次优的。如果投资者B能坦然接受这一风险水平，他应该重新平衡投资组合，使之更接近于C的位置，获得更高的收益率。或者，在相同的收益率下，投资者B可以降低风险，调整投资组合，使之更接近于A的位置。

风险（用年平均收益率的标准差来度量）

✓ 必备知识

▶**加权** 投资组合中特定资产所占的价值百分比。计算方法是用每种资产的当前价值除以投资组合的总价值。

▶**方差** 度量的是投资组合中投资品的收益如何随时间的推移而波动。

▶**标准差** 投资品年收益率的统计度量，显示了投资品的历史波动率，可以用来衡量未来的预期波动率。

▶**期望收益** 投资品的预估价值，包括价格变动、利息或股息，根据收益率的概率分布曲线来计算。

▶**资产相关性** 度量两种资产价值相对移动幅度的统计量。正相关意味着两种资产向同一方向移动；负相关意味着两种资产向相反方向移动。

退休与养老金

养老金计划是一种储蓄计划，它能帮助人们攒下退休金。有了养老金，工薪人士能在工作年限内定期投资一部分收入，以便在退休后获得稳定收入。工薪人士应在年轻时就考虑给养老金供款，而不能临到退休年龄才考虑。在许多国家，与其他形式的储蓄相比，养老金供款能够享受特殊的税收优惠。

储蓄

养老金计划

投资较早
25岁的简想在68岁退休时每年有15,000英镑的养老金。她需要每月储蓄165英镑。

月工资的10%

工作年限

投资较晚
45岁的保罗想在68岁退休时每年有15,000英镑的养老金。他需要每月攒下322英镑。

月工资的15%

国家养老金

供款由政府向纳税人收取。足额缴纳的人士一旦达到退休年龄就可以领取国家养老金。

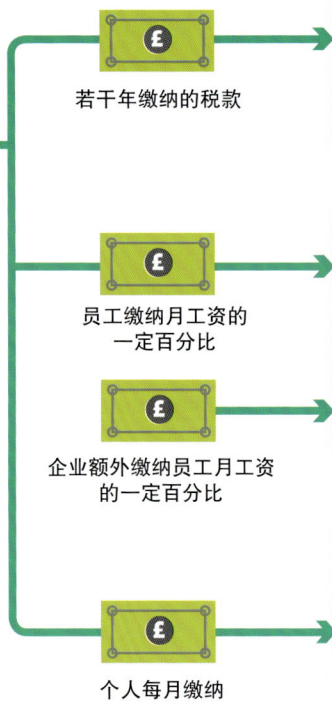

若干年缴纳的税款

员工缴纳月工资的一定百分比

企业额外缴纳员工月工资的一定百分比

个人每月缴纳

企业养老金

员工雇主每个月向管理养老金的企业付款。可能享受政府的税收减免。

私人养老金

私人养老金允许个人自行选择投资品和养老金管理企业，也可以向政府要求减免税收。

退休年龄的变化

在大多数国家，人们必须达到一个最低年龄才能获得私人养老金（例如英国目前为55岁）。这与退休人员开始领取政府养老金的"法定申领年龄"不同。预计到21世纪40年代中期，英国的养老金法定申领年龄将从65岁上升至68岁。而在欧洲大陆，人们倾向于较早退休，并且就目前来看，部分原因是老年人的就业机会较少。

养老金的多种选择

对于养老金，不同国家的人们有不同的选择。在英国，人们有三大选择：

▶**选择1** 养老金全部以现金形式支取或用作投资。养老金资金池仅有25%可以免税，剩余资金与其他收益必须同等纳税，因此有耗尽资金的风险。

▶**选择2** 购买年金。年金是一种保险产品，在生命期内每年提供固定的收益。年金的资金永不枯竭，但收益率较低。

▶**选择3** 收入支取计划。这意味着，人们可以在有需要时撤出资金。如果撤出的资金过多，或者基金的表现欠佳，就有耗尽资金的风险。

> "年轻人可以身无分文，年老者切忌一文不名"。
>
> ——美国剧作家
> 田纳西·威廉姆斯
> （Tennessee Williams）

退休

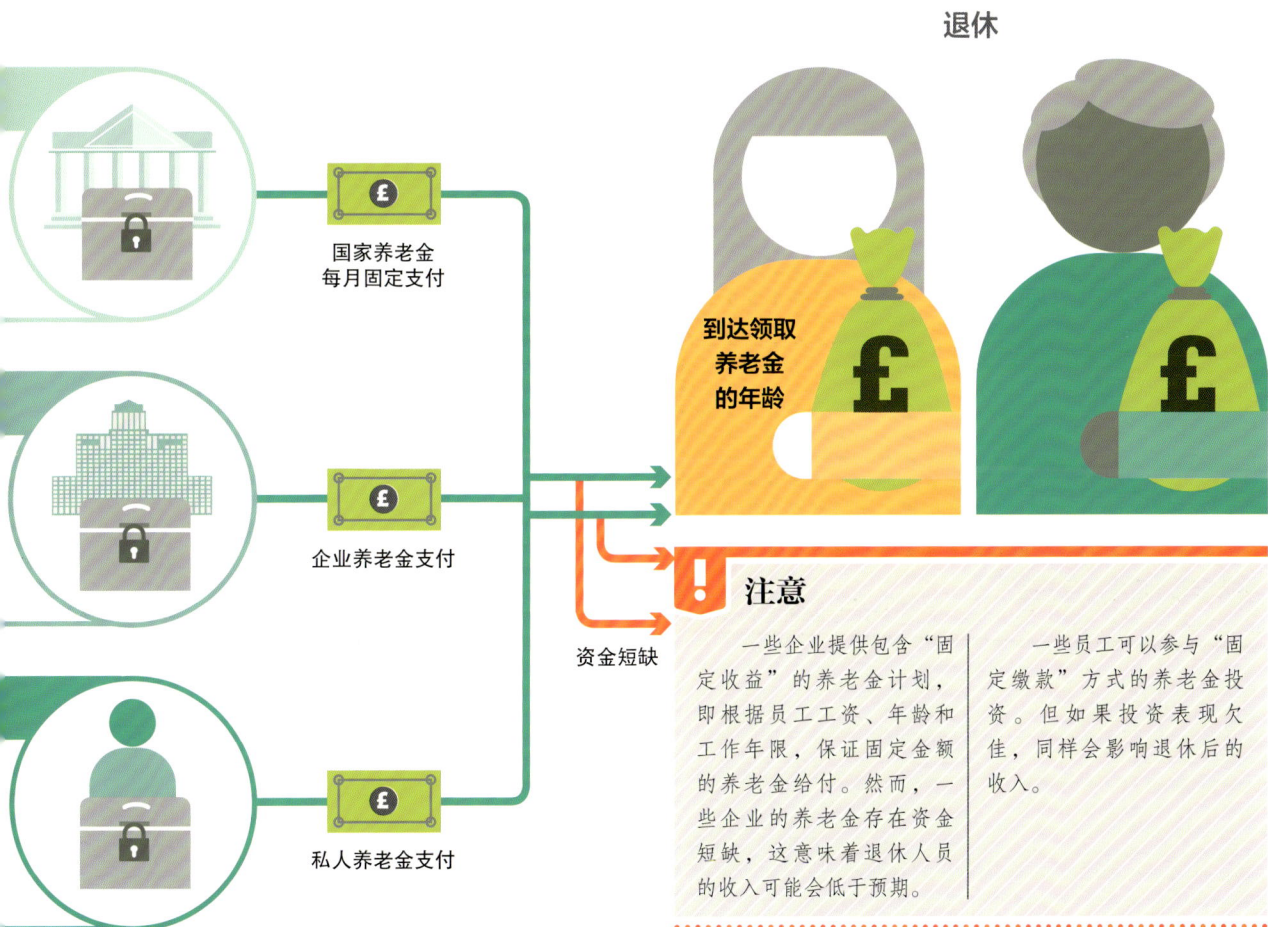

国家养老金
每月固定支付

企业养老金支付

私人养老金支付

资金短缺

到达领取
养老金
的年龄

❗ 注意

一些企业提供包含"固定收益"的养老金计划，即根据员工工资、年龄和工作年限，保证固定金额的养老金给付。然而，一些企业的养老金存在资金短缺，这意味着退休人员的收入可能会低于预期。

一些员工可以参与"固定缴款"方式的养老金投资。但如果投资表现欠佳，同样会影响退休后的收入。

养老金的储蓄与投资

退休后，养老金可以提供的收入取决于已经储蓄的资金额和投资品的表现。

如何运作

一些国家会根据纳税人缴纳的资金额向退休人士发放国家养老金。然而，国家养老金提供的资金一般只够维持基本的生活水平。因此，许多国家鼓励人们在工作期间攒下资金，获得额外的收入，以便拥有更舒适的退休生活。为此，把资金存入私人养老金是一种最常见的做法。养老金是一项长期储蓄计划，资金会被投资到股票、债券或其他类型的资产上，目的是让资金获得收益。工作期间攒下的资金越多，投资品的表现越好，退休期间的收入就越多。

较早投资以获得最大收益

对个人而言，越早开始为养老金存款越好，原因在于：第一，要达到预期的养老金金额，越早开始，每月需要攒下的金额越少；第二，一些雇主会为员工的养老金储蓄缴款，而一些政府也为养老金储蓄提供了税收优惠；第三，投资品有更长的时间来抵御市场的起落，且随着利息的逐年累积，人们能从中获得更多的收益。

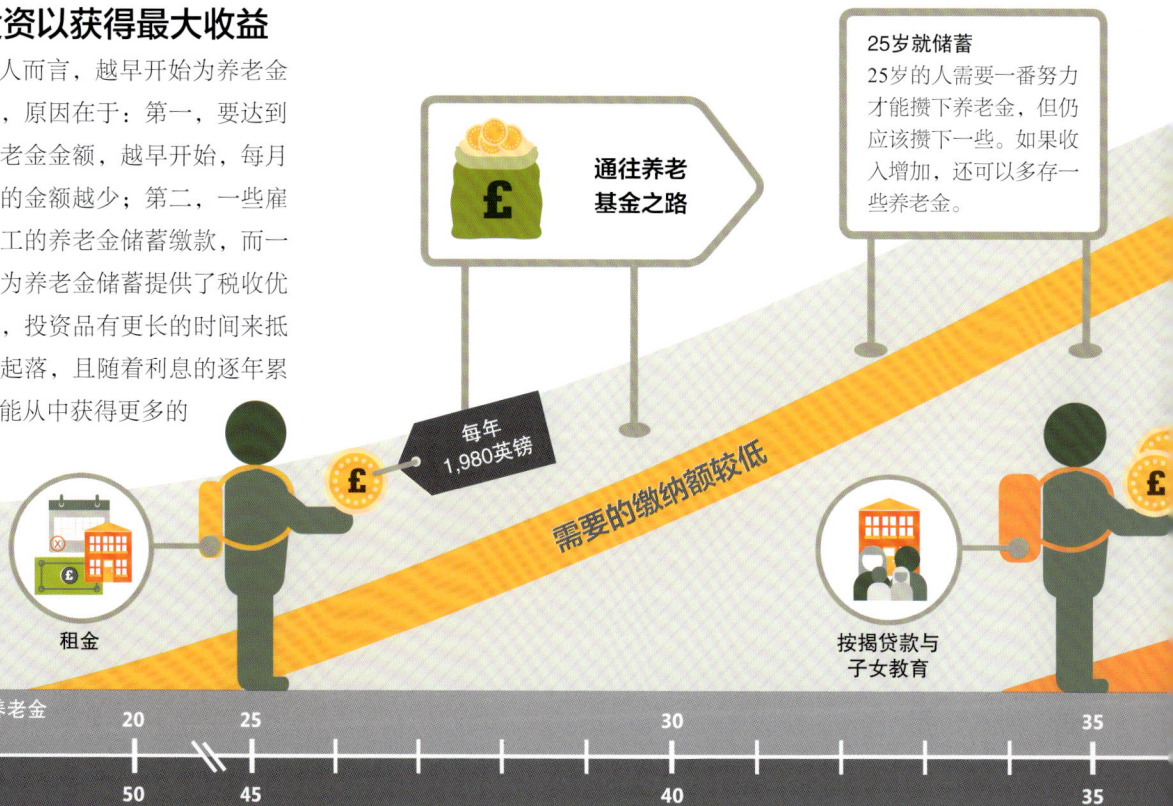

通往养老基金之路

25岁就储蓄
25岁的人需要一番努力才能攒下养老金，但仍应该攒下一些。如果收入增加，还可以多存一些养老金。

每年 1,980英镑

需要的缴纳额较低

租金

按揭贷款与子女教育

开始储蓄养老金的年龄	20	25	30	35
投资年限	50	45	40	35

养老金给付

英国消费者协会计算发现：要想在68岁时获得每年15,000英镑的养老金收入，若从25岁开始储蓄，每月需要攒下165英镑，而若从35岁开始储蓄，每月需要攒下215英镑。

专业财务顾问
专业财务顾问可以帮助人们准确计算出实现个人退休目标所需的储蓄额，并对不同类型的养老金和投资品提供建议。

50%
乘以年龄，约等于开始储蓄养老金时应当攒下的**工资百分比**

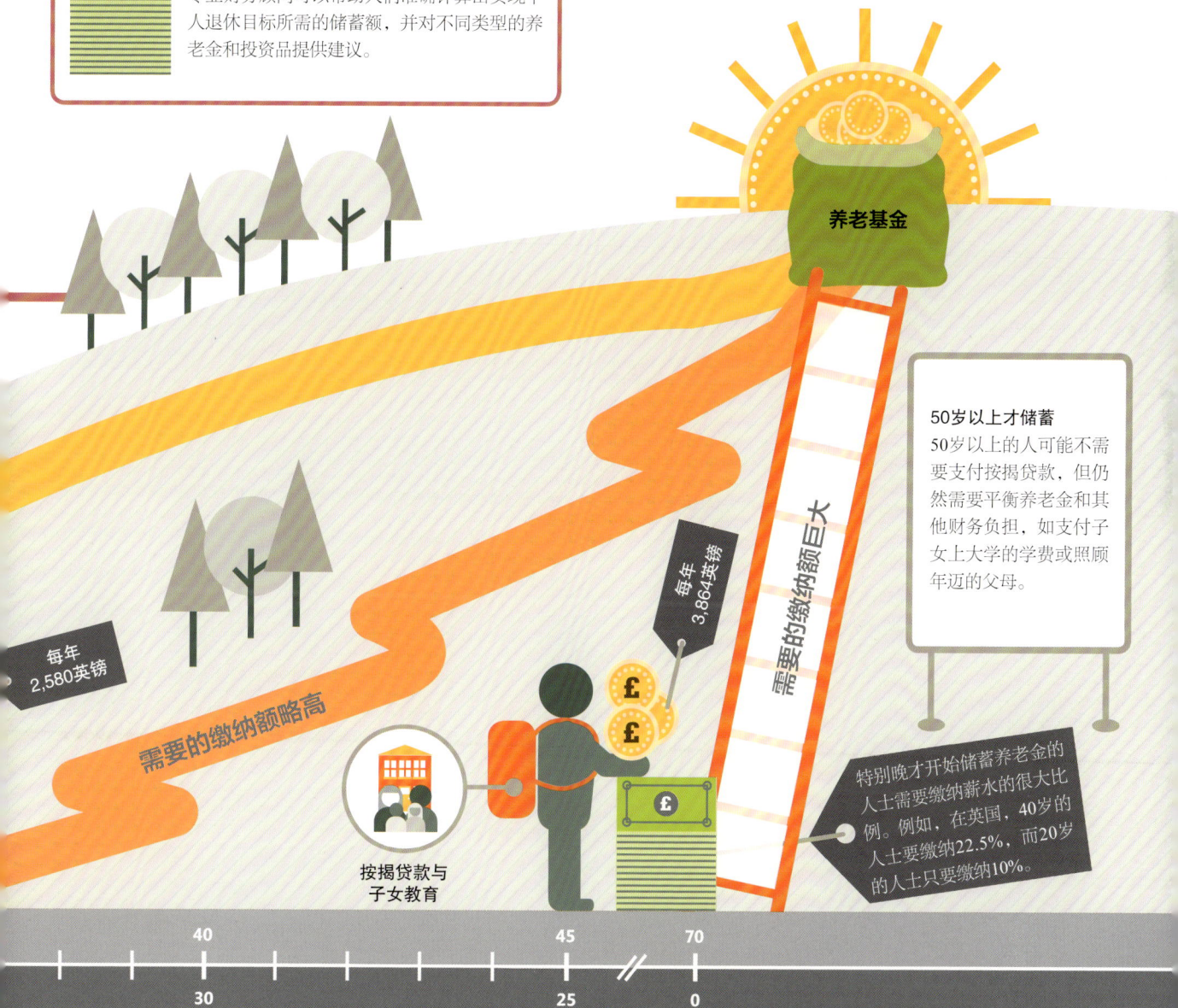

养老基金

50岁以上才储蓄
50岁以上的人可能不需要支付按揭贷款，但仍然需要平衡养老金和其他财务负担，如支付子女上大学的学费或照顾年迈的父母。

需要的缴纳额巨大

每年
3,864英镑

每年
2,580英镑

需要的缴纳额略高

按揭贷款与
子女教育

特别晚才开始储蓄养老金的人士需要缴纳薪水的很大比例。例如，在英国，40岁的人士要缴纳22.5%，而20岁的人士只要缴纳10%。

40		45	70
30		25	0

固定收益与固定缴款

承诺每月支付固定养老金的企业养老金计划被称作"固定收益计划"。这种计划对雇主的风险较大，因为不论投资品的表现如何，雇主都要发放养老金。这种"养老金承诺"会造成一些养老金计划财务状况欠佳，缺乏足够的资金来履行承诺。而"固定缴款计划"的投资风险则由员工承担。如果固定缴款的养老金出现损失，人们的养老金就会低于预期。这两种计划的成功都依赖于养老金的投资品有良好的表现。

养老金计划为何会失败

对于个人而言，在人生的各个阶段都应当合理听取专业财务顾问的意见，确保养老金符合预期的收入水平。财务顾问可以提供以下方面的咨询：应该攒下多少资金，缴纳养老金的最佳方法，以及可以采取哪些措施降低投资养老金的风险。在某些情况下，人们可以增加养老金缴款，或使养老金投资品多样化。

5. 高通胀
养老基金资金池的价值应当反映生活成本的变化，并确保人们在退休后能得到足够的收入。

3. 税收影响
养老金通常按收入征税，因此，在对养老金进行计划时应考虑相应的税种。

1. 企业破产
如果雇主破产，并且养老基金没有被"圈堵起来"（指在财务上与其他资产和负债分开），企业养老基金就会出现损失。

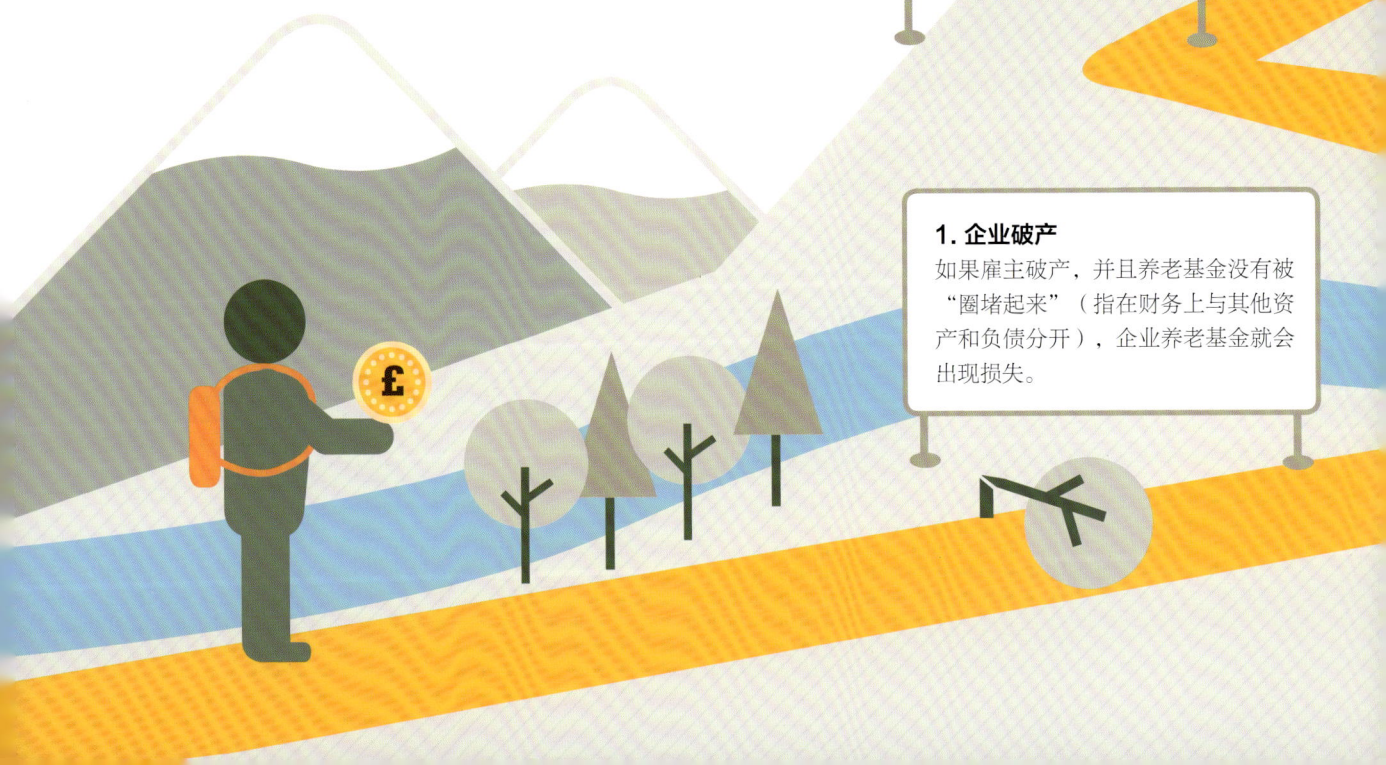

养老基金

2030年
这一年，每6个人中就
将有1个人超过60岁

人口老龄化

　　大多数国家都在经历人口老龄化。从全球平均水平来看，1960年出生的孩子的预期寿命为52岁，而今天出生的孩子的预期寿命为69岁。到21世纪中叶，人类的平均寿命可能会更长，将远超70岁。人口老龄化对国家养老金产生了巨大影响，因为在大多数国家，目前工薪人士的缴款已被用来支付当前退休人士的养老金，而未对未来需要支付的养老金进行合理规划。随着领取养老金的人口数量不断增加，税收收入与养老金支出之间的缺口将会不断增大。

4. 股市崩盘
长期来看，投资品亏损或崩溃都可能
使养老基金的价值下降。

2. 管理不善
与任何投资品一样，养老基金经理的糟糕决策会使
收益率降低。

通往养老基金之路

把养老金转化为收入

退休后，人们可以用养老金进行投资，以定期产生固定收入。人们也可以一次性或多次提取养老金，或结合使用投资与提现的方法。

如何运作

把养老金转化为收入主要有两种方式。第一种方式是购买保险产品，每年或每月获得固定的收入，这被称作年金，又名"稳定给付"或"退休收入流"。第二种方式是以现金形式一次性或多次提取养老金，而用剩余的资金继续投资。这种提取现金并留下一些投资的做法被称为"收入支取计划"。人们也可以把投资与提现的方法结合起来。

养老金支取方式的选择

养老金支取方式的选择取决于养老金的类型（固定收益型或固定缴款型）、养老金的规模，以及所在国家的法律和税收规定。

达到退休年龄时的
养老金

一次性现金支取

一些养老金计划允许人们在退休时以现金形式一次性支取部分或全部养老金。人们可以花费、投资或攒下他们认为数额适当的养老金。但这种做法存在风险，因为这些钱迟早会被耗光，尤其是在寿命较长的情况下。

税收

部分免税

养老金储蓄的征税方式因国家而异。在英国，人们退休后可以支取养老金总额的25%，无论一次性支取还是多次支取，都不必缴税。而剩余部分则与其他收入一道，按边际利率（即收入对应的所得税税率）征税。

税收

如何整合养老金

在若干年里，大多数人会从一个雇主转到另一个雇主那里工作。在这个过程中，每个雇主支付的工作养老金不尽相同。因此，很难追踪每笔养老金的运行情况，以及养老金目前的表现。把养老金整合成一个计划，能使人们更容易追踪他们的养老金储蓄，同时也降低了费用和管理成本，节省了资金。然而，如果把所有养老金计划整合为一个资金池，一些存续时间较长、收益较高的养老金计划就会消失。

！ 注意

所有的养老金计划都有非常严格的规定。人们应当谨慎管理自己的养老金，以防被欺骗。一些不法分子常会通过谈论以下内容来诱骗人们交出养老金：

▶有能够赚取巨额利润的投资品或其他商机代替养老金储蓄
▶投资养老金的独特新方法
▶有必要在退休年龄前支取养老金

1891年
这一年，德国开始全球首个养老金计划

年金

年金是一种保险产品，可终生提供固定的月收入或年收入。年金的使用因国家而异。在瑞士，约80%的养老金被转化为年金；在澳大利亚，年金要少得多；英国则修改了规定，人们不再具有购买年金的法律义务。

税收

多次现金支取

一些养老金计划提供了在必要时以现金分笔支取，并用剩余资金继续投资的选择。不过，如果支取的现金过多，或投资品表现不佳，人们就有耗尽养老金的风险。

税收

债务

债务是一方从另一方借入的一笔款项。借款使企业和个人能够进行原本无法负担的大额采购。企业和个人需要为此支付利息，利息是对借入资金这一特权收取的费用，通常按借款金额的一定百分比收取。银行等金融机构提供了各种类型的消费债务产品，包括银行透支、信用卡、按揭贷款等。

借款的途径

有意愿且有能力出借资金给个人的机构种类繁多，每家机构都提供一系列金融产品。借款人应根据自身的情况做出最佳的选择。

贷款

个人贷款能让个人一次性借入一笔款项，并在预先约定的时间内按固定的间隔偿还。贷款可以是有担保的，也可以是无担保的。

▶**贷款类型**　有多种类型，如汽车贷款、学生贷款、债务重组、发薪日贷款等。

▶**贷款提供者**　银行、住房互助协会及其他金融机构均可提供贷款。

信用卡

属于一种信用循环，借款人在不使用自身资金的情况下进行消费支出。可以每月偿还欠款，也可以延期偿还，但延期偿还需要支付额外的费用。

▶**信用分期**　与信用循环相反，欠款需要分期偿还。

▶**双用途卡**　在一些国家，由银行发行的卡片兼有借记卡和信用卡的功能。

报表

交易

描述

按揭贷款

信用卡

汽车贷款

工资

现金

透支费用

本期总额
期末余额

1.496万亿英镑
英国人欠下的债务总额

信用评级

信用评级是放款人根据借款人个人或组织的信用记录，对其履行财务能力的评估。信用评级可以帮助放款人决定借款对象、借款金额，以及借款利息。

现有债务水平较高，贷款或信用卡存在到期未付款或逾期还款，有多次申请信用贷款的记录，都会对个人的信用评级造成负面影响。

大银行

贷方	借方
	£1,200
	£300
	£200
£4,000	
	£2,000
	£40
£4,000	£3,740
£260	

按揭贷款

按揭贷款是用于购买房产的长期贷款，并以房产作为抵押。若未按协议偿还按揭贷款，放款人可以收回房产。

▶**按揭还款** 包括借入款项的本金偿还和利息支付。

▶**贷款价值比** 即按揭贷款的价值占房产购买价格的百分比。

信用合作社

信用合作社是一种非营利性组织，它为成员提供储蓄、信贷和其他金融服务。借款人需要成为信用合作社的成员才能借款。

▶**规模与资产** 各信用合作社有所不同。

▶**所有制** 信用合作社没有股东，只有成员。

人们为何举债

人们举债的目的是购买商品或进行正常情况下负担不起的投资。不过，债务往往需要连本带息全额偿还。

如何运作

国家、企业和个人均会使用债务进行周转。债务是分散购买成本、开展投资、管理财富的有益途径。然而，无法偿还债务是十分危险的。

用按揭贷款购买住房是"良性债务"的一个例子，因为很少有人能够一口气买下住房。

"恶性债务"通常指以高利率借入债务，购买不必要的物品。这样的例子并不少见。借入恶性债务的人会发现，他们支付的贷款利息超出了可控的程度。这会导致借款人借入更多的贷款来偿还利息，而无法减少最初借入的本金。

杠杆

使用杠杆即使用借入的资金来增加收益。在股票市场上，企业和个人都会使用杠杆。

投资 50,000英镑

用现金购买

A买家购买1辆捷豹跑车

A买家把50,000英镑全额支付给卖家

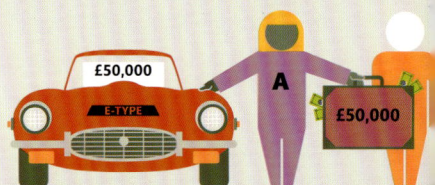

£50,000
E-TYPE
A
£50,000

使用借入的资金

使用杠杆即使用借入的资金购买更多的资产来增加收益，因为投资者相信资产价值会高于贷款成本。在本例中，B买家为了购买10台捷豹跑车而把50,000英镑的现金（权益）拆分为10份5,000英镑的预付款，另外又借入了45万英镑。这意味着B买家拥有"高杠杆"，因为其负债权益比较高。高杠杆的风险较大，因为无论跑车的未来销售价格如何，B买家都必须偿还45万英镑的借款和利息。

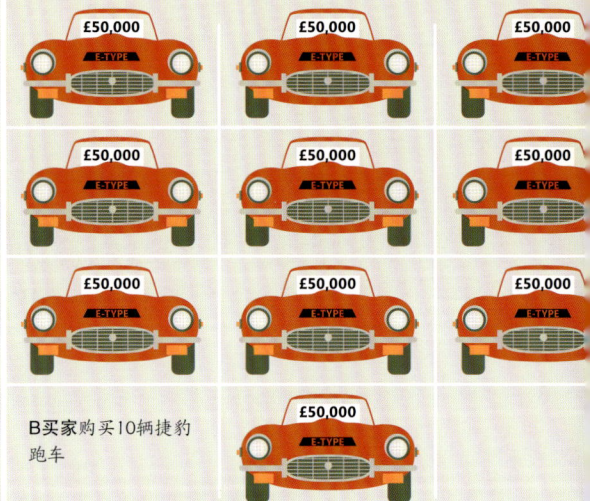

£50,000 £50,000 £50,000
£50,000 £50,000 £50,000
£50,000 £50,000 £50,000
£50,000

B买家购买10辆捷豹跑车

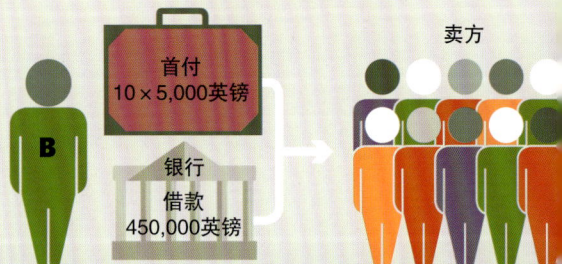

投资 50,000英镑

B

首付 10×5,000英镑

银行 借款 450,000英镑

卖方

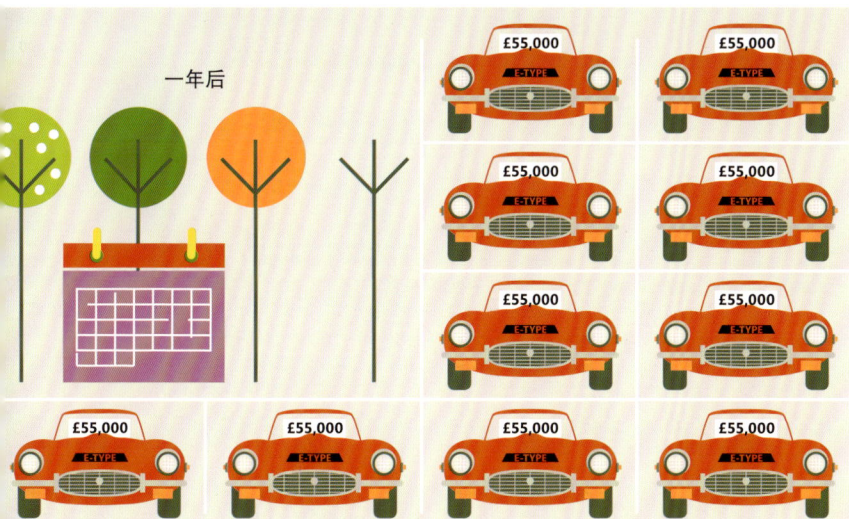

一年后

A买家以55,000英镑出售捷豹跑车，赚得5,000英镑的利润

£55,000

E-TYPE

A

£5,000

265%
丹麦的家庭债务占家庭收入的百分比，居全球之首

一年后

£55,000 (×12)

E-TYPE

跑车升值

B买家会赚取更高的利润，因为按每辆5,000英镑的利润销售跑车，收益会成倍增加。B买家的毛利是5万英镑，扣除支付的利息，可计算出净利润。不过，如果跑车贬值，B买家也会资金亏损。

B买家赚取50,000英镑的毛利润

B

£50,000

利息与破产

利息

利息是借入资金的费用，通常用利率来衡量。不同债务产品的利率不同。在一段时间内，利率可以是不变的，也可以是可变的，即不是固定的。个人在借入资金进行投资时，考虑利息成本是非常必要的。

破产

破产是解除个人（或企业）几乎所有债务的合法程序。如果个人（或企业）还清借款的概率不大，就可以申报破产。虽然个人可以靠破产重新来过，但这会带来财务上的后果：对个人的信用评级造成负面影响，进而影响未来的借款能力。

利息与复利

储蓄的资金可以赚取利息。若投资者用利息进行再投资，而不是支取利息，复利就会被积累起来。

滚雪球效应

滚下山坡的雪球会越来越大，因为裹在雪球上的雪会越来越多。在雪球顺山坡滚下的过程中，雪球增大的速度也会越来越快，因为裹上积雪的面积会越来越大。因此，如果有足够的时间，小雪球会变成大雪球。复利常被认为具有滚雪球效应，因为其原理与滚雪球大致相同。

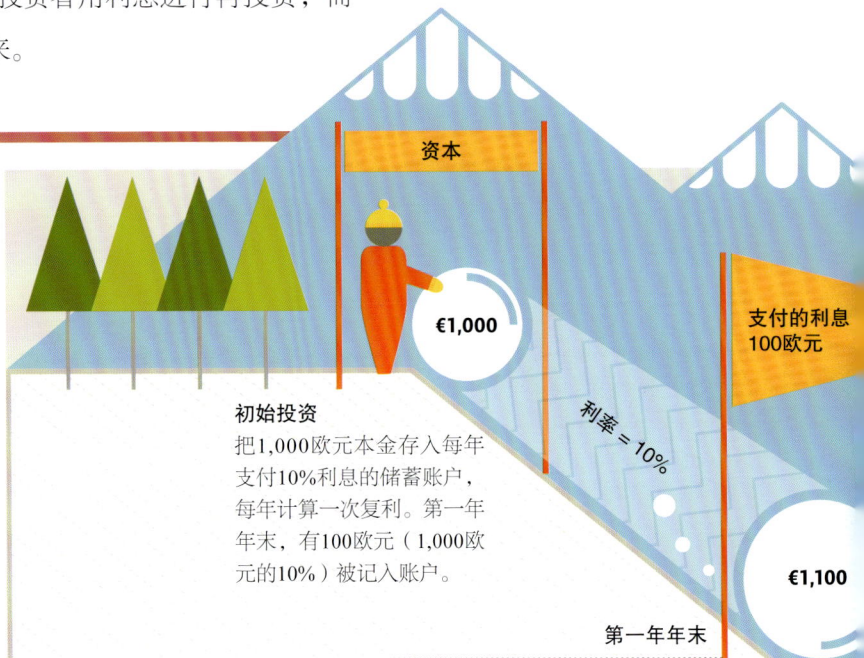

资本

€1,000

初始投资
把1,000欧元本金存入每年支付10%利息的储蓄账户，每年计算一次复利。第一年年末，有100欧元（1,000欧元的10%）被记入账户。

支付的利息 100欧元

利率 = 10%

€1,100

第一年年末

投资增长
储蓄账户上有1,100欧元，第二年赚取的利息为110欧元（1,100欧元的10%）。到第二年年末，账户余额为1,210欧元。

必备知识

▶ **本金** 投资或借款的初始资金。

▶ **复利频率** 一年内利息被加入本金的次数。例如，若每月把利息加入本金，那么复利频率为12。

▶ **有效利率** 也被称为"等价年利率"。有效利率考虑了一段时间内复利的次数，可用来比较复利频率不同的金融产品。

复利计算公式

用"P"表示本金，利率为"R"，经过"T"年，复利频率为"N"，储蓄账户上的最终金额为"A"。

最终金额

利率

时间（按年计算）

$$A = P\,(1 + R/N)^{NT}$$

本金

复利频率

如何运作

利息是借款（例如从银行借款）的成本，按本金的百分比计算。投资者储蓄的资金实际上被借给了储蓄机构。储蓄机构向投资者支付利息，意味着投资者的资金赚取了利息。

使用单利时，投资者每年都会得到利息支付。如果把单利的利息再投资，支付的利息就是复利，这对储蓄和借款都适用。也就是说，第一年的利息会被加到初始资金中，第二年的利息要按初始资金加上第一年的利息来计算，第三年的利息则要按初始资金加上前两年的利息来计算，后面依此类推。

"复利是世界第八大奇迹。了解它，可以赚钱；不了解它，就得付钱。"

——物理学家阿尔伯特·爱因斯坦（Albert Einstein）

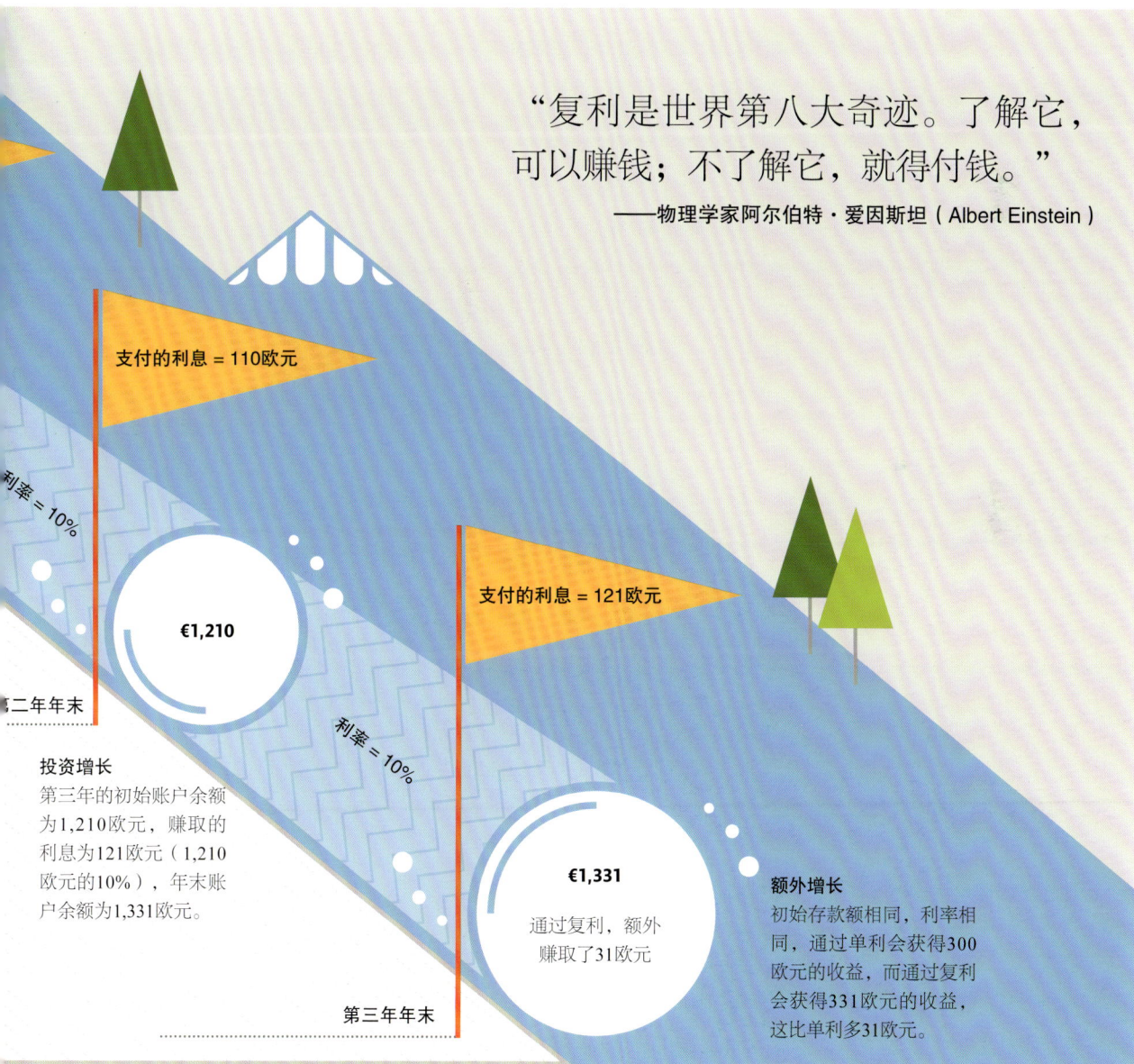

支付的利息 = 110欧元

利率 = 10%

€1,210

支付的利息 = 121欧元

利率 = 10%

第二年年末

投资增长

第三年的初始账户余额为1,210欧元，赚取的利息为121欧元（1,210欧元的10%），年末账户余额为1,331欧元。

€1,331

通过复利，额外赚取了31欧元

额外增长

初始存款额相同，利率相同，通过单利会获得300欧元的收益，而通过复利会获得331欧元的收益，这比单利多31欧元。

第三年年末

贷款

贷款的固定数额的资金需要在固定期限内连本带息偿还。对于个人贷款来说，借款人可以自行决定贷款的用途，但某些类型的贷款则明确地规定了用途。

如何运作

贷款使个人能够借入一笔资金在短期内使用，却要在确定的较长一段时间内按固定的间隔分期偿还。例如，个人可以借入10,000英镑，分五年偿还。除偿还本金外，借款人还必须支付贷款利息。定期还款的方法是，借款人的还款一部分用于偿还本金，一部分用于偿还利息。

贷款可用作其他借款服务（透支和信用卡）的廉价替代品。如果贷款是用资产（如房屋）作为担保的，那么如果借款人没有按时偿还贷款，放款人就有权得到用作担保的资产。通常，对借款人来说，有担保的贷款比无担保的贷款要便宜。按揭贷款是一种用于购买房产的担保贷款，它使借款人不必一次性支付所购房产的全款。

银行、住房协会、发薪日贷款机构、信用合作社和点对点（P2P）借贷机构等，都可以发放贷款。贷款经纪人也会提供不同放贷机构的各种贷款。

5583%

2014年新规定实施之前，发薪日贷款公司Wonga发放贷款的年等价利率

🔍 案例研究

贷款的偿还

对于每月还本付息金额固定的贷款，最初的几笔还款主要用于偿还利息。这是因为，每月需要偿还的利息与未偿还的贷款余额有一个比例关系。由于每笔还款都会还掉一部分本金，未偿还的余额（以及已支付的利息）会逐月下降，还款额将有更大比例用来偿还贷款本金。最后的几笔还款则有较高的本金与利息比（因为利息按未偿还余额来计算，而未偿还余额在减少）。

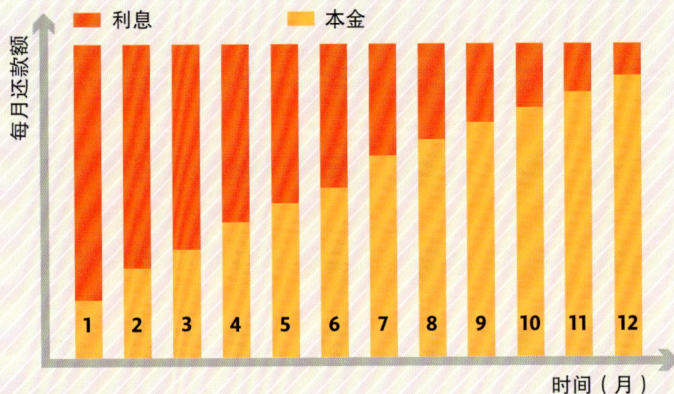

每月还款额 / 利息 / 本金 / 时间（月）

分期还款协议

A银行

贷款协议是由放款人提供的正式文件，它罗列了贷款的期限与条件。

此分期还款协议（以下简称"协议"）经双方友好协商，定于2017年4月4日生效。

放款人：（"A银行"）　　　　借款人：（"某某"）

期限与条件

1. 付款承诺

自即日起60个月内，借款人承诺向放款人偿还20,000欧元，利息和其他费用另计。

2. 还款细则

双方在此约定借款人应偿还放款人的本金金额，外加手续费及杂费、融资金额，以及总偿还金额和年利率。

本金金额：	€20,000.00
手续费及杂费：	€200.00
融资金额：	€19,800.00
总偿还金额：	€23,411.89
年利率：	6.8%

3. 还款

借款人将于2017年5月4日（星期四）起，至2022年4月4日，于每月4日分期偿还，每期应偿还390.2欧元，共计60期。

4. 提前还款

借款人有权随时偿还全部金额，但提前偿还需缴纳提前还款费1,360欧元。

5. 逾期

若借款人在分期还款日后的15天内未还款，应支付还款额的4%作为逾期费，即15.61欧元。

6. 违约

借款人因故未按时支付，会被视为违约。放款人可以要求借款人立即全额偿还贷款的未偿还余额，无须另行通知。

贷款期限
定期分笔偿还贷款的时限，通常以月为单位。

贷款金额
放款人最初借给借款人的本金。

总偿还金额
借款人在整个期限内向放款人支付的本金、利息和费用总额。

年等价利率
以百分比表示的年利率，计算时考虑了利率、手续费和其他费用。

定期还款额
贷款人偿还贷款的定期（如每周、每月或每季度）分期还款额。

提前还款费
借款人在期限结束前偿还贷款需额外支付的费用。

逾期费
借款人未能在约定的日期支付分期款项时，需额外支付的费用。

违约
借款人无法执行协议的约定即被视为违约。协议一般会规定违约的后果。

按揭贷款

按揭贷款是一种长期贷款，它使借款人得以购买房产或土地。按揭贷款由贷款金额（本金）和贷款利息构成。

如何运作

按揭贷款的英文"mortgage"源于中世纪时英国律师们使用的古法语，其字面意思是"抵押的死亡"（death pledge），因为债务一旦还清或未能继续还款，交易便告终。按揭贷款以借款人的房产作为抵押，这意味着一套法律机制就此生效，放款人有权在借款人违约或不履行条款的情况下占有借款人的房产。这一过程被称为收回或止赎。对于大多数按揭贷款，放款人在提供按揭贷款之前，会要求借款人支付房产价值的一部分作为押金（或首付），且押金越多，借款人需要借入的资金就越少。

还款型按揭贷款
（也称年金还款型按揭贷款）

▶英国最常见的按揭贷款类型。

▶银行首先核查借款人的背景，确保他们能够负担贷款的偿还。

▶借款人支付一笔押金，银行再将房屋购买价格的剩余部分贷给借款人。例如，如果一套房屋的购买价格是30万英镑，借款人可以支付5%（1.5万英镑）作为押金，再从银行借入剩余的28.5万英镑。这笔款项被称为本金或资本（等价于房屋的"权益"）。

▶银行根据抵押品的类型和基准利率确定按揭贷款利率。按揭贷款利率在一段时间内可能固定，也可能会发生变化。

▶借款人每月按时还款，偿还本金和利息。全部还清后，借款人便拥有了全部房产。

按揭贷款的类型

不同国家的按揭贷款类型有所不同，管理按揭贷款的规则也各不相同。一般情况下，借款人能够借入的资金额取决于所购房产的情况、个人条件和个人当前的经济状况，所有贷款最终都需要连本带息进行偿还。

抵消型按揭贷款

▶如果借款人在办理按揭贷款的同一银行开立储蓄账户，那么抵消型按揭贷款就能让他们用储蓄来抵消借入的贷款。

▶这就减少了借款人要支付的按揭贷款利息，使借款人能够更快地偿还按揭贷款。

▶例如，如果借款人的按揭贷款为20万英镑，他的储蓄账户有3万英镑，使用抵消型按揭贷款，他只需要对17万英镑的贷款支付利息。

▶并不是所有的银行都向借款人提供抵消型按揭贷款，并且这种贷款的利率可能要高于其他按揭贷款产品。

▶如果借款人只有少量的储蓄，而抵消型按揭贷款的利率较高，那么使用抵消型按揭贷款可能是不划算的。

▶如果借款人有大量储蓄，那么用储蓄的一部分来降低按揭贷款的贷款价值比可能会更划算。

70%

欧盟公民居住在自有住房中的比例

纯利息型按揭贷款

► 纯利息型按揭贷款让借款人只需偿还贷款的利息，而不用偿还本金。

► 银行向借款人发放按揭贷款，如24万英镑，借款人通过每月还款来偿还这笔贷款的利息。

► 借款人每月偿还的金额要低于按揭贷款。但要获得纯利息型按揭贷款，借款人通常需要支付较多的押金，或证明自己有较高的营收。

► 贷款期结束时，借款人必须偿还贷款的全部本金，本例中为24万英

镑。如果在按揭贷款周期内房屋价格因通货膨胀而上涨，那么借款人所欠的资金就相对较少。如果借款人没有足够的储蓄，他可能需要出售房屋来偿还贷款。

逆向年金型按揭贷款

► 逆向年金型按揭贷款提供的资金等于房主完全拥有的房屋的价值。

► 选择逆向年金型按揭贷款的通常是老年人。在英国，借款人必须年满55岁才有资格获得这种按揭贷款；在美国，借款人应至少达到62岁。

► 银行以房主的房产（权益）为抵押出借资金，但通常收取较高的费用。

► 银行以每月分期付款或一次性付款（较少见）的形式向房主支付这笔款项。

► 房主去世后，其房产将被出售以偿还贷款。

► 贷款被还清后，出售房产所得的剩余资金将依照房主的遗嘱归受益人所有。

✔ 必备知识

► **贷款价值比** 按揭贷款的价值占房产价值的百分比。

► **抵押品** 对于按揭贷款来说，抵押品是房产。

► **再抵押** 指以同一房产作为抵押，借入另一份或额外的贷款。

► **期限** 按揭贷款的偿还期限。

► **房屋净值** 房产价值减去按揭贷款额的部分。

► **负净值** 房产价值低于按揭贷款额。

► **担保人** 如果借款人没能按时还款，愿意为按揭贷款还款负责的人。

伊斯兰国家的按揭贷款

伊斯兰国家的法律禁止对住宅贷款收取利息，例如以下三种按揭贷款方式：

► **银行代表买家购买房产**，并把房产租给买家。租赁期结束时，房产的所有权移交给买家。

► **买家与银行共同购买房产**，并对不归自己所有的部分支付租金。接着，买家购买剩余部分的房屋净值。随着买家所占净值比例的增加，租金会下降。

► **银行购买房产**，并将之出售给买家，买家每月偿还固定的金额，由此累积的还款额要高于初始购买成本。

按揭贷款利率

银行提供多种利率不同的按揭贷款，每种贷款的风险与可负担能力比各不相同。

固定利率按揭贷款使借款人在一段时间内要每月支付固定的还款额。在英国，两年、三年和五年期的固定利率十分常见。借款人可以借入新的固定利率抵押产品，或对原来的按揭贷款违约，使之变为可变利率按揭贷款。不管发生什么变化，固定利率都不会改变。这意味着，承担主要利率风险的是放款人，而非借款人。

可变利率

可变利率按揭贷款的利率在抵押期内可能会发生变化。有时，利率追踪的是市场指数，例如一国中央银行的基准利率。这样一来，按揭贷款的每月还款额会随基准利率的波动而相应增减。这意味着，利率风险由借款人承担。如果利率上升，借款人需要确保自己有能力负担按揭贷款的还款。各国的可变利率按揭贷款占比各不相同。

按揭贷款利率的类型

一般而言，借款人获得的安全保障越多，相应的费用就越高。一些贷款交易会把借款人锁定在特定的利率上，灵活性较低。

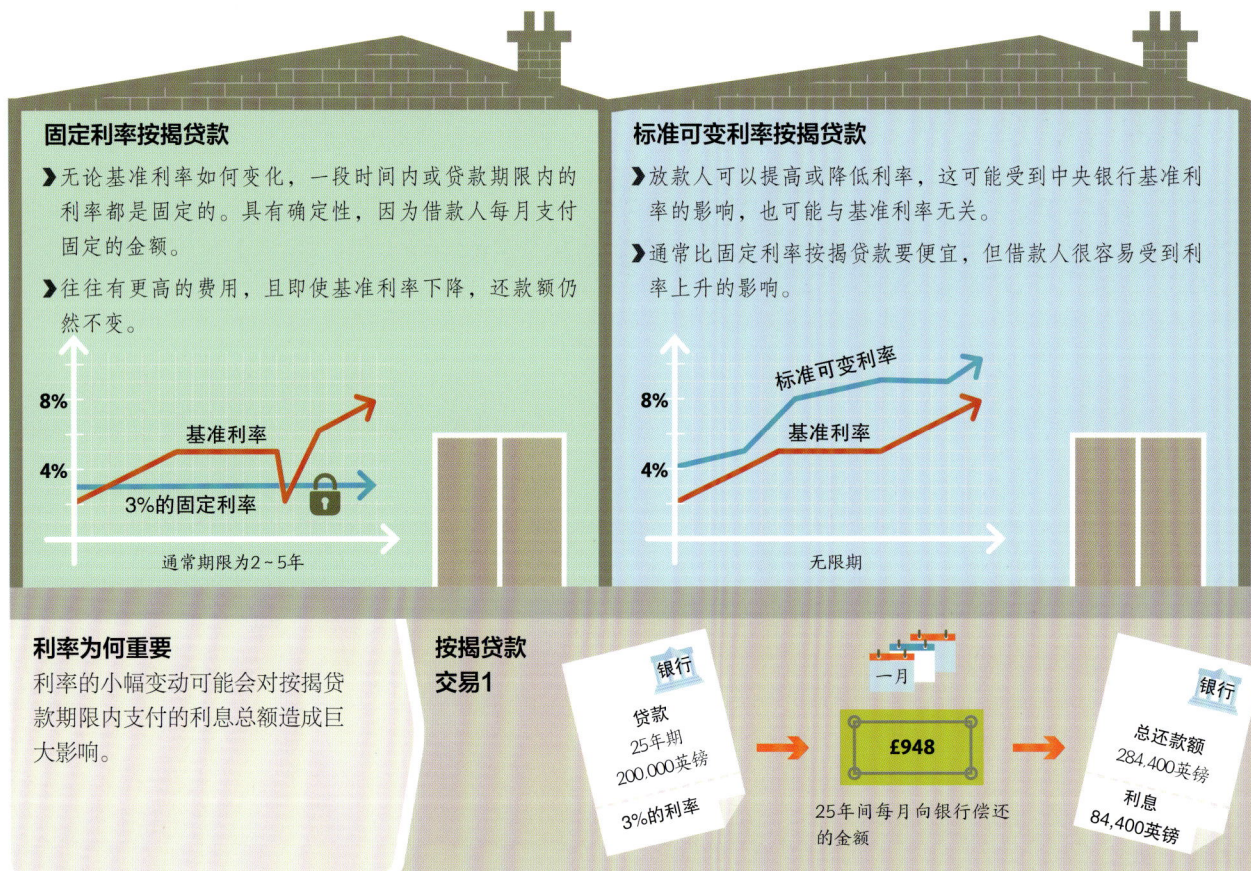

固定利率按揭贷款

▶ 无论基准利率如何变化，一段时间内或贷款期限内的利率都是固定的。具有确定性，因为借款人每月支付固定的金额。

▶ 往往有更高的费用，且即使基准利率下降，还款额仍然不变。

8%

4%

基准利率

3%的固定利率

通常期限为2~5年

标准可变利率按揭贷款

▶ 放款人可以提高或降低利率，这可能受到中央银行基准利率的影响，也可能与基准利率无关。

▶ 通常比固定利率按揭贷款要便宜，但借款人很容易受到利率上升的影响。

8%

4%

标准可变利率

基准利率

无限期

利率为何重要

利率的小幅变动可能会对按揭贷款期限内支付的利息总额造成巨大影响。

按揭贷款交易1

银行

贷款
25年期
200.000英镑

3%的利率

一月

£948

25年间每月向银行偿还的金额

银行

总还款额
284.400英镑

利息
84,400英镑

2007年
美国**次贷违约演变为次贷危机**的一年

次级按揭贷款与信用紧缩

始于2007年的次贷危机导致按揭贷款及其监管发生了根本性的变化。在美国，按揭贷款一度被发放给无力偿还贷款的人。房地产泡沫的破灭引发了银行收回房产的浪潮。按揭贷款支持债券因此失去了价值，多家银行破产。

▶**信贷紧缩** 银行和其他放款人缩减了按揭贷款和其他贷款的信贷额度。

▶**衰退** 次贷危机引发多国经济衰退或经济放缓。除了收回房产，很多银行和企业纷纷破产。

追踪型按揭贷款

▶追踪型按揭贷款的利率是可变的，并且追踪某个利率或指数，如中央银行的基准利率。

▶追踪型按揭贷款的费用往往低于固定利率按揭贷款，但若利率上升，借款人需要支付的金额也随之上升。

8%
4%
追踪型（比基准利率高1%）
基准利率
贷款到期前1年

贴现型按揭贷款

▶贴现型按揭贷款的利率是可变的，其数值要低于放款人提供的标准可变利率。

▶费用通常低于固定利率按揭贷款，但与标准可变利率按揭贷款一样，若利率下降，不能保证借款人的贷款利率下降。

8%
4%
标准可变利率
贴现率（比标准可变利率低1%）
通常期限为2~5年

按揭贷款交易2

银行
贷款 25年期 200,000英镑
9%的利率

一月
£1,678
25年间每月向银行偿还的金额

银行
总还款额 503,400英镑
利息 303,400英镑

信用合作社

信用合作社（credit union）是由成员所有的非营利性金融机构，它向会员提供储蓄、信贷和其他金融服务。

如何运作

信用合作社起源于19世纪中叶的德国，是由成员组成的非营利性金融合作社。成员分享"共同债券"，互利互惠。成员之间的联系可能是：居住在同一个城镇，在同一个行业工作，或同属一个工会或社群团体。

传统上，信用合作社属于超小型组织，但如今全球已约有两亿多人是信用合作社成员。一些较大的信用合作社有成千上万的成员，资产价值高达数十亿美元。

信用合作社在低收入地区最为普遍，对于信用评分较低、不能申请高额贷款的人士，或是因为信用评分低而被收取较高贷款利率的人士，信用合作社尤其有用。信用合作社成员能从较低的费用中获益。有些信用合作社要求成员在借款之前进行储蓄，因为信用合作社发放贷款所用的资金是其成员汇集的存款，而不是来自外部的资本。如果信用合作社无法继续运营，成员的储蓄仍会受到保护，保护额度不超过政府支持的补贴计划。

非营利性

信用合作社类似于住房互助协会，由成员所有，每个成员都有一票来选举董事会和管理信用合作社。不过，信用合作社侧重于提供社区银行服务、帮助成员受益，而不是赚取利润、让外部股东获益。剩余的收益会被再次投入信用合作社，使信用合作社能够提供个性化的服务和财务咨询、更好的产品，以及更具竞争性的利率。

非营利性
目的是为成员服务，而不是赚取利润。会把剩余收益再次投资到业务经营上。

由成员所有
由成员选举董事会来经营业务。每个成员拥有一票表决权。

社群导向
成员之间有共同的联系，如共同的职业、宗教背景或生活区域。

个性化服务
致力于帮助成员改善财务状况。

财务上的包容
成员通常为财务上的弱势群体，没有获得主流金融产品的资格。

信用合作社

57,000
全球105个国家的信用合作社数量

营利性
目的是赢利，使所有者和股东
的利润最大化。

$

由私营企业或股东所有
高薪聘请董事来经营，股东
的投票权取决于持有的股票
数量。

商业导向
开发并销售能够赢利的金融
产品，把利润回馈给股东。

更多网上服务
提供更多网上服务，个性化
服务较少。

专注值得信赖的客户
如果客户的条件没有达到商
业银行的要求，客户通常会
被拒绝。

$$$

商业银行

信用合作社的产品

➤ **贷款** 没有隐性费用，贷款往往可以
提前偿还，而不收取罚款。有些贷款
还包含人寿保险。

➤ **储蓄** 储蓄资金可供需要借款的成员
使用。储蓄的收益率可能较低，但会
支付利息或年度股息。一些信用合作
社有最高储蓄额的限制。

➤ **活期账户** 不需要信用支票，没有账
户月费，不能透支。有些会提供预算
服务和咨询服务。

! 注意

➤ **贷款利率和条件**可能不如市场主流产
品有竞争力，但比发薪日贷款公司的
利率和条件要好。

➤ **最高贷款额**相对较低。贷款是否批准
通常取决于在信用合作社是否有存款。

➤ **作为非营利性组织**，信用合作社通常
资金有限，无法在便利的地点安装自
动取款机，也无法对网站、在线访问
等技术投入资金。

信用卡

信用卡由银行或住房协会等贷款机构发行，这些钱包大小的塑料卡片提供了灵活的贷款服务，能让持有人赊购商品或服务。

信用卡账户能使用户在一定的限额内赊购商品或服务。在限额内，用户可以尽情花钱，而不会被收取费用，但前提是用户需要每月在约定的日期前全额偿还所欠款项（累积的债务）。如果超出这一期限，就要对未偿还款项收取利息，不过用户也可以选择支付最低还款额。最低还款额的金额虽然不定，但一般而言，用户需要按所欠款项或固定最低金额的一定比例支付，取二者中金额较大的，再加上利息和违约金。

通常，并不存在全额偿还信用卡债务的最后期限。如果用户认为合适，可以全额偿还。不过，每月只支付信用卡的最低还款额是一种昂贵的管理信用卡账单的方法，因为未支付的欠款会被累积利息。

最低还款额

与普通贷款和按揭贷款的借款人不同，信用卡用户可以选择每月最低还款额之外的还款金额。最低还款额是信用卡用户每月必须偿还以避免罚款的最低金额。然而，如果用户每个月只支付最低还款额，剩余的欠款会继续累积利息，欠款的金额就会增加。这意味着，与每月偿还更多的固定金额或全额偿还相比，偿还最低还款额会延长债务持续的时间。

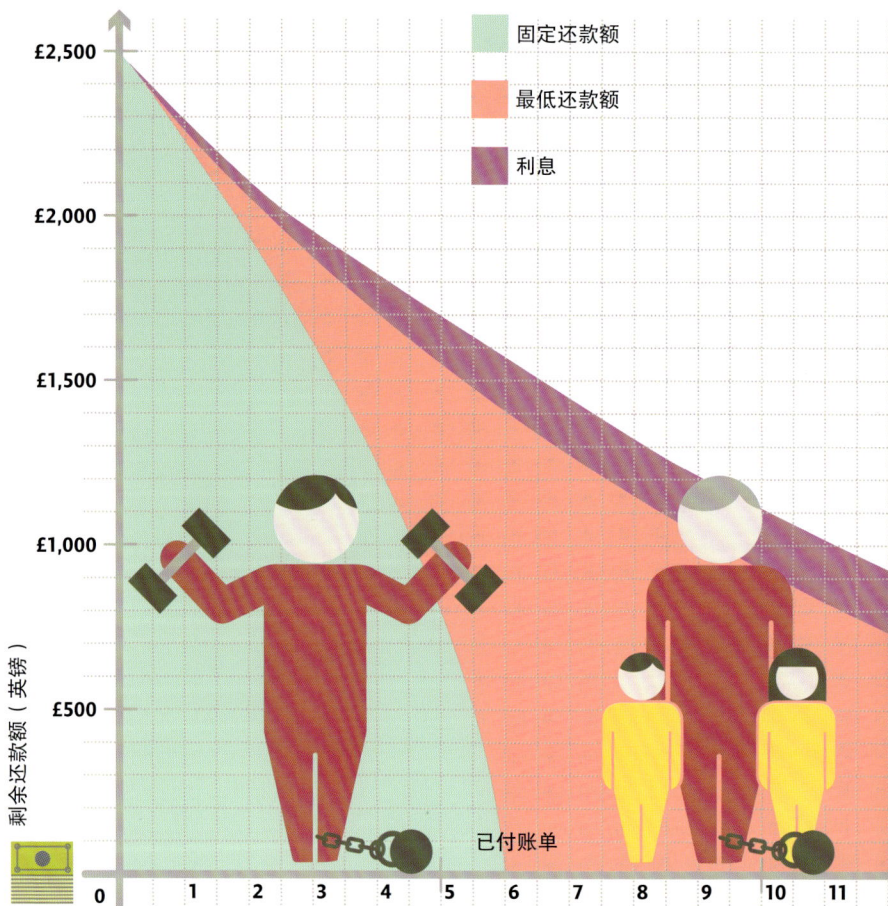

图例：
- 固定还款额
- 最低还款额
- 利息

剩余还款额（英镑）

£2,500
£2,000
£1,500
£1,000
£500

0 1 2 3 4 5 6 7 8 9 10 11

已付账单

必备知识 ✓

▶ **欠额转移** 把一张信用卡中所有的未偿还余额转入另一张信用卡。

▶ **现金预支** 用信用卡从自动取款机里提取现金。信用卡公司通常会对这种方式收取更高的利息和额外的费用。

▶ **循环信用** 这种方式可让用户不必一次性清偿全部欠款，但用户每月必须缴付最低还款额。

▶ **信用额度** 用户可以随时使用的最高欠款金额。

循环信用

信用卡是循环信用的一种形式。信用卡能使一笔贷款被支出、偿还、再次支出任意次。借款人可以提取一定限额的资金。

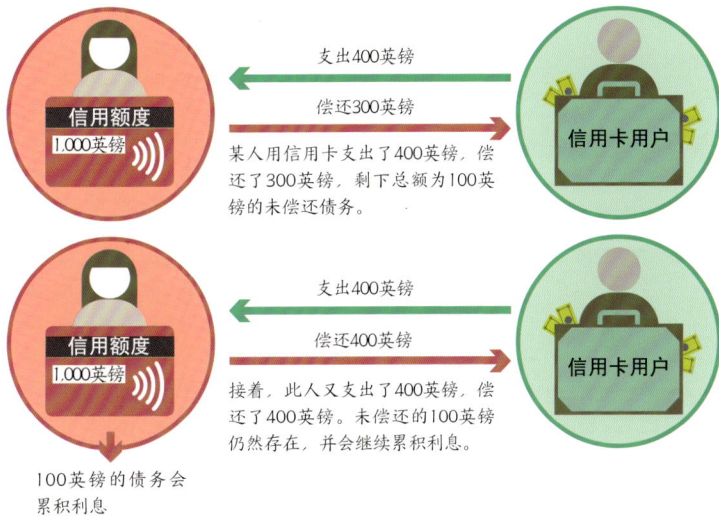

信用额度 1,000英镑

支出400英镑
偿还300英镑

信用卡用户

某人用信用卡支出了400英镑，偿还了300英镑，剩下总额为100英镑的未偿还债务。

信用额度 1,000英镑

支出400英镑
偿还400英镑

信用卡用户

接着，此人又支出了400英镑，偿还了400英镑。未偿还的100英镑仍然存在，并会继续累积利息。

100英镑的债务会累积利息

⚠ 注意

信用卡欺诈是指在交易中，把信用卡用作骗取资金的来源。

在最简单的犯罪形式中，欺诈者会获取个人详细的信用卡资料，通过电话或互联网，以持卡人的名义购物。

另一个极端情况是，欺诈者使用持卡人的详细信息，伪装其身份，开立银行账户并获得信用卡，或以持卡人的名义获取贷款或其他信用额度。

信用卡用户应该仔细检查每月的账单，由此判断是否存在欺诈性交易。

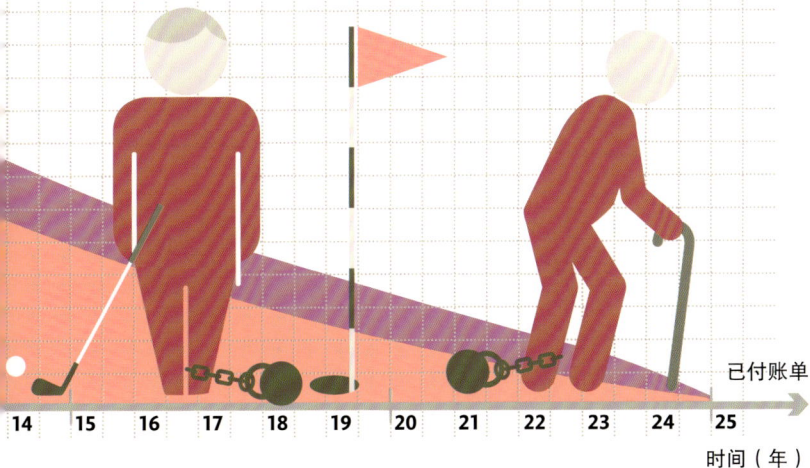

已付账单

14　15　16　17　18　19　20　21　22　23　24　25

时间（年）

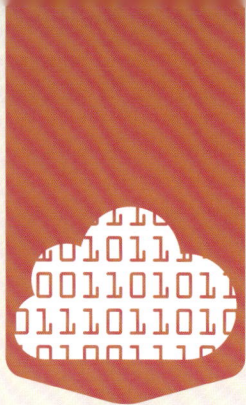

数字时代的货币

互联网带来了通信领域的革命，使全球化成为可能。同样，数字货币预示着人们支付商品和服务的方式会发生变革。数字货币提供了单一的国际"货币"，它不受任何金融机构的控制。数字货币与各国银行印制及铸造的纸钞和铸币不同，其货币单位由计算机生成。

挣脱束缚

数字货币这种金融交易媒介由一群被称为"矿工"的专家团队以数字形式生产出来。"矿工"们使用专门的硬件来解决加密电子货币的复杂数学难题，进而保障交易的安全性。数字货币可在个体之间进行交易，通过网络交易所进行买卖。数字货币还可以用于点对点借贷、众筹等新交易模式。

传统金融

一个国家或地区特有的传统货币被称为法币（fiat currency）。拉丁语"fiat"一词的意思是"令事毕"（let it be done），在制定政府法令时使用。法币由各国的中央银行印制或铸造，其价值取决于供需。

数字货币时间表

随着数字货币技术的完善，已经有多种加密货币被发布。其中，比特币（Bitcoin）的规模仍属最大。如今，各大中央银行已开始着手调查数字货币的潜力。

时间（年）

比特币引入	第一笔比特币交易	瑞波币（Ripple）发布	比特币达到最高价值	民族币（Mazacoin）引入	以太坊（Ethereum）发布	英格兰银行发布RSCoin
2008年10月	2010年5月	2013年9月	2013年11月29日	2014年2月	2015年8月	2016年3月

数字货币
即个体使用接入互联网的计算机或移动设备，直接在交易所进行交易的货币。也可以用常规货币来买卖数字货币。

众筹
个人和团体绕过银行、慈善组织或政府机构，通过互联网筹集捐赠金的方式。由网络中介机构进行管理，这些机构通常会收取捐赠金的一定比例作为手续费。

点对点借贷
由网络中介机构安排的贷款，网络中介机构会把借款人和放款人匹配起来。点对点借贷所受的监管通常少于传统借贷。借款人会受到风险审查，其支付的利率反映了风险的大小。

加密货币

加密货币是一种加密的数字货币，它通过计算机网络创造、管制和保管。比特币是首例加密货币。如今，加密货币的种类可谓五花八门。

如何运作

加密货币有两个主要特征。第一个特征是加密货币只以"虚拟币"的形式存在。它并不由一国的中央银行发行，而是由被称作"矿工"的专家团队使用特殊计算机硬件以数字形式创造出来的。用来加密的电子代码不断变化，降低了仿造的风险。这使加密货币能够通过网络轻松地在人与人之间转移，而不用依赖金融机构或政府机构。

第二个特征是加密货币的总量是有上限的。在被称为"区块链"（blockchain）的虚拟公用账簿上，列出了每名"矿工"创造的每一枚"币"。人们消费的每一枚币都被记录在同一账簿上。与中央银行发行的货币不同的是，一旦币的数量达到上限，就不能再创造出更多的币。人们因此认为，虽然政治及经济变化造成的通货膨胀和通货紧缩压力会影响常规货币，但对加密货币的影响较小。

传统货币与加密货币

加密货币的诱人之处在于，它可用于任何地方的直接金融交易，而无需银行账户。交易实际上是匿名进行的，银行或政府无法进行集中管制，费用也很低。加密货币从如何估值、如何创造、如何管制，到如何储存和转移，都与传统货币不同。

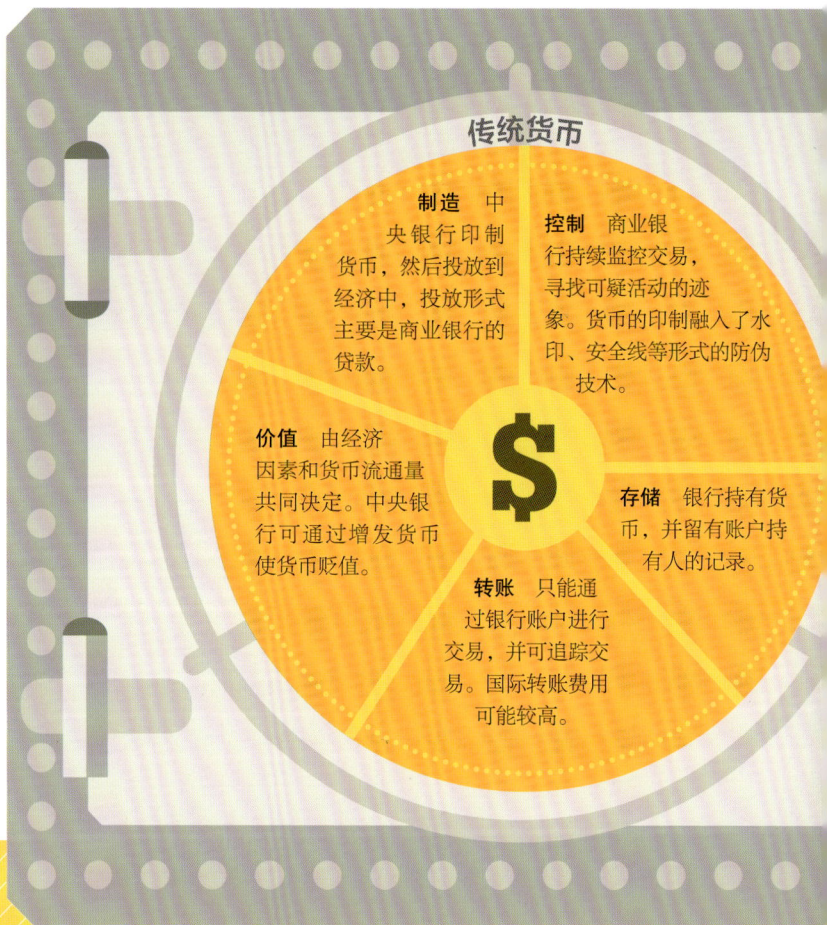

！注意

▶**加密货币的余额存储在计算机上**
如果加密货币持有人的计算机出现故障，且没有备份交易，那么就无法证明加密货币的资金由此人持有。

▶**接受加密货币的零售商并不多**
一般来说，接受加密货币的场所越多越好，但一些加密货币有专门的用途。

传统货币

制造 中央银行印制货币，然后投放到经济中，投放形式主要是商业银行的贷款。

控制 商业银行持续监控交易，寻找可疑活动的迹象。货币的印制融入了水印、安全线等形式的防伪技术。

价值 由经济因素和货币流通量共同决定。中央银行可通过增发货币使货币贬值。

存储 银行持有货币，并留有账户持有人的记录。

转账 只能通过银行账户进行交易，并可追踪交易。国际转账费用可能较高。

$

加密货币如何估值

各类加密货币的总市值及日交易量

总市值较高可能表示每枚"币"的价值较高，也可能表示有大量加密货币参与流通。每日交易量衡量的是一天内的交易次数。交易量巨大、总市值较高的加密货币可能具有较高的价值。

转账安全和验证

不同的加密货币有不同的交易验证和安全保障方式。各种加密货币的系统依赖于复杂的数学问题，而交易所花的时间、易受攻击的程度，决定了系统的有效性。大多数加密货币使用的都是如下两套系统：工作量证明或权益证明，或两者兼而有之，从而确保最高的网络安全性。

700余种
可供交易的加密货币种类

加密货币

制造"矿工" 用专门的硬件创造"虚拟币"，然后将之登记在网络上的公用虚拟账簿上。

控制 每枚虚拟币都内嵌了安全加密机制。复杂的数学系统不断变化，以增加安全性。

价值 如果使用更方便、交易时间更短、更安全，并且使用的零售商更多，那么加密货币的价值就更高。

存储 加密货币被存放在个人的数字钱包中。交易记录则被保存在虚拟账户上。

转账 只要能够访问网络，就可以转账。这种转账实际是匿名进行的，转账费用较低或可忽略不计。

比特币

比特币和其他加密货币都是在网络上生成的。加密货币可以通过互联网从一个人转移到另一个人，也可以与传统货币进行买卖。

如何运作

2009年推出的比特币是第一款加密货币，且到目前为止，仍是应用最广泛的加密货币。比特币与国家支持的传统货币不同，其基础是加密系统，即一套生成数学代码、提供较高安全保障的系统。每笔交易都需要其他用户来验证，因此，要花掉另一个用户电子钱包里的比特币或破坏交易，几乎是不可能的。为此，每个用户需要用多块独特的数字代码来传输交易。用这种方式验证交易的用户会获得比特币作为奖励。比特币可以在数字交易所和个体之间进行交易。

比特币交易

比特币用户首先要设置一个虚拟钱包。虚拟钱包好比一个高度安全的网上银行账户，其用途是发送、接收和存储比特币。虚拟钱包可以连接常规银行账户，用于转移比特币，换取传统货币。比特币从一个虚拟钱包转移到另一个虚拟钱包时，比特币网络中被称作"矿工"的专家们会争先恐后地验证这笔交易。一旦通过验证，收款方的虚拟钱包就会显示这笔资金。付款方通常要支付一小笔费用（约为1%），这笔费用会分配给"矿工"们。

2. 开采比特币

为了证明区块中包含的交易是合法的，并且不包含已在别处使用过的比特币，比特币"矿工"会用计算机程序来求解复杂的数学难题，保护这一区块。最先完成任务的"矿工"会得到新的比特币作为奖励，这就是创造新比特币的方式，而相应的区块会被追加到区块链中。

1. 买家向卖家支付

买家通过在线交易表单向卖家支付比特币，交易表单列明了卖家的虚拟钱包账号和转账金额。交易对买家和比特币网络上的所有人可见。交易包含一个被称为"私钥"（private key）的加密代码，指明比特币来自哪个虚拟钱包。这笔交易与同一时段内的其他交易捆绑为一个被称为"区块"（block）的加密列表。

"矿工"

比特币交易

买家

3. 区块链

区块链有些类似于可以在线查看的公共账户。每个经过验证的区块都会被追加到前一个区块中。每个区块的"哈希"（hash，也译作"散列"）或签名由前一个区块的部分签名生成，因此每笔交易都有一个时间戳，这使得交易不易被篡改。

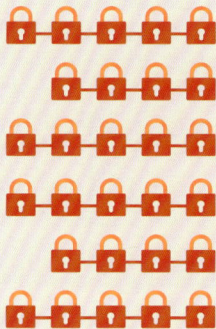

比特币的价值

　　能够创造的比特币数量被限定在2100万枚，可以防止供过于求而造成比特币贬值。此外，随着流通中的比特币数量增加，相应的程序会使验证更困难。这意味着"采矿"过程会更耗时，而产生的比特币会减少。有限的供给能够确保比特币保持较高的价值。

卖家

用10分钟进行验证

"矿工"

4. 比特币到账可用

比特币一旦到达卖家的账户，就可通过交易所出售，或直接在线卖给他人。此外，人们可以通过LocalBitcoins.com和Meetup.com等网站进行面对面交易，用虚拟钱包（在移动设备上）完成交易。

比特币为何如此安全

　　由于所有交易都必须进行验证，攻击者很难篡改系统。如果有人试图干扰区块链中的交易，相应的哈希值就会发生变化，导致后续的区块链无效。由于比特币的安全度高，一旦密码丢失或硬件损坏，比特币便无法恢复。

众筹

与传统筹款不同，众筹（crowdfunding）能让人们通过社交媒体在网络上直接从潜在捐赠者那里募集资金。众筹的目的是让很多人捐出少量的资金。

如何运作

大多数筹款活动侧重于慈善事业捐款，或投资有价值或有潜力获得丰厚利润的企业。在社交网络出现之前，筹款要通过银行、慈善机构等第三方组织进行，或向家人和朋友请求财务支援。众筹由这些方法演变而来，但主要在网络上进行，而不是面对面。

众筹的优势

众筹与传统筹款活动不同的是，它除去了"中间人"，能确保更多的捐赠用在正确的用途上。众筹使任何人都能在网络上筹集资金。通过众筹计划，众筹可以吸引潜在的投资者，从而接触到更广泛的受众。

筛选过程

在筹款活动开始之前，众筹平台会对申请人进行筛选。与银行一样，有些平台比其他平台的筛选更为严格。

选择平台

众筹平台通常会提供模板、筹款金额表和自动提醒服务。一些平台专注于慈善事业众筹，另一些平台则专注于投资项目众筹。

撰写宣传语

撰写宣传语的目的是尽可能吸引更多的潜在捐助者。宣传语要列出需要资助的项目或慈善事业，并确定一个筹款目标。

网络发布

数字营销技术有助于瞄准最有可能出资的人。有些奖励计划会向认捐人提供投资收益，从而最大限度地筹集资金。

逾 **26** 亿美元
自2009年4月，Kickstarter上众筹的金额

在线认捐

大多数筹款都在活动发布的早期阶段比较活跃，但通过提醒、更新进展、发布新帖让筹款活动保持活跃也十分重要。

费用

各个众筹平台收取的费用有所不同，通常为5%左右，不包括设计费和付款处理费。一些众筹平台规定，如果筹集的资金未能满足既定目标，已筹集到的资金会被退还给捐款方。

跟进

筹款活动结束后，根据协议，资金会被移交给主办方或退回捐款方。

点对点借贷

点对点借贷（peer-to-peer lending）也被称为群贷（crowd-lending），其目的是把寻求现金收益的储蓄者同借款人或需要投资的公司匹配起来。这是一种相对较新的贷款形式，能够提供较高的储蓄收益。

如何运作

点对点借贷好比借款人和放款人的虚拟介绍所，它绕过银行和其他金融机构，通过专门的点对点借贷经纪人来审查潜在的借款人，把借款人与准备贷出多余资金的放款人匹配起来。

点对点借贷对投资者兼放款人的吸引力在于，其收益率要高于银行提供的收益率，前者通常为后者的两倍。另一方面，借款人会因借款利率较低而受益（除非借款人被认为具有较高风险）。经纪人会对借款人进行信用审查，并用持有的信托资金来弥补坏账，这为放款人提供了一定的保障。通常，经纪人会向借款人和放款人收取费用。自2008年金融危机以来，点对点借贷虽然有了蓬勃发展，但其受到的考验和管制相对不足，这意味着放款人面临潜在的风险。

使用点对点借贷

任何个人或企业都可以申请点对点借贷业务。贷款期限通常为一年至五年，利率和费用各不相同。下面给出了一个典型案例。

点对点借贷中介

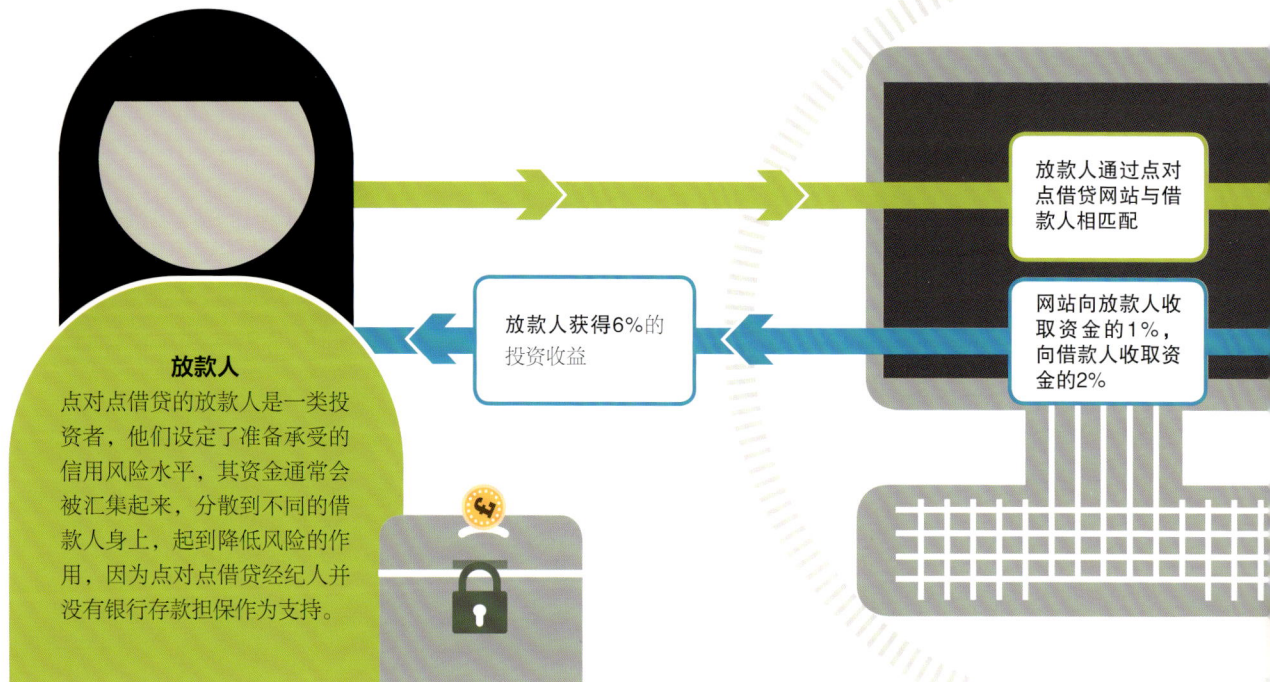

放款人通过点对点借贷网站与借款人相匹配

网站向放款人收取资金的1%，向借款人收取资金的2%

放款人获得6%的投资收益

放款人
点对点借贷的放款人是一类投资者，他们设定了准备承受的信用风险水平，其资金通常会被汇集起来，分散到不同的借款人身上，起到降低风险的作用，因为点对点借贷经纪人并没有银行存款担保作为支持。

分散风险

有些放款人通过积极管理贷款来降低风险，他们把愿意贷出的资金的一部分借给借款人，借款人还需要从其他放款人那里获得其余贷款。

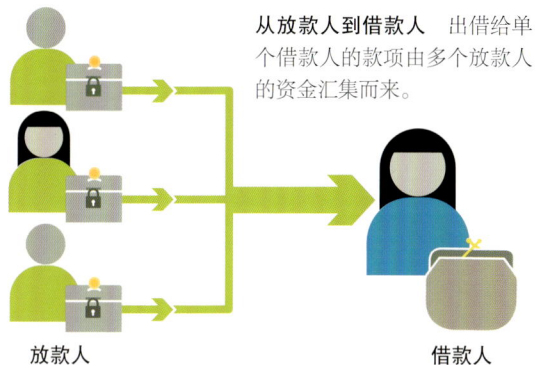

从放款人到借款人 出借给单个借款人的款项由多个放款人的资金汇集而来。

放款人　　　　借款人

从放款人到借款人 放款人为了降低风险，会把愿意出借的资金分散到多个借款人身上。

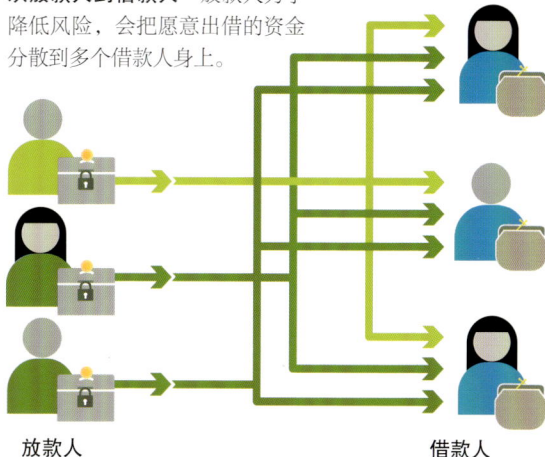

放款人　　　　借款人

1万亿美元
到2025年，全球点对点借贷的预测价值

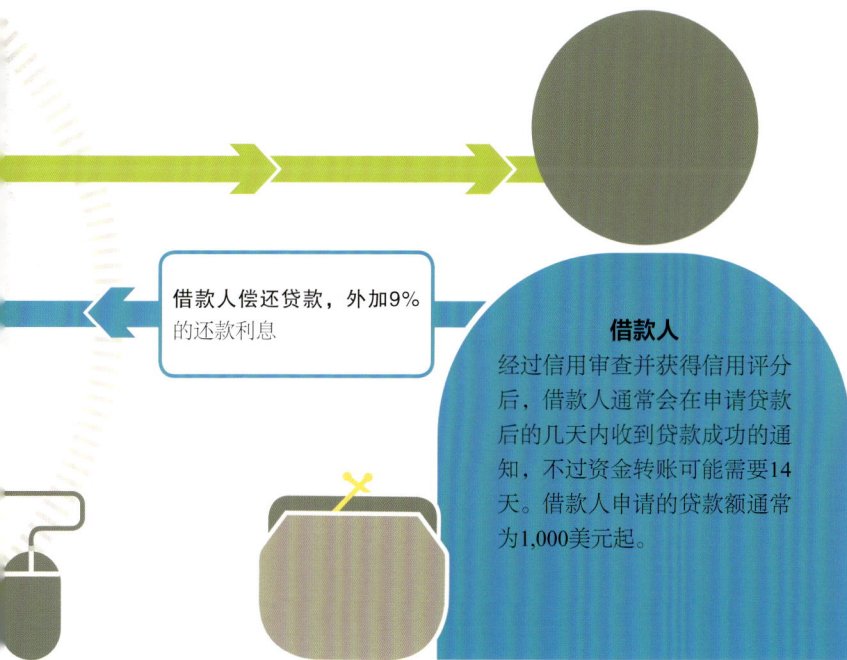

借款人偿还贷款，外加9%的还款利息

借款人
经过信用审查并获得信用评分后，借款人通常会在申请贷款后的几天内收到贷款成功的通知，不过资金转账可能需要14天。借款人申请的贷款额通常为1,000美元起。

⚠ 注意

▶**违约** 如果借款人对贷款违约，放款人将承担无法得到偿付的风险。

▶**中介** 点对点借贷公司并无大额的现金储备。

▶**责任** 如果点对点借贷公司破产，放款人必须自行负责收回贷款。

▶**未经考验** 由于点对点借贷是一种相对较新的贷款形式，它尚未经历经济衰退等恶劣形势的考验。

PENSION
POT

英国的货币

伦敦证券交易所与富时指数

伦敦证券交易所（London Stock Exchange，LSE）是世界上最古老的证券交易所之一。它让世界各地的企业通过多种途径筹集资金、提高知名度，并获得市场估值。

伦敦证券交易所

伦敦证券交易所是英国金融界的中心。按市值（在交易所上市的公司的股票价值）计算，伦敦证券交易所全球排名第三。它也是最具国际性的股票市场之一，有来自60多个国家的企业。

伦敦证券交易所以股票交易为主，但也交易其他类型的证券，如债券、衍生品、基金、认股权证、商品和金边债券（主要是英国政府债券）。

约有2600余家公司在伦敦证券交易所上市。这些企业可分为两个主要板块：由大公司构成的主板市场（Main Market）和由中小型公司构成的高增长市场（Alternative Investment Market，AIM）。此外，交易所还设有专业部门，其中包括专业证券市场（Professional Securities Market，PSM）和专业基金市场（Specialist Fund Market，SFM）。这些板块均按交易市场运作。企业或机构为了筹集资金，可以出售其业务（股份）所含的利益，或为临时债务购买协议（各种债务证券，如债券）提供收益。买家可以从这些企业和机构购买投资品。

在伦敦证券交易所上市的公司，其总市值约为3万亿英镑。前100家公司的市值占总市值的近80%。这些公司是知名度高、表现上佳、在主板市场交易的蓝筹股。富时100指数，即"伦敦金融时报100指数"（Financial Times Stock Exchange 100 Index），跟踪的便是这些股票。剩下的公司则在高增长市场、专业证券市场或专业基金市场上进行交易。

伦敦证券交易所由伦敦证券交易所集团（London Stock Exchange Group）所有，因此它也提供该集团其他交易平台的准入。相关平台包括：意大利证券交易所（Borsa Italiana），位于意大利米兰；MTS，欧洲的主要固定收益市场，主要交易政府债券；Turquoise，泛欧多边交易平台，主要交易欧洲19个国家的证券。

主板市场

一家公司要在伦敦证券交易所的主板市场上市，其价值应在70万英镑以上。公司还须提供至少近三年的会计报表，报表须按国际财务报告准则（International Financial Reporting Standards，IFRS）编制。

主板市场包括多个板块，每个板块有各自的上市要求，并有各自的指标来跟踪交易的上下浮动。

富时100指数　即伦敦金融时报100指数，是伦敦证券交易所最著名的指数，俗称"Footsie"。该指数追踪的是伦敦证券交易所前100家蓝筹公司的股票买卖，这些上市公司包括英国石油、力拓、乐购和苏格兰皇家银行等。富时100指数每15秒重新计算一次，以体现实时交易量，追踪每分钟的表现。每个季度都要对前100名的公司进行审查，并调整富时100指数，以便将表现优异的公司纳入其中。

富时250指数　富时250指数（紧跟富时100指数）包含后面的250家高市值公司，即在伦敦证券交易所排名101至350的公司。

富时350指数　富时350指数包含在伦敦证券交易所排名前350的公司，是富时100指数和富时250指数的结合。

富时小盘股指数　富时小盘股指数包含市值排名351至619的公司。富时小盘股指数的称谓意味着这些公司的盘面小于富时350指数的公司。

富时全盘指数　富时全盘指数结合了富时100指数、富时250指数和富时小盘股指数，为伦敦证券交易所上市公司的表现提供了更全面的概览。

富时新兴指数　富时新兴指数包含约200家公司，其市值小于富时全盘指数公司，但仍有在主板市场上市的资格。

高增长市场

高增长市场（Alternative Investment Market，AIM）针对的是希望在伦敦证券交易所发行并出售股票，但很难满足主板市场严格规定的公司。例如主板市场规定，公司必须达到一定的规模，并且拥有往绩记录。因此，处于业务发展初期阶段的公司将无法在公开市场进行交易，而高增长市场则无此类规定。

高增长市场于1995年推出，它也被称为"初级市场"。它为小公司向投资者募集资金提供了机会。在高增长市场上市的公司约有1,450家，分为三类：

富时英国高增长市场50指数：排名前50的英国公司。

富时高增长市场100指数：排名前100的公司。

富时高增长市场全盘指数：所有在高增长市场上市的公司。

规章

伦敦证券交易所的活动受英国金融服务监管局（Financial Services Authority，FSA）下属分支机构英国上市管理局（UK Listing Authority，UKLA）的监管。申请在伦敦证券交易所上市的公司必须经过英国上市管理局批准，并且要满足特定的资质标准。这些标准因公司的上市类型而异。上市的级别越高（主板市场居首），英国上市监管局的资质审核流程越严格。

对冲基金

对冲基金是投资的一种选择，它有提供巨额收益的潜力，但其风险也较高。对冲基金把资金投入到一系列金融产品上，其中包括：股票、债券和衍生品。衍生品是一种较为复杂的资产类型，包括期权、权证、期货和掉期等。无论当前的经济形势如何，任何对冲基金经理预期能产生利润的工具都是对冲基金的投资目标。对冲基金经理在投资品选择方面的约束较少，这意味着对冲基金的风险较高。

对冲基金的目的是赚取利润，而其他类型投资品的目的则是超越特定指数（如富时）的表现。这意味着，投资者只能依靠对冲基金经理的技能来决定投资策略，选择最有利的金融产品组合。基金管理费通常在2%左右，外加20%的绩效费。

不久前，对冲基金只面向超级富豪或金融机构，因为其最低投资门槛高达数百万英镑。如今，预算较少的英国个体投资者可以把资金投到"基金的基金"（funds of funds）中。这类基金把来自众多投资者的资金汇集起来，分散到多家对冲基金上，从而将风险降至最低。在英国，这类基金的营销局限于小的个体投资者。除非基金经理在英国金融服务监管局注册，否则一旦出现问题，投资者基本没有追索权。

英国企业登记局与公司会计

英国企业登记局（Companies House）是由英国商业、能源和工业战略部（Department for Business, Energy & Industrial Strategy）主办的机构，负责组建和解散有限公司、登记企业信息，并向公众提供这些信息。

企业注册

在英国开展业务的企业均负有法律义务。无论在英国成立的企业，还是来自海外的企业，只要在英国拥有实体经营场所，其首要义务之一就是向英国企业登记局注册。

在英国设有营业场所的海外企业，必须在一个月内注册。但有些类型的海外企业，如合伙制企业、有限合伙制企业和政府机构，则不能在英国注册。

企业要注册就必须填写注册表并按标准缴纳费用。一些海外企业可能需要提供公司成立的注册文件，以及一套近期账目的副本。企业一旦注册，就要向英国企业登记局递交年审。企业还须向英国税务海关总署（Her Majesty's Revenue and Customs，HMRC）提交季度报表和年审。对于150万英镑及以下的利润，须每年缴纳公司税，对于超过150万英镑的利润，则应分期缴纳公司税。

三类企业必须对利润缴纳公司税：英国企业，在英国注册的海外企业，俱乐部、合作社和其他类型的社群团体或体育俱乐部。

合伙制企业不在英国企业登记局注册，除提交合伙制企业中个人的所得税申报表以外，没有义务向英国税务海关总署提交账目。

英国会计准则

英国企业登记局和英国税务海关总署都要求企业编制财务报表时，报表格式应符合英国的官方会计准则。这意味着，账户必须包含特定的类目和计算项。相应的准则由英国财务报告委员会（Financial Reporting Council，FRC）发布。英国公认会计准则（UK GAAP）是逐渐确立下来的一套体系，它规定了英国企业应如何编制、报告账目，其内容包括会计准则和英国公司法。英国的会计框架由六套标准组成，即FRS 100到FRS 105，它们分别规定了英国不同类型的企业（如母公司、非上市公司和保险公司）应当遵循的报告准则。

企业在本财政年度结束时，应向英国税务海关总署和英国企业登记局提交企业账目。会计年度从6月1日开始到次年5月31日结束，但在企业成立的第一年会有差异，因为企业的第一个会计期间是从其成立之日起算，而不是从开始营业之日起算。

企业不必聘用会计师来编制账目，但董事会负有法律义务，应确保财务报表符合英国财务报告委员会发布的规定。私营企业有义务保存近三年的会计记录，上市公司则必须保留近六年的。

预防诈骗

自2017年起，与逃税相关的法律（此指《刑事金融法案》）将企业在英国和海外的逃税行为增列为企业犯罪。这意味着，对雇主逃税知情不报，或在企业工作且以任何方式参与逃税过程的人，都可能被起诉。这项法律针对的是代表企业组织的任何人士，如雇员、会计师及纳税个人等。

知识产权法

在英国营业的企业可以向英国知识产权局（Intellectual Property Office，IPO）申请注册知识产权。知识产权包括：产品名称和商标，广告语和徽标，注册的设计（即产品外观，包括产品的包装、图案和形状），以及适用于机械、药品等发明和产品的专利。

文字作品、电影、摄影、音乐、网络内容和录音的版权自动受到英国法律的保护。此外，设计权，即物品的形状及其各部分排列的方式也同样受到保护。

英国退出欧盟后，英国公司仍然可以注册欧盟商标或设计，英国企业仍能向欧洲专利局（European Patent Office）申请保护。已经提交国际专利申请的公司也可以申请在英国注册专利，只要在递交国际专利申请的31个月内提交申请即可。

公司税税率

从2012年到2016年，公司税税率主要为20%。在2016年的财政预算中，英国政府宣布：2017、2018和2019税收年度（自4月1日开始），公司税的主要税率将变为19%；2020年4月1日起，公司税的主要税率将降至17%。除从事石油开采或靠石油开采权获利的英国企业（被称为"圈堵企业"）以外，这一税率适用于所有企业。

缴纳税款

会计年度

有限公司每年必须向英国企业登记局提交年度账目，并向英国税务海关总署提交公司税申报表。对于新公司，第一个会计年度自公司成立第一个月的月末起算，这被称作会计参照日（Accounting Reference Date，ARD）。对于私营企业，账目申报的截止日期为会计参照日后的21个月；公众有限公司（public limited companies，plc）的账目申报截止日期则为会计参照日后的18个月。

申报截止日期

类别	截止日期
首次向英国企业登记局申报账目	向英国企业登记局注册后的21个月
向英国企业登记局申报年度账目	财务年度结束后的9个月
支付公司税或告知英国税务海关总署不欠公司税	公司税会计期结束后的9个月零1天
提交公司税申报表	公司税会计期结束后的12个月

英格兰银行与英国经济

英格兰银行（Bank of England，BOE）是英国政府的银行，也是商业银行的银行。英格兰银行发行银行券（bank notes），设定基准利率，监管银行体系，并影响英国经济。

英国的中央银行

英格兰银行成立于1694年，它是位列瑞典中央银行（Riksbank）之后世界上第二古老的中央银行。自1998年6月以来，英格兰银行完全独立于英国政府。1997年选举后，工党掌权，当时的英国财政大臣戈登·布朗（Gordon Brown）启动了《1998年英格兰银行法案》，赋予英格兰银行在货币政策上的独立性。

英格兰银行是英国商业银行的银行，扮演着"最后贷款人"的角色。它还负责维护政府的银行账户，即统一基金（Consolidated Fund）。

英格兰银行除担任政府的银行以外，还有三个主要角色：发行银行券，设定基准利率，监管银行体系。在前两个角色中，英格兰银行的目标是保持英国经济中物价的稳定，维持人们对英国货币（英镑）的信心。该行制定的重大决策有货币供给量、对商业银行贷款的基准利率。而对商业银行的贷款，可以由商业银行在中央银行的存款来支付。反过来，这些职能会使汇率波动，推高或拉低英镑对其他国家货币的汇率。通过操纵货币供给，英格兰银行能够直接影响英国的经济。

外汇

英格兰银行还负责为英国财政部（Her Majesty's Treasury，HMT）管理黄金储备和外汇。英国的外汇储备由财政部的政府账户持有。英格兰银行以财政部代理人的身份买卖外汇，并在财政部设定的限额内用其中一部分外汇进行投资。这些外汇储备可在一定程度上防止英镑汇率大幅波动。例如，2016年英国脱欧公投前的12个月内，英格兰银行的外汇储备增加了34%。经济学家认为这是一项预防性措施，目的是保护英镑不因英国脱欧公投后的不确定性而大幅贬值。

钞票印制与安全性

在英格兰，英镑由英格兰银行独家印制，但在苏格兰和北爱尔兰，经英格兰银行批准，有七家银行获准印制当地货币。其中三家银行的总部设在苏格兰，四家设在北爱尔兰。英格兰银行发行面额为50英镑、20英镑、10英镑和5英镑的钞票，在英格兰和威尔士流通。苏格兰和北爱尔兰也发行100英镑的钞票，但只有苏格兰发行1英镑的钞票。

北爱尔兰和苏格兰发行的钞票，只有在商家同意接受时，才能在英国各地使用。同样，如果交易双方达成协议，英格兰银行发行的钞票也可以在英格兰和威尔士以外使用。换言之，英格兰银行发行的钞票只是英格兰和威尔士地区的法定货币，而苏格兰和北爱尔兰发行的钞票也只是其各自地区的法定货币。

利率

英格兰银行在决定提高、降低或维持利率之前，会评估当前的经济数据，如失业率、国内生产总值的增长率，以及通货膨胀率。英格兰银行在苏格兰、北爱尔兰、威尔士和英格兰地区设有12家机构，这些机构负责收集英国各地商业状况的信息。

英格兰银行的货币政策委员会（Monetary Policy

Committee，MPC）负责制定利率方面的决策。这些决策每月发布，通常是在某个周四的中午12点。货币政策委员会在《通货膨胀报告》中给出通货膨胀和经济增长的预测。该报告每年共发布四次，分别是在2月、5月、8月和11月。这些预测是制定利率决策的基础。

如果经济不景气，英格兰银行会降低利率，鼓励支出、刺激经济。如果经济增长有过快的风险，可能会推高通货膨胀率，英格兰银行就会提高利率，使借款更昂贵，抑制支出活动。作为其决策的一部分，英格兰银行还必须考虑政府设定的目标，将通货膨胀率限制在2%以内。

量化宽松

如果公开降低利率仍不足以刺激经济增长，英格兰银行会实施量化宽松的货币政策，进一步影响利率。在量化宽松政策中，英格兰银行通过电子形式（而不是印制纸币）创造新货币，用于购买政府债券。这会提高政府债券的价格，降低向投资者支付的收益率或利率。利率的降低会鼓励企业借入更多资金。反过来，企业会支出更多的资金，雇用更多的员工，从而推动经济发展。

英格兰银行的活动

引入塑料钞票

2016年9月，英格兰银行推出了印制在塑胶上的5英镑聚合物钞票（塑料钞票），这标志着英国开始淘汰钞票。2017年5月5日起，旧版的5英镑纸币不再是合法货币。到2020年，新的10英镑和20英镑塑料钞票有望在英格兰和威尔士完成发行。苏格兰的三家发行银行也将印制新的塑料钞票。由于聚合物更耐久，更能抵抗潮湿和污垢，其使用寿命将是纸币的2.5倍。在设计上，塑料钞票上可以印制透明视窗，使得它们更难被伪造。

英国脱欧公投之后

从英国脱欧公投到2016年9月27日，英格兰银行为了刺激经济，启动了公司债券购买计划。这项举措是前所未有的，其预算高达100亿英镑。这项公司债券购买计划的目的是降低借款成本，鼓励企业投资，从而促进就业和经济增长。

英国的税收制度

英国的征税责任由三家机构承担——位于威斯敏斯特的中央政府，地方政府，以及分权国家政府（也作"下放国家政府"或"分权委任国家政府"）。

政府的作用

中央政府收取直接税（如所得税）和间接税（如增值税）。地方政府则收取商业房产税（也作"营业房产税"）和市政税。

苏格兰、威尔士和北爱尔兰的分权国家政府有一定的权力确定自己的税率，尤其是商业房产税和土地税。苏格兰有额外的权力，可以设定土地和建筑交易税和垃圾填埋税，税款则由苏格兰税务局（Revenue Scotland）征收。自2018年起，威尔士也获得了设定土地交易税和垃圾填埋税的权力，税款由专门设立的威尔士税务局负责征收。只有苏格兰可以自行设定所得税税率，但所得税由中央政府征收。如今，北爱尔兰也可以自由设定公司税率。

位于威斯敏斯特的中央政府为地方议会、分权国家政府提供资金，并通过多种渠道获得税收。税收由两个主要金融机构进行管理，即英国财政部和英国税务海关总署。财政部负责监督税收体系，税务海关总署负责全国范围的税款征收，并合理地管理税收制度。

英国税务海关总署是2005年由财政部设立的非部级政府部门，由税务局和英国海关合并而成。其中，税务局是负责征收所得税等直接税的政府部门，英国海关是征收增值税等间接税的机构。

收入来源

如今，大多数进入英国国库的税款都由英国税务海关总署征收。大部分税收具有直接税的形式，适用于收入、利润和其他收益，如遗产。这些税收都是"从源扣除税"，如通过"所得税预扣"系统，每个月从员工的工资中扣除的税款，或是应当支付给英国税务海关总署的税款，如公司税。所得税和社会保险缴款是主要的直接税（约占45%），其他直接税包括资本利得税、遗产税和公司税。

到目前为止，所得税是政府最重要的收入来源。过去10年来，政府政策变化后，来自高收入纳税人的税款增加，来自低收入纳税人的税款减少。低收入纳税人的个人免税额有所提高，但高收入纳税人的门槛则有所下降。结果，适用较高税率的纳税人增加了100万人以上。

英国税务海关总署也征收间接税。消费者在购买商品和服务时需要支付间接税。卖方有义务向英国税务海关总署支付税款。增值税是主要的间接税，占政府收入的18%左右。加上其他间接税以后，税收收入的28%是对商品和服务征收的。

市政税

在地方上，地方当局主要依靠市政税和商业房产税获得税收收入。地方当局可以在限额内提高市政税，而限额则由国家政府制定。地方当局有权按照零售价格指数（Retail Price Index，RPI）来提高商业房产税率。零售价格指数衡量的是"一篮子"零售商品和服务的价格变化。这个"篮子"包括消费者定期购买的各种商品和服务，如食品、燃气、足球门票等。

零售价格指数每年都会计算一次，政府会用它来评估其他类型税收的变化，如免税额和国家养老金。如果零售价格指数上涨，政府必须考虑提高养老金供款以弥补生活成本的上升。

征税

自2005年以来，英国税务海关总署的征税权力大大增加。如今，该机构有权通过第三方获得欠税人的联系信息，也可以提请法院将企业清盘。如果企业有未能履行纳税义务的前科，它可以要求企业提供担保，以免未来出现坏账。

自2016年4月6日起，英国税务海关总署可以直接通过纳税人的账户收回欠款，前提是欠款超过1,000英镑，并且收回欠款后在债务人账户里要至少留下5,000英镑。这一操作只能在遵循严格议定书的前提下进行，其中包括与纳税人会面，讨论可控的还款方式，并为某些弱势的债务人提供支持。

税收

英国税收

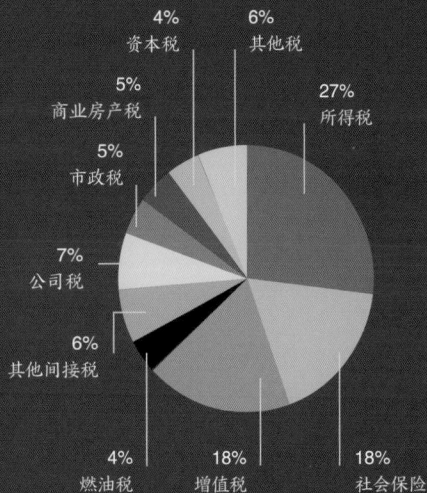

绝大部分税收来源于所得税和社会保险缴款，公司税和其他营业税的占比相对较小。

税收缺口

每年都有大量的税款应当向英国税务海关总署缴纳，但却没有被缴纳。例如，据英国税务海关总署统计，2013—2014年的税收缺口（应收税款与实际收取的税款之间的差额）约为340亿英镑，占税收总额的6.4%。这与2005—2006年的税收缺口相比减少了2%，主要原因是：在减少逃税、鼓励个人和企业自愿、准确地报税方面，新措施赋予了英国税务海关总署更大的权力和更多的资源。政府数据显示，2014—2015年，英国税务海关总署收取的税款达5177亿英镑，其中包括原本会因逃税而损失的266亿英镑。

社会保险与间接税

在英国，政府养老金计划的资金来源于社会保险缴款。增值税、对某些商品征收的关税，以及其他间接税也是税收的来源。

来自社会保险的税收

政府通过社会保险（National Insurance，NI）缴款所获得的资金被专门用来支付国家养老金。从本质上说，当年养老金所需的资金由本年度的社会保险收入支付。社会保险缴款直接进入专项资金，并与其他税收收入分开持有。与美国、阿拉伯联合酋长国和挪威等国不同，英国并没有主权财富基金，即可以用作养老金的国有投资基金。这意味着，英国政府并不代表国家购买股票或进行投资。例如在20世纪七八十年代，英国政府对北海石油的利润征收的税款原本可以用来购买政府债券，大幅扩充资金。然而这笔资金却被用到了资助减税和公共支出上。就英国目前的预算赤字来看，现在建立主权财富基金并不现实。

虽然英国没有主权财富基金，英国政府还是把社会保险缴款投资到了债务管理办公室（Debt Management Office）管理的通知存款账户上。这笔资金被放在隔夜账户上，并以现行利率贷出获得利润。账户上的金额会逐日调整，使政府在需要支付养老金时能够拨出资金。由于对资金支取不设限额，故而赚取的利息较低，对社会保险基金的额外贡献不大。

自20世纪90年代以来，社会保险的资金池出现了盈余，也就是社会保险缴款形式的资金入项超过了养老金支付形式的资金出项。不过，由于利润增长的下滑，盈余已开始减少。2007—2008年的金融危机导致2007—2016年的9年时间里，实际工资下降了10%以上。根据通货膨胀调整的实际工资能够准确地衡量支出能力，即平均月工资能够购买的商品和服务的数量。在实际工资恢复之前，由于雇主和工人的缴款较少，社会保险盈余会持续下降。一些政府预测，若这一趋势持续下去，到2035—2036年，社会保险基金将会枯竭。为了应对这一挑战，英国政府在2016年推出了新型国家养老金，同时逐渐提高退休年龄。对于2021年之后退休的人士，养老金的每周统一缴款额将在145至155英镑之间。要获得领取养老金的资格，缴纳社会保险的年限应当达到35年。国家养老金的上涨按"三重保险"计算，即缴款额的上涨幅度应以通货膨胀率、平均收益率和2.5%这三者中的最高者为准。

增值税

增值税（Value Added Tax，VAT）占英国政府收入的18%左右，与社会保险缴款相当，是继所得税后的第二大组成部分。英国的所有销售都要支付增值税。商户在扣除已支付的增值税后，有义务向政府缴纳增值税。如果12个月内的营业额超过83,000英镑，企业必须登记增值税。

增值税的标准税率为20%，适用于大部分商品和服务。这一税率自2011年1月起施行，由17.5%上涨到了当前的水平。有些商品可获得5%的减税，其中包括儿童安全座椅、卫生用品，以及家用燃气和电力等。

零增值税的商品五花八门，其中包括基本的食品、书刊、儿童鞋服、家庭节能设施，以及公共交通费等。

增值税法规里有一些奇葩的规定。例如，外卖的冷食没有增值税，但是热食的馅饼、烤三明治、比萨和汤等外卖要缴纳20%的增值税。薯片适用于标准费率，但玉米片等玉米制作的零食的增值税为零。1991年有一个著名的法院判例：麦维他公司（McVitie）的佳发蛋糕（Jaffacake）没有裹巧克力，因而增值税为零。

其他间接税

　　一些间接税也贡献了税收，如燃油税、烟酒税、印花税、土地税、资本利得税、遗产税、关税、垃圾填埋税、博彩税，以及保费税（insurance premium tax，IPT）。保费税适用于保单的购买。2017年，保费税的税率从6%上涨到了10%。

　　自2010年以来，英国增加了小的税种，部分原因是为了弥补公司税的减少。因为2020—2021年，公司税会从之前的20%降到17%。2011年，新的银行征税措施生效，银行资产负债表上的过量负债会被处以罚款。2016年，英国开始对银行利润征收附加费。这意味着，银行除了对利润缴纳公司税，还要缴纳额外8%的附加费。这项税款愈发成为政府税收的丰厚来源。一些其他新税种不仅带有社会目标，还能创造收益，例如对软饮料征税不仅能产生税收，还能应对与糖分摄入较高相关的健康风险。

政府支出

如何花费税收

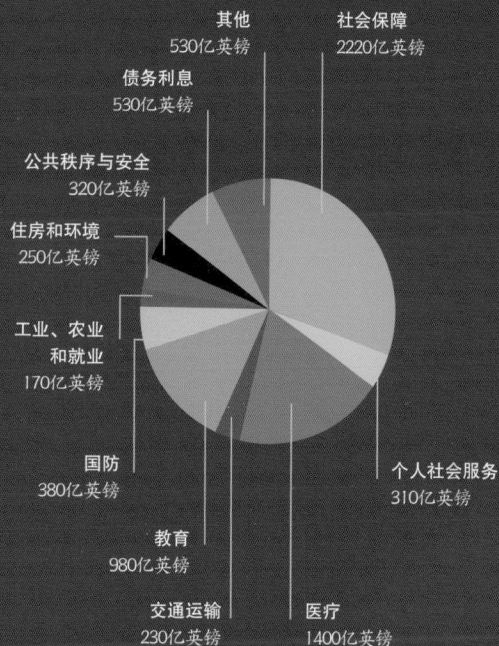

其他
530亿英镑

社会保障
2220亿英镑

债务利息
530亿英镑

公共秩序与安全
320亿英镑

住房和环境
250亿英镑

工业、农业
和就业
170亿英镑

国防
380亿英镑

个人社会服务
310亿英镑

教育
980亿英镑

交通运输
230亿英镑

医疗
1400亿英镑

　　英国政府通过直接税和间接税获得的收入为公共支出提供资金。英国政府的大部分收入被用来履行社会保障义务，包括国家养老金、公共部门养老金、住房津贴和失业保险。接下来的一个支出大项是医疗，其次是教育。

对人税

任何英国居民，只要往储蓄账户存钱、购买股票或投资其他金融产品，都必须对这些活动产生的收入纳税。有些团体可以获得免税，如低收入者和未成年人。

储蓄税

2016年4月，英国实施了新的个人储蓄免税额，这意味着部分账户持有人获得的利息收入是免税的。2016年4月之前，利息是从源扣缴的，住房协会和银行支付的是净利息。而如今，部分利息是不扣税的，按毛利息支付。

如果总应税收入为17,000英镑，则无须对储蓄收益缴税。不仅如此，适用于低档税率的纳税人可以赚取1,000英镑的利息，适用于中档税率的纳税人可以赚取500英镑的利息，而适用于高档税率的纳税人则没有个人储蓄免税，必须对利息纳税。在免税账户方面，个人储蓄账户（Individual Savings Accounts，ISA）及某些国民储蓄与投资账户（National Savings and Investment Accounts）获得的收益不算入免税额。

儿童账户和外国账户则适用于不同的规则。儿童账户的利息通常免税，但是如果父母存入的款项使儿童账户赚取了超过100英镑的利息，且超过了父母的免税额，那么父母必须对利息纳税。如果赚取的利息来自祖父母、亲戚或朋友的资金，或来自青少年个人储蓄账户（Junior Individual Savings Account）或儿童信托基金，则属于这一规定的例外情形。

对于青少年个人储蓄账户，如果存入的资金低于4,080英镑的限额就是免税的。现金个人储蓄（cash ISA）不对赚取的利息征税。投资股票的个人储蓄账户无须对股息或资本增值缴税。任何18岁以下的居住在英国的人士都可以开立这类账户。如今，青少年个人储蓄账户已经取代了儿童信托基金。儿童信托基金计划已经关闭，不能再开立账户，但现有账户仍然享有不超过4,080英镑的免税储蓄额。

针对投资的税收减免

除个人储蓄账户外，投资所得的收入被视为其他收入。在每个纳税年度，个人储蓄账户都有15,240英镑的免税额。投资者可以把这笔资金存入三类个人储蓄账户：现金个人储蓄账户、股票和股份个人储蓄账户、创新性金融个人储蓄账户。投资者可以把资金全部投入一种个人储蓄账户，也可以把总的免税额分摊到两种或三种个人储蓄账户上。个人现金储蓄账户与青少年个人储蓄账户一样，无须对赚取的利息纳税。不论股票和股份带来的股息或资本收益，还是创新性金融个人储蓄账户的利息，都无须纳税。

创新性金融个人储蓄账户包括相对较新的投资类型，如点对点借贷。其他另类投资品也有税收减免，例如林业用地的投资者如果持有林地满两年，则无须缴纳所得税或遗产税。

遗产税

在2015年的财政预算案中，英国财政大臣宣布对遗产税（inheritance tax，IHT）进行改革，有效提高单身人士和已婚夫妇的税收起征点。自2020年4月起，血缘关系最近的亲属只有在继承超过50万英镑财产的情况下才需要支付遗产税。如果是继承配偶或同居伴侣的财产，那么起征点将上升到100万英镑。

这次税改的主要变化是引入了每人价值175,000英镑的家庭住房免税额，加上现有的375,000英镑的免税额，构成了500,000英镑的新起征点。一旦超过这个起征点，就适用于缴纳40%的遗产税。如果遗嘱中把遗产净值的10%及以上赠予了慈善机构，那么遗产税会降低到36%。所欠的税款由遗嘱执行人直接从遗产中拨付，缴纳给英国税务海关总署。

为了激励有宽敞住房、成年子女已离家的人士置换小房产，政府为他们提供了遗产税抵免，只要他们把大部分遗产留给后代即可。如果逝者把家庭住房留给配偶，则无须缴纳遗产税。对于赠予直系后代的礼物，如果每年礼物的价值超过3,000英镑，就适用于"七年规则"，即如果赠送礼物的人在七年内死亡，就可根据赠予礼物后已过去的年数使用滑动税率。

数字货币税

对于比特币等其他数字货币，英国政府仍在制定一套完整的政策。截至2014年3月，购买比特币适用于20%的增值税率。但现在，比特币与其他货币一样，被视为私人资金。这意味着，把比特币兑换为英镑或其他货币时，无须支付增值税。但是，如果提供的商品或服务用比特币支付，且供应商登记了增值税，则应照常缴纳增值税。

对于买卖比特币产生的资本收益，与其他资本收益一样，都要缴纳税款。通过比特币赚取的收益应按通常的所得税和公司税征税。

英国有多家加密货币网络交易所，它们提供了买卖比特币的虚拟市场。比特币可以同英镑或其他主要货币进行买卖，有些交易所还允许人们用借记卡或信用卡购买比特币。比特币不仅在虚拟交易所交易，也在一些国际证券交易所交易。这意味着，投资者可以像买卖其他货币一样买卖比特币。例如，投资者可以用英镑买入比特币，等到比特币对英镑的价值上涨，再换回英镑。

遗产税的税率

遗产税起征点的变化自2020年4月起生效。单身人士与已婚夫妇适用于不同的税率。

单身人士

其他资产价值	家庭住房价值	遗产价值	2020年4月起遗产税应付额
175,000英镑	175,000英镑	350,000英镑	无
200,000英镑	300,000英镑	500,000英镑	无
250,000英镑	400,000英镑	650,000英镑	60,000英镑
400,000英镑	600,000英镑	1,000,000英镑	200,000英镑
750,000英镑	750,000英镑	1,500,000英镑	400,000英镑
1,000,000英镑	1,000,000英镑	2,000,000英镑	600,000英镑

已婚夫妇

其他资产价值	家庭住房价值	遗产价值	2020年4月起遗产税应付额
175,000英镑	175,000英镑	350,000英镑	无
200,000英镑	300,000英镑	500,000英镑	无
250,000英镑	400,000英镑	650,000英镑	无
400,000英镑	600,000英镑	1,000,000英镑	无
750,000英镑	750,000英镑	1,500,000英镑	200,000英镑
1,000,000英镑	1,000,000英镑	2,000,000英镑	400,000英镑

按揭贷款与信用卡

英国的按揭贷款和信用卡市场处于全球最发达的市场之列。潜在的房屋买家能够获得品类繁多的按揭贷款，而英国对信用卡的使用也要多于欧洲其他地区。

按揭贷款

英国按揭贷款市场的多样化居于世界领先地位，相比于大多数国家，其产品范围更广。英国约有300家按揭贷款商，包括银行、住房协会、专业按揭贷款机构、保险公司和养老基金等。

英国的按揭贷款可分为三类。固定利率按揭贷款最受青睐，因为在两年、三年、五年，甚至十年内，利率都保持在同一水平上，这使借款人可以对还款进行规划。跟踪利率型按揭贷款与英格兰银行设定的基准利率挂钩，而可变利率按揭贷款的利率则由放款人视情况而定。

按揭贷款市场审查

目前，借款人的按揭贷款资格由"按揭贷款市场审查"（Mortgage Market Review）的规定决定。这一规定由英国金融行为管理局于2014年4月引入，使按揭贷款人更难获得放款人的批准。如今，放款人不仅要考虑申请人申报的收入，还要考虑其支出，即每月日常支出之后还剩多少，并用银行的对账单来核实。放款人还必须考虑，如果利率上升，通常按利率上涨到6%至7%来计算，潜在的借款人是否有能力还款。

按揭贷款的趋势

根据英国国家统计局的数据，25年期的按揭贷款曾是住房市场的主流，但如今已被30年期的按揭贷款超越。2006年至2015年，25年期按揭贷款占整个英国市场的份额从42.2%下降到21.5%。与此同时，30年期的按揭贷款的市场份额从7.2%上升到19.1%。30年期按揭贷款的期限更长，使每月还款额更容易负担（尤其是首次购房者）。事实上，现在约有三分之一的首次购房者选择了35年的贷款期限。

按揭贷款的最低押金从5%起步，但大多数购房者瞄准了更高的押金，因为可以获得更优惠的贷款利率，还款额也较低。在英国，最低押金占贷款额的平均比例为30%，金额约为70,000英镑多一点。

以租养贷

20世纪90年代后期，以租养贷型按揭贷款的引入使购买多套住房的投资者兼房主在数量上有了大幅增长。他们与首次购房者争夺城市扩张区域的房产，刺激了物价上涨。2015年，以租养贷型按揭贷款占英国全部住房购买的9%。为了平抑投资者的热情并向首次购房者倾斜，政府对以租养贷型房产征收了较高的印花税。大多数以租养贷型按揭贷款需要缴纳最低25%的押金。

激励计划

英国政府的"购房援助计划"（Help to Buy）的目的是帮助首次购房者获得数额更大的押金，但这项计划于2016年底取消。针对房价水平相对于收入较高、首次购房者难以负担的状况，英国出台了其他措施来刺激住房市场。根据"购买权计划"（Right to Buy），市政和住房协会的租户至少要在房屋里租住三年才有资格以折扣价购买房屋。大伦敦地区的折扣金额可以高达103,900英镑，其他地区则为77,900英镑。

私营部门的首次购房者可以开立购房援助计划个人储

蓄账户（Help to Buy ISA）来积累押金。个人往账户里每存入1英镑，政府就会追加25%的资金，最高数额可达3,000英镑。在英格兰，政府的"起步房计划"（Starter Homes）旨在帮助40岁以下的首次购房者购买新房，提供最低为市价20%的折扣。根据该计划，伦敦以外新房的最高成本将为25万英镑，伦敦城内的上限为45万英镑。

信用卡条例

英国拥有欧洲最发达的信用卡市场。与欧洲其他地区相比，英国的信用卡使用量更大，人均交易量也更大。在英国，流通中的信用卡有逾6000万张，相关账户多达5100万个。约42%的信用卡账户有欠款，欠款按月偿清，累计利率为0。未能全额偿还利息的账户，按两种方式计息："平均日余额"或"日余额"。这两种方式都根据信用卡上显示的每日欠款按日计算所欠的利息。

通常，用信用卡购物后，信用卡公司会对信用卡收取利息。不过，只要每个月全额偿还欠款，大多数信用卡都有一个免息期。

1974年的消费者信贷法对英国的信用卡使用做了法律规定。这项法律为消费者提供了多项保障。消费者使用信用卡购物时，若卖方违反合约或存在虚假陈述，根据第75条，消费者可以得到100～30,000英镑的保障。如果消费者无法从零售商那里获得退款，该法律规定，信用卡公司应对此负责，必须给予退款。

印花税

地方性印花税收费

在英格兰、威尔士和北爱尔兰购买土地或房产时，需要支付房产印花税（Stamp Duty Land Tax, SDLT）。这一税种适用于购买超过12.5万英镑的居民住宅和土地，以及超过15万英镑的非住宅房产及土地。购买第二套房屋或以租养贷则适用于不同的税率。

英格兰、威尔士和北爱尔兰的住宅购置税

房产/租赁保证金或转让价值	房产印花税税率
不足125,000英镑	0%
下一个125,000英镑（125,001英镑~250,000英镑）	2%
下一个675,000英镑（250,001英镑~925,000英镑）	5%
下一个575,000英镑（925,001英镑~1,500,000英镑）	10%
剩余部分（超出1,500,000的部分）	12%

在苏格兰，与房产印花税等价的是土地与建筑物交易税（Land and Buildings Transaction Tax, LBTT）。土地与建筑物交易税于2015年4月1日起生效，其税率与英国其他地区的印花税相同，但每档的起征点不同。

苏格兰的住宅购置税

购买价格	土地与建筑物交易税税率
145,000英镑及以下	0%
145,001英镑~250,000英镑	2%
250,001英镑~325,000英镑	5%
325,001英镑~750,000英镑	10%
超过750,000英镑	12%

养老金

在工作期限内缴足社会保险的英国公民可享受英国政府提供的养老金。人们也可以选择私人养老金，有时雇主还会追加金额。

新的国家养老金

英国的新养老金制度，即新型国家养老金，于2016年4月推出，每周最高支付155.65英镑，但只适用于2016年4月6日及之后达到退休年龄的人士。现有的退休人士不受影响，可以继续领取旧的国家养老金，其中包括119.30英镑的基本给付，外加平均40英镑的辅助养老金。

要得到最低水平的新型国家养老金，养老金领取者需要缴纳10年的社会保险。要全额获得155.65英镑的国家养老金，需要缴纳35年的社会保险。如果缴纳时间不足35年，只达到10年的最低要求，就根据缴纳的年限按比例获得给付。给付额按缴纳年数乘以4.45英镑来计算。

社会保险

如果周收入超过155英镑，就需要缴纳社会保险。所得税和社会保险缴款由雇主自动扣款并支付给英国税务海关总署，无业人士的缴款则应自行负责。即使社会保险有一段时间的停缴，人们也可以通过补缴达到最低要求。因疾病、残疾、失业或照顾他人而无法工作的人士，可以申请社会保险赊账。每个纳税年度的补缴期限为6年。例如，补缴2015—2016年度社会保险的最后期限为2022年。

2016年国家养老金的变化也会影响退休年龄，并影响退休人士获得退休资格后对于如何领取养老金的选择。与之前相比，女性的退休年龄推迟了。2018年，女性领取养老金的年龄为65岁，与男性持平。到2020年，男女退休年龄均会上升至66岁。到2028年，则会上升至67岁。

对于私人养老金，其中包括雇主计划，退休人士对能够花费的数额将有更大的灵活性。2015年4月以前，退休人士可以一次性领取养老金，用于购买年金，即把养老金交给一家人寿保险公司，由该公司每月定期支付一笔收入。如今，按照新的规定，退休人士可以一次性支取养老金而不必用于购买年金。年金的缺点是，退休人士死亡后，年金也随之终止；年金的优点是，对于生活有收入保障。另一方面，一次性支取养老金可以让退休人士在去世后为亲人们留下一些钱。

私人养老金

政府会通过提供税收优惠鼓励工薪人士参与私人养老金计划。私人养老金计划的缴款在一定限额内通常是免税的，并且对大多数养老金计划都适用。英国有两大类私人养老金：一是工作养老金，它作为雇员薪酬的一部分，由雇主支付；二是私人养老金，它由个人支付，可由工作单位代付。

对于私人养老金，个人直接与保险公司签订合同；对于工作养老金，则由雇主与员工签订合同，并代员工支付。如果员工离职，员工可以把累积的养老金转移到新的养老金计划，或继续支付原先的工作养老金，尽管自己不再是该公司的员工。

存托型养老金（stakeholder pension）于2001年引入，这是一种更简单、更实惠的个人养老金。这类养老金针对的是低收入人士，必须遵守一系列政府指导意见。这些指导意见包括：在头十年里，每年的收费上限是1.5%（这里的收费指的是存托型养老金收取的年度管理费）。

自助投资个人养老金

自助投资个人养老金（self-invested personal pension, SIPP）是一种颇受人们青睐的个人养老金类型。它与大多数个人养老金相比，提供的投资机会更多，费用通常也更高。缴款人可以投资一系列资产，由此构造自己的投资组合。这些资产包括：英国和海外上市公司的股票、未上市的股票，单位信托、投资信托等集合投资品，保险债券，以及房地产（但不是住宅）等。

自助投资个人养老金一旦设立并开始运作，养老金持有人就可以监控投资的资产，并根据资产的表现进行调整。各大自助投资个人养老金提供商在资产的选择上存在差异。按照英国海关税务总署的指导意见，提供最全面选择的提供商通常由财务顾问进行管理。

退休年金合约与买断保险合约

退休年金合约和买断保险合约是较老的养老金类型，已不再向新投资者开放，其提供商有义务支付最低保障金额。买断保险合约在20世纪80年代初期引入，并在1988年4月6日推出个人养老金之后被逐步淘汰。退休年金合约于1970年引入，也于个人养老金推出后逐渐衰落。

税收减免及在海外生活

私人养老金的税收减免

私人养老金计划的缴款可获得税收减免，但缴款人必须确保养老金计划已在英国税务海关总署注册，否则不具备税收减免资格。此外，养老金提供商的投资必须遵循英国税务海关总署的规定。个人养老金计划必须在金融行为管理局注册，存托型养老金必须在英国退休金管理局注册。支取私人养老金的年龄通常在60岁到65岁之间，具体取决于提供商。从55岁开始，可以一次性免税支取的数额最高为总资金的25%。

对于私人养老金，满足如下条件的缴款是免税的：
- 不超过每年的收入
- 每年不超过40,000英镑
- 生命存续期内，最高不超过100万英镑

前三个纳税年度未使用的免税额可用来增加当年的免税额。然而，一旦支取养老金，就会丧失全部的免税额。向多个养老金计划缴款并没有数量上的限制，但税收减免的限额对各种养老金计划的总缴款额适用。

在国外退休

居住在海外的英国公民如果缴纳了应缴的社会保险，就可以在达到退休年龄的四个月内领取养老金。养老金可以汇到海外银行的账户或英国的账户上。在欧洲经济区、直布罗陀、瑞士，或与英国有互惠社会保障权的国家，退休人士将拥有与指数挂钩的退休金，从而与通货膨胀保持同步。如果在没有互惠社会保障权的国家退休，养老金给付则会锁定在当初离开英国时的水平。

原著索引

致谢

Dorling Kindersley would like to thank Alexandra Beeden for proofreading, Emma Wicks for design assistance, Phil Gamble for icon design, and Helen Peters for indexing.

Sources of statistics and facts:

Jacket: blogs.spectator.co.uk/2016/09/paper-5-polymer-origins-banknote/; en.wikipedia.org/wiki/List_of_circulating_currencies; www.worldbank.org/en/topic/poverty/overview; en.wikipedia.org/wiki/Crowdfunding; en.wikipedia.org/wiki/1891; money.howstuffworks.com/currency6.htm; en.wikipedia.org/wiki/European_debt_crisis; www.bbc.co.uk/news/business-18944097; www.ilo.org/global/research/global-reports/global-wage-report/2014/lang--en/index.htm; en.wikipedia.org/wiki/Rai_stones; www.worldbank.org/en/news/press-release/2015/04/15/massive-drop-in-number-of-unbanked-says-new-report; manchesterinvestments.com/portfolio-compass-january-20-2016/; www.imf.org/external/pubs/ft/fandd/2014/09/kose.htm

p.13: money.visualcapitalist.com/; **p.19:** www.royalmint.com/bullion/products/gold-sovereign; **p.27:** www.moodys.com/research/Moodys-US-non-financial-corporates-cash-pile-increases-to-168--PR_349330; **p.29:** www.apple.com/uk/pr/library/2016/01/26Apple-Reports-Record-First-Quarter-Results.html; **p.33:** www.theaa.com/motoring_advice/car-buyers-guide/cbg_depreciation.html; **p.39:** www.modestmoney.com/cash-flow-problems-small-business-startups-tackle/9820; **p.41:** www.tutor2u.net/business/reference/gearing-ratio; **p.47:** www.cnbc.com/2015/07/17/googles-one-day-rally-is-the-biggest-in-history.html; **p.49:** www.thetradenews.com/Regions/Asia/Tokyo-needs-foreigners-to-revitalise-volumes/; **p.51:** www.tradingeconomics.com/germany/government-bond-yield; **p.53:** www.prmia.org/sites/default/files/references/Baring_Brothers_Short_version_April_2009.pdf; **p.59:** www.wsj.com/articles/pound-drops-to-31-year-low-against-dollar-on-brexit-concerns-1475566159; **p.60:** www.forbes.com/sites/ryanmac/2014/09/22/alibaba-claims-title-for-largest-global-ipo-ever-with-extra-share-sales/#7e4c5c887c26; **p.65:** www.dbresearch.com/PROD/DBR_INTERNET_EN-PROD/PROD0000000000406105/High-frequency_trading%3A_Reaching_the_limits.pdf; **p.71:** www.investopedia.com/articles/economics/09/lehman-brothers-collapse.asp#ixzz4M7KQIMTg; **p.72:** www.federalreserve.gov/monetarypolicy/reservereq.htm; **p.76:** www.tdameritrade.com/about-us.page; **p.81:** www.morganstanley.com/im/emailers/media/pdf/liq_sol_updt_012013_rule_2a-7.pdf; **p.83:** www.ey.com/Publication/vwLUAssets/ey-global-consumer-banking-survey/$FILE/ey-global-consumer-banking-survey.pdf; **p.88:** positivemoney.org/how-money-works/how-banks-create-money/; **p.93:** As estimated by former Bank of England Governor Mervyn King, www.telegraph.co.uk/finance/recession/7077442/Recession-Facts-and-figures.html; **p.95:** www.nber.org/chapters/c2258.pdf; **p.97:** www.usgovernmentspending.com/; **p.100:** www.ecb.europa.eu/home/html/index.en.html; **p.103:** www.riksbank.se/en/The-Riksbank/History/Important-date/1590-1668/; **p.105:** www.worldbank.org/en/country/libya/overview; **p.107:** www.forbes.com/sites/frederickallen/2012/07/23/super-rich-hide-21-trillion-offshore-study-says/#386b08de73d3; **p.110:** www.nationaldebtclocks.org/debtclock/unitedstates; **p.115:** fred.stlouisfed.org/series/MKTGNIJPA646NWDB; **p.117:** www.bls.gov/k12/history_timeline.htm; **p.123:** www.tradingeconomics.com/argentina/inflation-cpi; **p.125:** www.aei.org/publication/since-2009-feds-qe-purchases-transferred-almost-half-trillion-dollars-treasury-isnt-gigantic-wealth-transfer/; **p.127:** www.economist.com/news/finance-and-economics/21623742-getting-greeks-pay-more-tax-not-just-hard-risky-treasures; **p.135:** www.federalreserve.gov/faqs/economy_14400.htm; **p.139:** www.dailyfx.com/forex/education/trading_tips/daily_trading_lesson/2014; **p.143:** *This Time It's Different: Eight Centuries of Financial Folly* – Preface Reinhart, Carmen and Rogoff, Kenneth University of Maryland, College Park, Department of Economics, Harvard University

2009; **p.145:** www.globalfinancialdata.com/gfdblog/?p=2382; **p.147:** en.wikipedia.org/wiki/European_debt_crisis; **p.151:** www.forbes.com/sites/jamiehopkins/2014/08/28/not-enough-people-have-financial-advisers-and-new-research-shows-they-should/#4e7ad5fd7648; **p.153:** en.wikipedia.org/wiki/Ultra_high-net-worth_individual; **p.157:** www.forbes.com/sites/afontevecchia/2014/10/02/the-new-forbes-400-self-made-score-from-silver-spooners-to-boostrappers/#2cf326c97d40; **p.164:** siblisresearch.com/data/ftse-all-total-return-dividend/; **p.167:** www.tradingeconomics.com/european-union/personal-savings; **p.175:** manchesterinvestments.com/portfolio-compass-january-20-2016/; **p.176:** en.wikipedia.org/wiki/Subprime_mortgage_crisis; **p.179:** www.thisismoney.co.uk/money/mortgageshome/article-3452615/SIMON-LAMBERT-house-prices-double-15-years.html; **p.180:** www.mybudget360.com/negative-equity-nation-for-1-out-of-5-homeowners-the-psychology-of-the-10-million-american-homeowners-with-zero-equity/; **p.183:** money.cnn.com/2016/04/29/investing/stocks-2nd-longest-bull-market-ever/; **p.194:** en.wikipedia.org/wiki/Efficient_frontier; **p.199:** www.moneysavingexpert.com/savings/discount-pensions; **p.201:** www.un.org/en/development/desa/population/publications/pdf/ageing/WPA2015_Report.pdf; **p.203:** en.wikipedia.org/wiki/1891; **p.205:** themoneycharity.org.uk/money-statistics/; **p.207:** uk.businessinsider.com/eurostat-data-on-household-debt-2016-3; **p.210:** www.theguardian.com/business/2014/dec/16/wonga-cuts-cost-borrowing-interest-rate; **p.213:** ec.europa.eu/eurostat/statistics-explained/index.php/People_in_the_EU_%E2%80%93_statistics_on_housing_conditions#Ownership:_tenure_status; **p.214:** news.bbc.co.uk/1/hi/business/7073131.stm; **p.217:** www.woccu.org/; **p.220:** thefinancialbrand.com/45284/banking-mobile-payments-bitcoin-research/; **p.223:** en.wikipedia.org/wiki/List_of_cryptocurrencies; **p.227:** www.kickstarter.com/about; **p.229:** www.statista.com/statistics/325902/global-p2p-lending/